百年真理路

——马克思主义中国传播史话

杨金海 等◎著

人民出版社

目　　录

序言　马克思主义深刻改变了中国

100多年来,中国共产党领导中国人民取得了革命、建设和改革的伟大成就,特别是创造了世所罕见的现代化发展奇迹,把一个昔日贫穷落后的旧中国变为繁荣昌盛的新中国。其秘诀何在? 根本原因在于有了马克思主义科学理论的指导。

马克思和恩格斯

马克思主义原本产生于西方,为什么能够漂洋过海来到东方,并在中国这块土地上生根、发芽、开花、结果呢? 要弄清这个问题,就需要了解马克思主义在中国百年传播的历史。

1. 马克思恩格斯的中国缘

19世纪40年代,当中国人还远未知道马克思恩格斯的时候,马克思

1

恩格斯已经在关注中国了。特别是在两次鸦片战争期间,他们围绕中国问题发表了 20 多篇文章,深刻揭露了英国等西方列强侵略中国的罪行,热情支持中国人民反抗侵略的斗争,还预言中国革命将成为亚洲新世纪的曙光,预见到中国将建立有自己特点的社会主义。

《马克思恩格斯论中国》

那么,是什么力量把马克思恩格斯与中国的命运联系在一起呢?应当说是他们从事的解放全人类的伟大事业。

19 世纪 40 年代,在中国发生了英国侵略中国的鸦片战争,在西方产生了马克思主义。这二者之间有没有联系呢?以往的思想家们似乎从来没有提出过这个问题。但只要仔细分析就会发现,这两个似乎风马牛不相及的历史事件背后,有着内在的必然联系。这要从马克思恩格斯揭示的"世界历史"发展规律说起。

在马克思恩格斯看来,资本主义的发展开启了真正的"世界历史"进程,用今天的话说,就是开启了经济全球化进程。在资本主义主导经济全球化进程的情势下,资本的势力渗透到世界各个角落。在西方资本主义国家内部,资本家为榨取剩余价值而残酷剥削工人;在对外关系中,资本主义国家为竭力掠夺落后国家人民的财富而用炮舰政策开拓殖民地。于是,在西方便产生了工人运动,在中国便发生了鸦片战争以及随之而来的中国人民反抗西方列强的民族民主革命运动。马克思主义既是全世界工人阶级和劳动人民反对资本主义的思想武器,也是全世界被压迫民族和人民反抗帝国主义、殖民主义的科学理论。马克思主义的产生标志着国际共产主义运动的兴起;鸦片战争的发生以及中国人民反抗列强的斗争标志着中国近代史的开端。很清楚,这两个具有世界历史意义的事件背后有着同样的逻辑,这就是资本扩张的逻辑和人民革命的逻辑。

马克思恩格斯作为马克思主义科学理论的创始人,一开始就具有世界眼光。他们的目标不仅是要解放西方资本主义国家的工人阶级和劳动人民,而且是要解放全人类,包括解放被压迫民族。中国作为当时西方资本势力争夺的最大世界市场,当然也在马克思恩格斯的视野范围内。正是马克思主义理论与中国人民反抗帝国主义和封建主义的革命在本质上的一致性,把马克思恩格斯与中国人民紧紧联系在一起。

遗憾的是,19世纪中后期很长时间内中国人对马克思主义毫无所知。只是到了1896年,孙中山作为中国人在伦敦才较多地知道了马克思恩格斯以及他们的理论。1899年,西方基督教传教士李提摩太才在中国上海的《万国公报》上把马克思恩格斯的名字以及他们的片段思想介绍到中国。由此,马克思主义作为一种学术思潮在中国开始传播。但由于历史的局限性,包括孙中山在内的有识之士并不真正懂得马克思主义,也就没有把它作为指导思想来自觉运用,中国社会也就仍然在黑暗中徘徊。

值得庆幸的是,十月革命之后特别是在五四运动时期,以李大钊、陈独秀为代表的中国先进分子经过各种比较,最终选择马克思主义作为指导中国社会发展的思想武器,并在其指导下建立了中国共产党,从此,中国革命的面貌焕然一新,中华民族开启了百年复兴的伟大征程。

2. 百年真理耀中华

现在社会上有一个很时髦的词叫"互联网+",说的是在科技领域,因为有了电脑互联网与人类生存手段的结合,便从根本上改变了人类的生产方式和生活方式,使人类进入了人工智能时代。

实际上还有一个"马克思主义+"现象,就是说在社会历史领域,100多年来,马克思主义与各种社会理论和实践结合,深刻改变了人类的历史进程,使人类逐步进入由马克思主义所指引的社会历史时代。

比如,在理论上,"马克思主义+存在主义",产生了存在主义的马克思主义;"马克思主义+生态理论",产生了生态马克思主义;等等。在实践上也是如此,"马克思主义+西欧各国",产生了西方社会主义运动,并推动资本主义不断改良,形成西方现代福利制度;"马克思主义+俄国",产生了俄国化马克思主义,包括苏联模式的社会主义;"马克思主义+越南",产生了越南化马克思主义,包括有越南特色的社会主义。

"马克思主义+中国"在当今世界上应当说是最成功的。100多年来,马克思主义与中国实际相结合,产生了中国化马克思主义,形成了毛泽东思想、中国特色社会主义理论体系和习近平新时代中国特色社会主义思想,引领中国社会不断前进。100多年来,在马克思主义真理光辉的照耀下,中国社会发生了天翻地覆的巨大变化。中国人民在中国共产党的领导下,经过艰苦卓绝的斗争,获得了民族独立和人民解放,建立了先进的社会主义制度体系,取得了现代化建设的巨大成就,国家的综合国力和人民生活水平大幅提高,中华民族伟大复兴的中国梦正在一步步变为现实。

中国化马克思主义为什么能够成功? 一方面,因为马克思主义是真理,具有科学性、人民性、实践性和开放性的特质。它告诉人们社会历史发展有哪些规律,有哪些阶段,在每个阶段有怎样的历史任务;也告诉人们应当怎样根据社会规律和历史发展进程来自觉推进革命、建设和改革,逐步实现政治解放、社会解放、人的解放和全面发展。这样,马克思主义就彻底超越了以往一切社会历史理论,使理论走出书斋,成为指导人民改变社会历史的伟大思想武器。

另一方面,因为中国共产党和中国人民把马克思主义真正学活用活了。中国共产党人是老老实实、真心实意地学习和运用马克思主义的。从 1920 年陈望道翻译《共产党宣言》到今天,我国翻译了几乎所有的马克思主义经典著作,还对马克思主义几乎所有的问题都进行了深入研究。由此,我国建立了当今世界上最大的马克思主义典藏体系,形成了浩如烟海的马克思主义文献,成为当之无愧的马克思主义著作翻译大国和研究大国。

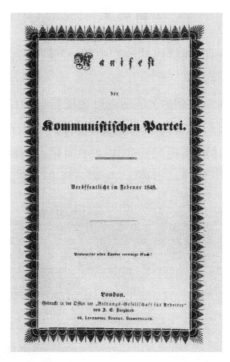

马克思恩格斯 1848 年发表的《共产党宣言》德文版

我国也是世界上当之无愧的马克思主义运用和创新大国。我们把马克思主义理论运用于革命、建设和改革的各个方面,包括融入政治、经济、文化等制度建设,也包括融入国民教育、干部教育、大众生活等之中。当然,这种运用不是照抄照搬,而是灵活机动,紧密结合自己的实际情况。由此,我们不仅走出了一条不同于西方的革命道路,而且走出了一条中国特色社会主义现代化建设道路。

由于马克思是世界"千年思想家",马克思主义是人类迄今为止最先进的思想体系,当今中国的思想体系和话语体系主要来源于马克思主义,加之我们有十分丰富的优秀传统文化基础,所以,中国现代文化体系既具有民族性,也具有世界性;既具有科学性,也具有大众性,因而具有综合性、现代性和先进性特点。由此看来,五四运动提出而没有完成的"新文化"任务,今天已经完成,并正在向更高的目标迈进。

3. 回首历史颂党恩

马克思主义之所以能够成功改变中国,经验很多,但最重要的一条是有中国共产党的领导。

1921 年中国共产党的成立是马克思主义指导的结果,没有马克思主义就没有中国共产党,没有共产党就没有新中国。但辩证地看,只有中国共产党的正确领导才能实现马克思主义中国化,只有中国特色社会主义才能够在中国大地上发展马克思主义,展示社会主义的无穷魅力。

中共一大会议旧址(上海)

　　马克思主义告诉我们,人民是历史活动的主体,人民是历史的创造者。但马克思主义也告诉我们,民众是需要组织的,无组织的、一盘散沙的群众不能改变历史,甚至会被历史所抛弃。古今中外这样的例子不胜枚举。特别是在经济政治曾经极度落后的中国,要完成革命和建设的任务,没有一个先进政党的强有力的组织领导是万万不行的。毛泽东曾经深刻指出:"日本敢于欺负我们,主要的原因在于中国民众的无组织状态。"①我们共产党人的任务就是要把亿万民众唤醒起来、组织起来,这样才能形成无比强大的革命力量和不可战胜的铜墙铁壁。这是对人类历史特别是中国近代史的深刻总结,也是对马克思主义政党理论、革命动力理论的精辟阐述和科学运用。

　　中国共产党是中国工人阶级的先锋队,同时是中国人民和中华民族的先锋队,有着无与伦比的先进性和强大的领导力。中国共产党人是马克思主义的忠实继承者和践行者,没有任何自己的私利,而始终代表中国最广大人民的根本利益。在思想上,中国共产党有一整套把马克思主义基本原理与中国实际相结合的科学理论,其中包括党的根本宗旨、基本纲领、长远目标、当前任务、根本途径、主要力量、政策措施、战略策略等。因此,她能动员起亿万人民为共同的理想而奋斗。在实践上,中国共产党人始终走在历史的前头。不论是在战火纷飞的年代,还是在现代化建设的岁月,抑或是在抗洪抢险、抗击疫情的前线,共产党员始终冲锋在前,成为各条战线的排头兵。因此,她能够成为中华民族的中流砥柱,把亿万人民的力量凝聚起来,形成改天换地的磅礴力量。

　　中国共产党的先进性和领导力不仅体现在社会的政治经济变革方面,也体现在思想文化变革方面。马克思主义在中国百年传播的历史就是中国共产党人团结带领中国亿万人民自觉接受、学习、运用科学理论的历史。在我们党成立之前,马克思主义在中国的传播主要还是自发的、零星的,但党成立之后,则成为自觉的、有组织、有计划、成规模的传播。1921 年我们党就成立了人民出版社,延安时期成立了马列学院,新中国

---

　　① 《毛泽东选集》第二卷,人民出版社 1991 年版,第 511 页。

成立后先后组建了中央编译局、中央党史和文献研究院等。有了这样的翻译、研究、出版、教育机构以及相应的理论人才队伍,就为传播马克思主义奠定了坚实的组织基础。可以说,能够开展持续100多年的有计划、有组织、大规模的马克思主义著作翻译传播、教育研究和实践运用事业,这在古今中外文化史上都是一个创举。

100多年来,正是通过传播、学习和运用马克思主义,我们党培养了几代马克思主义、社会主义和共产主义新人。其中既有我们党和国家的杰出领导人,如毛泽东、周恩来、刘少奇、朱德、邓小平、江泽民、胡锦涛、习近平等;也有著名的马克思主义翻译家、理论家、出版家、教育家,如李大钊、陈望道、李达、鲁迅、郭沫若、瞿秋白、华岗、吴亮平、邹韬奋、张仲实、侯外庐、郭大力、王亚南、成仿吾等;还有成千上万的共产党人和进步人士。他们都是中华民族的脊梁。正是这一批批灿若繁星的优秀中华儿女把马克思主义真理传入中国,并使之同中国具体实际相结合、同中华优秀传统文化相结合,才逐步实现了马克思主义中国化,为中华民族伟大复兴谱写了壮丽篇章。

4. 不忘先辈开新篇

"日月光华,旦复旦兮"。在庆祝中国共产党百年华诞的日子里,我们是怀着一种迎接中华民族伟大复兴的历史使命感、对科学理论和革命先辈的深深敬畏之情来书写马克思主义在中国百年传播的光辉历史的。

一是敬畏经典。100多年来,为振兴中华民族,为推进中国思想文化的现代化,无数志士仁人历经千辛万苦把马克思主义真经取回来,并通过翻译研究形成了汗牛充栋的马克思主义经典文献,由此奠定了中国现代文化的典藏基础,为实现中华文化从传统形态向现代形态转化作出了巨大贡献。拂去历史尘埃,让世人了解这些经典文献在中国翻译传播的历史风貌,发掘其中的深厚文化意蕴,敬畏之心油然而生。能够通过我们的工作使这些闪耀着历史光芒的典籍和伟大思想更好地传承下去,为中国现代文化体系的建设打下坚实的典藏基础,正是笔者的共同期愿所在。

　　二是敬畏先驱。100多年来,一代又一代翻译家和理论家薪火相传,把马克思主义经典引进中国,特别是在民主革命时期,很多翻译工作是在十分困难和危险的条件下进行的,有不少先辈为此贡献了一生乃至宝贵生命。他们的事迹可歌可泣,他们的艰辛堪比大唐圣僧玄奘西天取经,他们的历史功绩和伟大精神将在历史的天空熠熠生辉! 能够通过我们的这项工作,让后人一代代地记住这些历史人物和历史故事并将先辈们的宝贵精神传承下去,我们将倍感荣幸!

　　三是敬畏责任。面对百年来形成的浩如烟海的马克思主义经典文献需要研究整理,面对百年来一批批可敬可爱的马克思主义翻译家、理论家、出版家、教育家等需要研究介绍,面对百年来马克思主义中国化的伟大历程需要梳理传承,需要做的工作太多太多。由此,我们不能不对自己所从事的这项工作产生出由衷的敬畏之情。唯有通过努力,精心整理这些文献,梳理百年历史,为马克思主义学说在中国千秋万代薪火相传做一点铺路工作,才能告慰马克思主义经典作家,告慰这些理论先驱和翻译巨匠们!

纪念马克思诞辰 **200** 周年大会

2018 年是马克思诞辰 200 周年、《共产党宣言》发表 170 周年,2019 年是中国先进分子自觉选择马克思主义作为观察中国和世界命运之思想武器 100 周年,2020 年是《共产党宣言》第一个完整的中文译本问世 100 周年,2021 年是中国共产党成立 100 周年,这一个个光辉的历史节点展现出马克思主义在中国发展的强大生命力。2021 年又是我国迈向全面建设社会主义现代化国家新征程的开局之年。在这个新时代的新阶段,回顾马克思主义在中国的百年传播,展望中华民族伟大复兴的美好前景,有着特殊重要的意义。

需要说明的是,关于马克思主义在中国传播历史的系统研究还是一件新生事物,由于经验不足,功力不够,该书肯定还存在不足甚至错误之处,谨请大家批评指正。同时,这项事业才刚刚开始,还有大量工作要做,希望有更多的同志加入这项工作中来,共同为推进我国新时代马克思主义理论研究和建设事业作出新的贡献。

杨金海

2024 年 12 月 5 日于清华大学善斋

一、初入中国

马克思主义是如何漂洋过海，越过千山万水来到中国，并在中国这片古老的东方大地上生根、发芽、开花、结果的呢？要回答这个重大问题，首先就要研究从1899年到1921年中国共产党成立前夕马克思主义在中国的早期传播。其中以1917年俄国十月革命为界，马克思主义在中国的早期传播阶段又可以大致分为两个时期，前者属于旧民主主义革命范畴，后者开始向新民主主义革命转变。

1. 孙中山于伦敦初识马克思

（1）惊为天人：初识"社会主义的圣人"

从1840年鸦片战争起，西方的坚船利炮逐步打开了中国紧锁的大门，中国逐步成为半殖民地半封建社会。彼时，神州板荡，中原陆沉，腐朽的清政府对外割地赔款，对内残酷镇压，民众倒悬于水火之上，中国面临数千年未有之大变局。为探寻救亡图存与民族复兴之路，无数仁人志士上下求索，孙中山便是其中的代表性人物。

孙中山是较早地在寻求救亡图存道路中了解马克思学说的中国人。马克思与孙中山，东西方两位伟人的神奇"相遇"，有着深刻的社会历史原因。

1894年11月，孙中山在檀香山成立了近代中国第一个民主革命团体"兴中会"。转年2月，孙中山回到广州策划武装起义，但起义因计划泄密、行动遭到破坏而失败。12月，孙中山被迫流亡海外。期间，他积极

孙中山——民主革命的伟大先驱

学习西方发展经验,十分注意考察欧美各国的社会、政治、经济状况。

1896年9月,孙中山前往英国。在英期间,他常常到大英博物馆研究欧洲社会主义运动。正是在这里,孙中山作为中国人第一次知道了马克思和恩格斯的名字及其活动情况,并第一次读到了《共产党宣言》等马克思主义著作。巧合的是,50余年前,马克思也是因参加革命活动被迫流亡英国①,并且也是在大英博物馆写下了《资本论》等一系列彪炳千秋的传世之作。东西方两位伟人便这样在异域,以一种时间交错的方式,于大英博物馆不期"相遇",不可谓不神奇。

据孙中山夫人宋庆龄回忆,"就在这一海外活动时期,孙中山根据他当时的理解,制定了他的民族主义、民权主义和民生主义。他知道马克思和恩格斯,他也听到了关于列宁和俄国革命活动的消息。早在那个时候,社会主义就对他发生了吸引力。"②

孙中山高度评价马克思的功绩,认为"研究社会问题的人不下千百家,其中研究最透彻和最有心得的,就是大家所知道的马克思"③。他称赞马克思为"社会主义的圣人",认为马克思的学说"集几千年来人类思想的大成"。④

关于马克思主义学说对社会主义的影响,他曾这样评价道:"厥后有

---

① 1849年8月底,马克思被法国政府驱逐,前往英国伦敦。
② 参见宋庆龄:《孙中山——坚定不移百折不挠的革命家》,《人民日报》1966年11月13日。
③ 《孙中山选集》(下),人民出版社2011年版,第837页。
④ 《孙中山全集》第二卷,中华书局1982年版,第523页。

德国麦克司者出,苦心孤诣,研究资本问题,垂三十年之久,著为《资本论》一书,发阐真理,不遗余力,而无条理之学说,遂成为有统系之学理。研究社会主义者,咸知所本,不复专迎合一般粗浅激烈之言论矣。"①由此可见,孙中山对马克思的理论已经有了相当程度的了解,并且表达了十分赞赏的态度。

(2)奔走鼓吹:成为"中国的社会主义者"

早在1905年,孙中山就自称是"中国的社会主义者"②。他不仅自己认真研读马克思的著作,并且积极鼓吹宣传,号召更多的人共同学习并往国内介绍马克思主义学说。

1905年8月,孙中山从欧洲前往日本,整合革命力量,组建了第一个资产阶级革命政党中国同盟会;同年11月,同盟会机关报《民报》创刊。在《民报》发刊词中孙中山阐述了"民族、民权、民生"的三民主义,并将其所倡导的民生主义视为社会主义。在他的推动下,从1905年底至1907年,《民报》发表了大量介绍社会主义、马克思主义的文章和译文。

1911年辛亥革命之后,孙中山从国外回到上海,开展革命活动。12月30日,他在上海接见中国社会党领导人江亢虎时,直称"余实完全社会主义家也",表示"竭力赞成"社会主义,号召"广为鼓吹",使其理论普及全国人民心中。他将带回的社会主义名著,其中包括《社会主义概论》《社会主义之理论与实行》《社会主义发达史》和《地税原论》,交予中国社会党负责人,并请寻找精通西文者代为译述。③

1912年1月1日,孙中山就任中华民国临时大总统。但是不久后由于中外反动势力的压迫和革命阵营内部的分裂,他被迫辞去临时大总统职务。此后的一段时间里,孙中山发表一系列讲话、谈话,广泛宣传民生主义和社会革命,明确表示提倡社会主义。孙中山在宣传社会主义的同时,重点介绍了马克思及其学说。1912年10月,他应中国社会党本部的

---

① 《孙中山全集》第二卷,中华书局1982年版,第506页。
② 《孙中山全集》第一卷,中华书局1981年版,第273页。
③ 《孙中山全集》第一卷,中华书局1981年版,第579—580页。

邀请,在上海中华大戏院连续3天演说社会主义。在演说中,孙中山简要地介绍了社会主义发展的历史及其主要流派,并说在众多的社会主义学说中,"共产主义本为社会主义之上乘"。在说到各种名目的社会主义时,孙中山对马克思及其巨著《资本论》情有独钟,他认为马克思关于"资本公有"学说是"得社会主义之真髓"①。

1915年11月,孙中山在演说中进一步宣称:要"把中国建立成全世界第一个社会主义国家"②。他认识到,在中国实行社会主义,可以避免西方资本主义发展的弊病,防止两极分化。孙中山曾指出:"民生主义,则排斥少数资本家,使人民共享生产上之自由。故民生主义者,即国家社会主义也。"③他设想,要实现社会主义目标,需要制定"节制资本"之措施。他甚至设想社会主义可以分两个阶段,即国家社会主义阶段和大同阶段。

可以说,孙中山对社会主义的探索达到了当时资产阶级思想家所能达到的较高水平。但是也应看到,他对马克思主义的理解与运用,存在很大的历史局限性。其最根本的局限性在于他研究传播马克思主义不是要在中国实行科学社会主义,而是要为建立一个比较理想的资产阶级共和国寻求理论根基,这也就决定了他所理解的社会主义本质上是资产阶级的改良主义,而不是科学社会主义。

2. 洋和尚在中国首讲《大同学》

(1) 马克思名字入中华

孙中山在大英博物馆第一次读到马克思的著作时,马克思的名字及其理论尚未传入中国。根据目前查到的资料,到1899年马克思的中文译名才第一次出现在汉文刊物《万国公报》上,此时距离孙中山"初识"马克思已经过去了大约两年。

---

① 《孙中山全集》第二卷,中华书局1982年版,第508、518页。
② 郝盛潮:《孙中山集外集补编》,上海人民出版社1990年版,第186页。
③ 《孙中山全集》第二卷,中华书局1982年版,第339页。

基督教广学会主办的《万国公报》

外来的和尚会念经。最早把马克思的名字传入中国的是西洋传教士,也就是当时百姓俗称的"洋和尚"。1899年2月到4月,上海基督教广学会主办的《万国公报》连续刊载了由"洋和尚"李提摩太节译、其中文秘书蔡尔康撰文题为《大同学》的文章。该文在汉文刊物中首次提到了"马克思""安民新学"(即社会主义)及《共产党宣言》的一段文字。

该文写道:"以百工领袖著名者,英人马克思也"。当然这里掺杂着当时人的错误理解,说马克思是国际工人运动领袖是正确的,但说马克思是英国人则有误,因为马克思是德国人,只不过长期生活在英国罢了。

该文接着又写道:"马克思之言曰:'纠股办事之人,其权笼罩五洲,突过于君相之范围一国。'"这里援引的就是马克思在《共产党宣言》中讲的一段话,现在的译文是:"资产阶级,由于开拓了世界市场,

英国在华传教士李提摩太

使一切国家的生产和消费都成为世界性的了。"①

在同年发表的《大同学》第八章中,恩格斯的名字也被提及。书中写道:"德国讲求养民学者,有名人焉,一曰马克思,二曰恩格思。"这里的"恩格思"即恩格斯。

至此,马克思恩格斯的中文译名以及他们合作撰写的《共产党宣言》的片段译文,已经传进中国。在这里,"洋和尚"李提摩太及其领导的广学会客观上发挥了重要作用。当然,作为殖民主义者的李提摩太本意并不是传播最新科学思想,而是在进行以传教为中心的文化侵略活动之余,将马克思主义的只言片语不自觉地传入中国的。

(2) 留学生片段取真经

最早把马克思的名字传入中国的是外国传教士,而最早把马克思与社会主义联系起来,并介绍给中国人的,则是清末民初旅日的中国进步思想家、革命者和留日学生。19 世纪末 20 世纪初,在日本兴起的社会主义思潮的影响下,他们翻译了一些马克思恩格斯的著作,发表在自己创办的刊物上,进而传到国内。

如果按照政治倾向划分,早期传播马克思主义的群体可大致分为资产阶级改良派、资产阶级革命派、无政府主义者以及中国社会党等。

资产阶级改良派代表人物梁启超在戊戌变法失败后流亡日本,期间认真研究西学,接触过包括马克思学说在内的社会主义著作,并在一些文章中对马克思及其学说进行过零星的介绍。例如 1902 年 9 月 15 日,梁启超在日本出版的《新民丛报》②第 18 号上发表《进化论革命学者颉德之学说》一文,介绍了进化论和社会学思想,讲到马克思的唯物史观,并简要介绍了马克思:"今日之德国,有最占势力之二大思想,一曰麦喀士之

---

① 《马克思恩格斯选集》第 1 卷,人民出版社 2012 年版,第 404 页。
② 《新民丛报》半月刊是 20 世纪初资产阶级改良派的重要刊物,于 1902 年 2 月 8 日由梁启超创办于日本横滨。每月旧历初一日、十五日发行。1903 年 2 月起,改为十四日、二十九日发行。1904 年 2 月以后,经常不能如期出版。1907 年 11 月停刊,前后历时 6 年,共出 96 号,编辑和发行人署名冯紫珊,实由梁启超负责,刊物上的重要文章也大都出于梁启超之手。这是梁启超宣扬在中国实行君主立宪、反对民主革命的重要阵地。

社会主义……麦喀士谓今日社会之弊在多数之弱者为少数之强者所压伏"①。而后，梁启超相继发表《中国之社会主义》（1904 年 2 月）、《社会主义论序》（1906 年 2 月）、《社会主义论》（1906 年 9 月）等文章对马克思主义学说进行了选择性传播。其他资产阶级改良思想家，也在改良派主办的上海广智书局翻译介绍过一些有关马克思的著作，例如赵必振曾翻译过由日本学者撰写的《二十世纪之怪物帝国主义》《近世社会主义》等书。

在孙中山的影响下，资产阶级革命派于辛亥革命前后发表了许多介绍马克思主义的文章和译文。其中代表性人物当属被毛泽东称为"马克思主义在中国传播的拓荒者"的朱执信②。

朱执信是中国近代资产阶级革命派的思想家，也是较早在中国介绍马克思恩格斯生平事业并摘译他们著作的中国人。1904 年朱执信官费留学日本，期间结识孙中山，1905 年，在同盟会机关报《民报》上发表了署名"蛰伸"的《德意志社会革命家小传》一文。文中介绍了《共产党宣言》的主要内容和剩余价值学说的大致要点。其中的"马尔克"（即马克思）一节，第一次比较详细地叙述了马克思恩格斯（译作非力特力·嫣及尔）的生平活动及其学说；介绍了马恩两人的个人交往及创

中国近代资产阶级
革命派思想家朱执信

① 中央编译局马恩室编：《马克思恩格斯著作在中国的传播》，人民出版社 1983 年版，第 240 页。

② 朱执信（1885—1920 年），原名大符，字执信，中国近代资产阶级革命民主派的革命家、思想家。汉族，祖籍浙江萧山，1885 年 10 月 12 日生于广东番禺（现广州市越秀区豪贤街）。1904 年官费留学日本，结识孙中山、廖仲恺等革命党人。1905 年 8 月，被选为中国同盟会评议部评议员兼书记。先后担任过《民报》《建设》等刊物的编辑，从事资产阶级革命理论宣传工作。1920 年 9 月 21 日，在虎门被桂系军阀杀害。

作《共产党宣言》的基本情况；介绍了《共产党宣言》的要点，节译了《宣言》第二章的十项纲领，并指出《宣言》的思想不是"乌托邦"，而是科学的理论，肯定了《宣言》的世界影响和历史地位。

除了朱执信外，宋教仁、叶夏声、廖仲恺等资产阶级革命家也在《民报》上撰写或翻译了多篇介绍社会主义、马克思主义的文章。

无政府主义者在宣传无政府主义的同时，也选择介绍了一些马克思主义的文章。1907年6月，刘师培、张继等在东京留日学生中成立"社会主义讲习会"，先后出版了《天义》半月刊、《衡报》旬刊等。从创办之日起，《天义》便陆续有计划地译载了《共产党宣言》以及马克思恩格斯其他著作的部分译文。其中，刘师培撰写了介绍宣言的序言，这是中国人第一次为《共产党宣言》所作的译序。遗憾的是，1908年3月，《天义》19期出版后停刊，译载《共产党宣言》的计划未能如数完成。此外，无政府主义者还在巴黎世界社编印了中文《世界画报》，1907年出版了《近世界六十名人》人物摄影册，其中刊登了马克思于1875年在英国伦敦拍摄的照片。这本书运回国内销售，使中国人第一次见到了马克思的肖像。

1911年11月，中国社会党成立，它自称是中国第一个社会主义政党，宣称要在中国实现"纯粹社会主义"。它出版了《新世界》《社会星》《社会党月刊》《人道》《社会党日报》等一系列刊物，登载了一批有关社会主义和马克思主义的文章，其中包括《社会主义商榷案》《社会主义演说词》《社会主义家某君致革命军书》《社会主义学说》等。

3."西学东渐"与多彩马克思

清末民初，伴随着西方对中国的入侵以及中国经济、政治的巨大震荡、变革，近代西方思想文化大举进入，中华文明开始被迫接触和吸收西方文化。与此同时，随着中国经济、政治和文化危机的日益加深，中国的一些有识之士也开始反思自己的文化，主动向西方学习。在这一过程中，资产阶级改良派、革命派、无政府主义者、中国社会党人在不同程度上、怀着不同的目的翻译介绍了有关马克思主义的著作,客观上为马克思主义的传播作出了贡献。然而,因阶级立场、历史条件等因素,他们对马克思主义的理解、传播、运用,都具有一定的局限性。

（1）改良派视角

资产阶级改良派对西方进步思潮包括马克思主义在中国的早期传播发挥了较大作用。以梁启超为代表的资产阶级改良派主要选择传播了马克思的社会主义理论。他们对社会主义的理解,尤其是关于在中国实行社会主义需要具备一定的经济、政治和社会条件的观点,不乏一些有见地的认知。

但由于种种原因,梁启超等人并没有全面深入地研究和理解马克思主义的思想体系。梁启超甚至认为:"盖社会主义者,一种之迷信也。天下惟迷信力为最强,社会主义之蔓延于全世界也,亦宜。"[①]把社会主义当成一种有用的"迷信",这使他不可能真正理解与接受马克思主义的科学社会主义。1906年后,以梁启超为代表的资产阶级改良派逐渐转向反对社会主义的阵营。

（2）革命派视域

孙中山通过其个人的巨大威望,号召资产阶级革命派学习社会主义学说,尤其是马克思主义,发表了一系列演讲,向社会各界介绍马克思及其思想,极大地推动了马克思主义在中国的早期传播。在孙中山的鼓舞下,资产阶级革命派思想家朱执信等人在《民报》上发表了一系列介绍马克思主义的文章,开中国研究介绍马克思主义的先河,对马克思主义在中国的传播作出了突出贡献。

但是,以孙中山、朱执信为代表的资产阶级革命家对马克思主义的理解也存在较大的局限性。孙中山主张师马克思之意,而不用马克思之法。

---

① 林代昭、潘国华编:《马克思主义在中国》(中国近代思想和文化史料集刊)上册,清华大学出版社1983年版,第120页。

他赞同马克思人人自由平等的理想社会目标,但反对马克思的阶级斗争是社会进化原动力的理论和剩余价值理论等,更反对用阶级斗争手段推动社会变革,主张用和平手段解决社会经济问题。这些特点在中国当时内忧外患的历史条件下都带有十足的空想性。这是以孙中山为代表的资产阶级革命派不能领导中国人民取得民主革命胜利的重要思想根源所在。

（3）无政府主义色彩

无政府主义者在我国马克思主义早期传播方面是有一些贡献的。他们自称为社会主义者,在对社会主义还不甚了解的情况下,许多中国人常常将二者混为一谈。因此,无政府主义的传播,客观上也促进了社会主义思想的传播。在辛亥革命前后各类报刊中,他们发表的有关文章和著作等,不仅数量较多,论述也有一定深度。

但是,无政府主义者并不真正信仰马克思主义,他们介绍马克思主义的目的在于说明,无政府主义与共产主义的目标是相通的,但在解决中国现实问题上比马克思主义更为有用,进而说服中国人要信奉无政府主义。所以,他们一方面有选择地介绍一些马克思主义的观点,另一方面又批评马克思主义,特别是攻击马克思主义的国家学说、无产阶级专政理论,造成了对马克思主义的误解或曲解。这种消极影响一直延续到五四运动时期。

（4）中国社会党视界

辛亥革命之后,以中国社会党成立为标志,中国掀起了新的社会主义和马克思主义传播热潮。中国社会党号称"支部四百,党员五十万",在其本部和支部的机关报上发表了大量有关社会主义和马克思主义的文章,客观上推动了马克思主义的传播。

但是,中国社会党具有很强的改良主义倾向,毛泽东在20世纪50年代曾经说过:"中国也有过'第二国际'——江亢虎的社会党"①。这里所

---

① 毛泽东:《同音乐工作者的谈话》,《人民日报》1979年9月9日。

说的"江亢虎的社会党",指的就是"中国社会党"。所以,中国社会党对马克思主义的理解和传播是有其改良主义局限性的。

4. 众说纷纭　路在何方

（1）救亡图存选择难

当马克思主义因资本主义社会矛盾激化而产生并用于指导欧洲工人解放运动的实践时,遥远的中国则正处于封建社会日益衰败的时期。鸦片战争隆隆炮声,惊醒了天朝上国的迷梦。随着国外资本主义的入侵,来自西方的商品以及资产阶级生产方式深刻改变了中国社会的面貌。从政治上来看,中国的主权逐步沦丧,帝国主义控制了中国的政治和军事力量,使中国实际上成为半殖民地社会。而帝国主义国家又接连发动对中国的侵略,如两次鸦片战争、中法战争、中日甲午战争、八国联军侵华战争等,这些战争均以清政府割地赔款、签订丧权辱国的不平等条约而告终。帝国主义列强变本加厉地瓜分中国,中华民族陷入了空前的民族危亡境地。"中国向何处去"的历史课题沉重地摆在了中国人的面前。

19世纪末20世纪初,中国的一些有识之士不满清政府的腐败统治,想从西方寻求一条"救国"之路,继而掀起向西方学习的热潮,组织学会,建立书局,创办报刊,翻译出版西学书籍,介绍西方先进思想文化。面对中国落后挨打的孱弱之势,无论是洋务派、维新派,还是革命派,基本上都把学习西学看作中国救亡图存与民族复兴之路。从洋务派主张的"中学为体、西学为用"的实业救国,到维新派"变法维新"的制度改良,到资产阶级革命派主张的民主共和制度建设,再到新文化运动掀起的学习西方文化,无数仁人志士在一次又一次失败中艰难探索。马克思主义就是在这样的大背景下作为一种西方学说传入中国的。

马克思主义传入中国是西学东渐大潮的产物,也是中国有识之士努力向西方寻求救亡图存真理的结果。如果说1894年在甲午海战中的惨败惊醒了沉睡的中国人,使先进的中国人认识到,不能只在社会的"器物"层面改造中国,还必须在"制度"层面改造中国;那么,1898年戊戌变法的彻底失败,则进一步使人们认识到,在中国,改良道路是走不通的,也是没有出路的,必须走革命道路。为此,很多有识之士留学东洋和西洋,大量翻译介绍西方思想,包括进化论、无政府主义、西方各派哲学等。作为一种西方思想,马克思主义就是伴随着西学东渐的大潮,在东西方思想的交汇碰撞中逐步传入中国的。

(2) 早期传播有局限

早期的马克思主义传播者主要为有留洋背景的精英知识分子,在西学东渐与救亡图存的时代大潮下,他们接触到了社会主义运动和马克思主义学说,并将马克思主义作为一种西学思想,有选择地介绍进了中国。"始生之物,其形必丑。"这种早期传播不可避免地具有一定的历史局限性。

首先,早期的马克思主义传播是一种片面的、零星的传播,没有做到系统化。当时的学者在翻译引进马克思的著作时,具有很强的随意性和偶然性,马克思的学说零散分布在各种报刊、书籍中,诸多马克思主义经典著作尚未传入中国,这些都不利于人们从总体上把握马克思主义。

其次,彼时白话文运动尚未展开,这一时期对马克思主义的传播基本上还是采用文言文,到辛亥革命前后才出现了一些具有白话文特征的过渡性话语,包括概念和表述。其中也有一些概念是从日文引入的,具有向现代语言的过渡性。文体的陈旧性和过渡性限制了人们对马克思主义理论的准确理解。

再次,早期的传播者们在介绍马克思主义时,具有很强的主观性和功利性。他们根据自己的理解对马克思主义进行介绍,其中掺杂了较多个人偏见。他们并没有真正弄清楚马克思主义的思想精髓,而是将马克思主义作为论证自身思想的工具。以孙中山为代表的资产阶级思想家力图用马克思的社会主义来丰富和论证其民生主义,而无政府主义者、中国社会党人则以此来论证其无政府主义、社会民主主义主张。然而,马克思主义与三民主义、无政府主义具有根本区别,这些附会理解易造成思想混乱,不利于人们认清马克思主义的实质。

最后,早期的传播者们很多只是翻译介绍,而非真正信仰马克思主义。他们没有充分认识到马克思主义改造世界的作用,没有将马克思主义用于指导中国革命实践,没有以马克思主义为思想武器武装中国人民,更没有将马克思主义与中国实际结合,推进马克思主义中国化。

理论上的不成熟,决定了这些政治派别和历史人物不能完成历史所赋予的使命。所以,辛亥革命后,中国人怎样才能走出思想困境?围绕这一历史课题,一场全新的、轰轰烈烈的文化启蒙运动正在酝酿之中,马克思主义在中国的传播即将迎来崭新时代。

二、历史抉择

十月革命之后，马克思主义在中国的传播进入一个新的阶段，即逐步从自发传播转到自觉传播、从零星传播转到比较全面传播。与此相应，新文化运动也从追求西方民主和自由逐步转向追求马克思主义真理和俄国革命道路的新阶段，马克思主义开始在中华大地上生根发芽。

1. 十月革命传来马列

毛泽东曾经掷地有声地指出："十月革命一声炮响，给我们送来了马克思列宁主义。"[①]1917 年爆发的俄国十月社会主义革命，给正在黑暗中彷徨摸索、挣扎苦斗的中国先进分子展现了一条充满希望的全新出路，有力推动了他们进一步认识和了解指导十月革命取得胜利的马克思主义学说。

（1）十月革命响惊雷

俄国十月革命前，面对深重的民族危机和黑暗的社会现实，中国社会各阶级都在不停探索以寻求救亡图存的出路。然而，封建地主阶级、农民阶级以及新兴资产阶级的救国方案不能救中国于水火，中国要走出黑暗迫切需要先进的理论指导。

恰逢此时，俄国爆发的十月社会主义革命让中国先进分子看见了新的希望。1917 年，列宁领导的布尔什维克党及其武装力量向资产阶级临

---

① 《毛泽东选集》第四卷，人民出版社 1991 年版，第 1471 页。

时政府所在的冬宫发起进攻,成功推翻了资产阶级临时政府的统治,建立了苏维埃政权和世界上第一个社会主义国家。显然,这一伟大的胜利将书中马克思恩格斯抽象的革命理论变为活生生的现实,开辟了人类历史的新纪元,为世界各国的无产阶级革命和殖民地半殖民地国家人民的民族解放运动提供了成功先例,也给在寻求救亡图存道路中屡屡失败的中国人民带来新的希望。

十月革命爆发后,消息迅速传到中国。1917 年 11 月 9 日《申报》刊登了 7 日伦敦电关于俄国十月革命的简讯,10 日起《民国日报》《晨报》《盛京时报》《大公报》等报纸分别以《突如其来之俄国之政变》《俄人弃绝克安司吉政府》《俄临时政府颠覆矣》《俄国大政变之情形》等一系列文章宣传和报道俄国十月革命情况。

在十月革命的感召下,先进的中国知识分子开始逐渐倾向社会主义,并有意去深入了解和认识马克思主义。其中,李大钊作为新文化运动著

李大钊——中国最早的马克思主义者

名的左翼人士,首先在中国大地上举起了宣传十月社会主义革命和马克思主义的大旗。自 1918 年起,李大钊先后公开发表《法俄革命之比较观》《庶民的胜利》和《Bolshevism 的胜利》等文章,向中国人宣传介绍十月革命的基本情况及历史意义,并作出"试看将来的环球,必是赤旗的世界"的豪迈预言。

（2）新文化运动转航向

1915 年,以陈独秀在上海创办《青年杂志》为起点,一批致力于廓清蒙昧、启迪民智的有识之士拉开了新文化运动的序幕。在马克思主义逐渐进入中国先进知识分子视野以前,新文化运动响彻大江南北的口号是

陈独秀——新文化运动的"总司令"

拥护"德先生"和"赛先生",即提倡民主和科学、反对独裁专制和迷信盲从,并提倡新道德和新文学、抨击旧道德和旧文学。初期的新文化运动向封建礼制猛烈开火,动摇了封建正统思想的统治地位,具有很大的历史进步意义。然而,其所倡导的科学和民主是为求"建设西洋式之新国家,组织西洋式之新社会",目的是为中国资本主义发展清除障碍,仍属于资产阶级民主主义思想,因而具有很大的局限性,不能真正为社会变革之所用。

十月革命之后,新生的苏维埃俄国像一个磁场,吸引了一大批中国先进知识分子向马克思主义科学理论靠拢,也促进了新文化运动宣传内容的转向。

在李大钊的影响下,陈独秀等进步人士也迅速转向研究和信仰马克思主义。他们通过各种渠道搜集俄国革命材料、认真研究社会主义相关理论,在创办《新青年》的基础上,进而直接创办或指导《每周评论》《新潮》等杂志,为马克思主义的传播提供了坚实的理论阵地。

这样,新文化运动的大旗就从推崇西方资产阶级的"民主"和"科学"逐步转向了科学的马克思主义,使得马克思主义在中国的传播进入了全新的阶段。短短几年的新文化运动,便在中国大地上产生了深远影响。

《新青年》杂志

2. 真理传播渐入高潮

十月革命一声惊雷,轰开了马克思主义传入中国的闸门,但只是奏响了马克思主义在中国自觉传播的序幕乐章。1919 年巴黎和会中国外交失败引爆的五四运动,使民众的愤怒和爱国情绪迅速蔓延至整个神州大地,由此掀起一场群情激昂的反帝爱国运动。正是五四运动使得中国人民的民族意识被进一步唤醒,爱国精神和团结意识被深一层激发,对科学理论的追求成为更深入普遍的共识。由此,新民主主义革命的大幕徐徐拉开,马克思主义真理在中国的传播逐渐进入高潮。

(1) 五四觉醒高潮起

五四运动爆发前,疮痍满目的旧中国面临着复杂的国内外局势。国内政治腐败、军阀争权,人民生活在水深火热之中;国际上第一次世界大战的结束加速了列强着手"分赃"的议程。在内忧外患交织叠加中,巴黎和会外交失败、废除外国在中国势力范围等七项希望和取消以"二十一条"为基础的中日协议的合理诉求被无视而成为五四运动爆发的导火索,广大人民的愤怒和不满情绪达到了极点。在这次运动中,青年学生充当了先锋——1919 年 5 月 3 日,以北京大学为代表的十几所高校学生举行集会并致电巴黎,其中一名学生当场血书"还我青岛";4 日,北京各高校 3000 余名学生齐聚天安门,喊出"外争主权,内惩国贼"等响亮口号;中国工人阶级作为独立的社会力量登上政治舞台——自 6 月 5 日起,上海工人自发罢工以声援学生运动,此后许多大中城市工人相继罢工,如燎原之势蔓延全国。

巴黎和会的外交失败使中国人彻底看清了帝国主义的虚伪面目,越来越多的先进分子在五四运动的浪潮中看到帝国主义列强联合压迫中国人民的本质,使他们越来越向马克思主义真理靠拢。五四运动前,中国马克思主义传播先驱李大钊等人有关马克思主义和社会主义学说的宣传介绍并未得到太多关注和共鸣,五四运动爆发后,很多进步知识分子似乎一下子觉醒起来,认识到马克思主义是科学真理。

李大钊和陈独秀乘势而行,他们不仅积极参与五四爱国运动,而且大力传播革命真理。在他们的共同促进下,《新青年》第 6 卷第 5 号成为马克思主义研究专号,发表了大量介绍马克思主义的文章,其中包括李大钊的《我的马克思主义观(上)》、陈溥贤的《马克思的奋斗生涯》、顾兆熊的《马克思学说》等诸多较为系统介绍马克思主义学说理论的文章。

李大钊发表在《新青年》上的《我的马克思主义观》

在当时局势推动和先进分子的影响下,一大批爱国的进步青年通过各种途径拨开思想迷雾,一步步增进了对马克思主义的认识和了解,成为马克思主义的忠实信仰者。在五四运动大潮中,无论是陈独秀、李大钊等新文化运动的领袖,还是毛泽东、周恩来等学生运动中的骨干,抑或是以董必武、林伯渠为代表的早期辛亥革命时的革命家,都殊途同归地选择了马克思主义道路,并由此汇成先进思潮的强大洪流,将革命救国的理论向更广阔的远方传播。

(2)论战著译播新种

五四运动后,与马克思主义相关的文章、书籍如雨后春笋般涌现出来,但其在中国的传播并非一帆风顺,而是不断在诘难中生长、在批驳中前行的。早期马克思主义的忠实信仰者与各种非马克思主义思潮展开了多次论战,以"问题"与"主义"之争、社会主义之争、与无政府主义的论战这三次最为典型。

1919年7月,主张改良主义和实用主义的胡适公开发表《多研究些问题、少谈些"主义"!》一文,认为空谈"主义"无用,一点一滴的改良而非彻底的革命才是适用于中国的救国之道。李大钊不久以《再论问题与主义》有力回击了胡适的诘难,指出研究问题必须有主义作为指导,并旗帜鲜明地指出马克思主义是因时、因所、因事而适应环境变化的活的理论。

1920年底,以张东荪为代表的资产阶级知识分子认为"开发实业方法最能速成者,莫若资本主义"①。以李达、李汉俊为代表的马克思主义者对此给予尖锐批判:在中国独立发展资本主义是行不通的,只有依靠广大劳动者而组织革命才是正确和可能的。

1919年5月,以黄凌霜《马克思学说的批评》开启的无政府主义思潮逐渐泛滥,鼓吹个人绝对自由、反对一切权威和专政、主张绝对的平均主义。早期的马克思主义者揭露了无政府主义的空想性和幼稚性,指出只

---

① 参见陈独秀:《关于社会主义的讨论》,《新青年》第8卷第4号。

有通过革命手段建立起无产阶级专政,才能保护广大劳农权益、最终消灭阶级和阶级差别。

马克思主义的真理性在三次论战中愈加明显,有力促进了一大批具有社会主义倾向的进步青年作出正确选择。

除三次论战外,同一时期著文转载、翻译文献等传播渠道都大大加速。首先,五四运动之后介绍宣传马克思主义的文章增多。以《新青年》、《每周评论》、《晨报》副刊、上海《民国日报》副刊《觉悟》为代表的众多报刊,发表了一大批诸如《我的马克思主义观》《社会主义的目的》等宣传介绍性文章,同时转载了列宁《帝国主义是资本主义的最高阶段》、考茨基《商品生产的性质》等国外关于马克思主义的相关文章。

其次,翻译马克思主义经典著作渐成潮流。中国第一个《共产党宣言》译本,就是这一时期由上海中国共产党早期组织领导完成的;同一时期,还有李达翻译的《马克思经济学说》、李季翻译的《社会主义史》、袁让翻译的《工钱劳动与资本》等,亦有《晨报》副刊连载的《雇佣劳动与资本》译文等。

最后,与工人运动的结合加速了马克思主义的传播。在五四运动中先进的知识分子亲眼见证了工人阶级展现的强大力量,因此陈独秀、李大钊、邓中夏等人积极推动知识分子深入工人中了解其生活状况,与工人建立密切联系,在工人中介绍和传播马克思主义,使工人阶级迅速提高了觉悟,这就为新民主主义革命的推进准备了阶级力量。

3. 南陈北李相约建党

五四运动促进了马克思主义在中国的传播,同时也为中国共产党的成立作了思想上和干部上的准备,成为新民主主义革命的开端。而后,理论与实践交相辉映,在马克思主义传播高潮中伟大的中国共产党应运而生。一方面,马克思主义的广泛传播为中国共产党的成立奠定了思想基础,革命也越来越迫切要求有一个坚强的领导核心;另一方面,中国共产党在成立的过程中又进一步加速了马克思主义的传播,马克思主义真正成为指导中国革命的科学理论武器。

（1）南北呼应孕育革命生机

"南陈北李，相约建党"，是中国共产党创建史上的一段佳话。

陈独秀、李大钊相约建党并非偶然，其二人友谊是在革命的奋斗过程中、在思想的同频共振中逐步建立起来的。陈李二人最初相识于日本，通过《甲寅》杂志初步相识并建立友谊；1915年陈独秀创办《青年杂志》（后更名为《新青年》），李大钊以《青春》之文鼎力支持，后又借助《新青年》阵地发表多篇文章宣传马克思主义学说，二人在思想上息息相通。1919年6月，二人共同起草《北京市民宣言》并亲自散发，在此过程中陈独秀不幸被捕，李大钊多方奔波积极营救。陈出狱后面临再度被捕的危险，李挺身而出亲自护送好友离京，这时二人都已有建立一个为国为民谋幸福的政党之愿望。于是在前往天津途中二人就建党问题进行了仔细磋商，为之后的建党筹备工作谱下了序曲。

陈独秀到达天津后随即乘船至上海。以陈独秀在上海为中心、李大钊在北京为中心的"南陈北李"局面由此形成。二人一南一北遥相呼应，共同为无产阶级政党的成立奔走努力。1920年3月，李大钊与邓中夏、黄日葵等人在北京大学成立马克思学说研究会，搜集马克思主义相关学说的中外文资料，翻译马克思主义文章和书籍，组织会员共同学习研究马克思主义。同时，陈独秀在上海组织翻译《共产党宣言》，为建党作初步准备。同年5月，陈独秀在上海建立马克思主义研究会，专门探讨马克思主义学说和中国社会的改造问题，并于次月决定成立党组织、起草了党的纲领。8月，中国共产党早期组织在上海法租界老渔阳里2号《新青年》杂志编辑部成立，陈独秀任书记，并出版陈望道翻译的《共产党宣言》。在上海成立党组织后，陈写信告知李相关情况，并热切希望北京成立相关党组织，于是在李的进一步推动下北京共产主义早期党组织于同年10月在李大钊办公室成立。在这个过程中，陈李二人虽相隔千里，却就建党问题频繁互动。据张申府回忆："关于党的名称叫什么，是叫社会党，还是叫共产党，陈独秀自己不能决定，就写信给我，并要我告诉李守常（即李大钊,引者注)。……我和守常研究,就叫共产党。"①

在上海、北京两地党组织建立后,1920年秋至1921年春,毛泽东、何叔衡等在长沙,邓恩铭、王尽美等在济南,董必武、陈潭秋等在武汉相继成立了党的早期组织,在中国建立统一的共产党的条件逐渐成熟。

1921年6月,马林等共产国际代表抵达上海,与李达、李汉俊等人进行多次会晤并一致认为建党时机已成熟,两人写信将此意转达陈独秀和李大钊,陈李二人完全同意。于是,中国共产党第一次全国代表大会于1921年7月23日在上海召开,宣告了中国共产党的正式成立。

(2) 党的成立加速真理传播

马克思主义的传播对党的成立居功至伟,而筹备建党的过程也加速了马克思主义的进一步传播。中国共产党的创建是中华民族历史上开天辟地的大事变,也是马克思主义在中国传播过程中具有重要意义的里程碑。

首先,在筹备建党过程中各地共产党早期组织大规模、有组织地开展马克思主义研究和宣传,利用各种马克思主义学习研究团体组织进步青年学习马克思主义相关理论、翻译和研读马克思主义经典著作、讨论中国社会的具体问题及其出路,迅速扩大马克思主义理论和社会主义思潮的影响,促进了马克思主义在更大范围传播。

其次,各地共产党早期组织积极深入工人中进行宣传教育工作,向工人讲解马克思主义理论,创办《劳动界》《劳动音》《工人周刊》等通俗刊物,拉近工人群众与马克思主义的距离,并成立上海机器工会、上海印刷工会等中国共产党直接领导的工会以促进工人阶级的组织聚集。

最后,在筹备建党的同时,在共产党早期组织的领导下,社会主义青年团于1920年8月诞生,各地青年团成员积极学习研究马克思主义,为马克思主义在中国接续传播培养了一批后备人才,奠定了马克思主义进一步传播的新生代坚强力量。

---

① 中共中央党史资料征集委员会编:《共产主义小组》(上),中共党史资料出版社1987年版,第330页。

4. 旗帜竖起方向明确

中国共产党的诞生标志着马克思主义正式成为中国革命的指导思想,从此中国共产党领导人民进行的新民主主义革命有了科学的理论指导,也有了明确的目标和方向。

（1）革命面貌焕然一新

在中国共产党成立和马克思主义成为中国革命的指导理论前,中国人民的长期斗争存在着两个致命弱点:一是没有真正搞清楚革命对象,二是没能广泛发动群众以形成充足的革命力量。针对这一问题,1922 年 6 月,《中国共产党第一次对于时局的主张》发表,着重分析了帝国主义和封建军阀互相勾结、压迫中国人民的局面,指出用革命手段反帝反军阀的重要性,提出"无产阶级在目前最切要的工作,还应该联络民主派共同对封建式的军阀革命,以达到军阀覆灭能够建设民主政治为止"的政治主张,并明确提出"中国共产党是无产阶级的先锋军,为无产阶级奋斗和为无产阶级革命的党"①。中国共产党以马克思主义为指导,从工人运动、思想宣传等方面部署革命工作,使革命的推进有据可循。

中国共产党成立后,学习马克思主义理论和共产主义相关思想成为革命的必然要求。1921 年 11 月,《中国共产党中央局通告——关于建立与发展党团工会组织及宣传工作等》明确提出,"中央局宣传部在明年七月前,必须出书(关于纯粹的共产主义者)二十种以上",要求增加共产主义学习宣传材料。《北京共产主义组织的报告》提出"从前,它们对学生进行了爱国主义教育,我们尽力促进这些学校进行共产主义的宣传"的设想,体现了共产党成立后学校宣传教育主题的转向。《广州共产党的报告》指出,"学校(工人学校,引者注)教授的课程有:工会组织法、工人运动史和欧洲工人运动的现状","为实现共产主义理想,创办了《新村》

---

① 中央档案馆编:《中共中央文件选集(一九二一——一九二五)》第 1 册,中共中央党校出版社 1982 年版,第 25—26 页。

（受众为农民的共产主义宣传刊物，引者注），我们要千方百计地帮他扩大影响，扩大宣传"。这些都体现了共产党成立后对共产主义思想普及的重视以及马克思主义在工农群众中间传播的蓬勃状况。

（2）实践浅尝初启中国化进程

中国共产党作为工人阶级的先锋队，从一开始就立足于为工人阶级解放而不懈斗争。为能更加直接高效领导工人运动，中国共产党于1921年8月成立中国劳动组合书记部作为领导工人运动的总机关，并于次年5月召开第一次全国劳动大会，基本确立了中国共产党在工人运动中的领导地位。在党的领导下，1922年至1923年间，全国发动大小规模罢工100余次，参与人数达30万以上，其中包括香港海员罢工、安源路矿罢工、开滦煤矿罢工及京汉铁路罢工等多次声势浩大的工人运动。

党在积极推动工人运动的同时，也开始尝试深入农村开展农民运动。1921年起，浙江萧山衙前村农民大会等新型农民组织陆续成立，并在党的领导下进行斗争，竖起了农民运动的大旗。

在这些工农运动中，有鼓舞人心、工农群众状况得到极大改善的胜利，也有因革命力量不足及反动势力血腥镇压而遭受的惨败。然而无论成功与否，这些工农运动都是中国共产党在马克思主义指导下带领广大群众谋求解放迈出的新步伐，为其后数十年的革命斗争开辟了道路、积累了经验，具有非同寻常的重要作用。

中国共产党在带领人民进行革命实践的过程中，努力把马克思主义理论与中国革命实际相结合，对中国革命的性质、对象、目标任务等问题的认识逐步明确，由此，中国革命呈现出崭新面貌。

1922年7月召开的中国共产党第二次全国代表大会，在分析中国经济政治状况的基础上，明确中国社会半殖民地半封建的社会性质，指出中国共产党"为工人和贫农利益在这个联合战线里的奋斗目标"是"消除内乱，打倒军阀，建设国内和平""推翻国际帝国主义的压迫，达到中华民族的完全独立""统一中国本部（包括东三省）为真正民主共和国"等，"他的目的"是"要组织无产阶级，用阶级斗争的手段，建立劳农专政的政治，铲除私有财产制度,渐次达到一个共产主义的社会"。① 党的二大通过的一系列宣言和文件,第一次指明了党领导人民进行革命的最低纲领和最高纲领,明确了革命的性质是民主主义革命,革命的对象是帝国主义和封建军阀,革命的动力是广大工农和民族资产阶级,革命的任务目标是打倒封建军阀、推翻国际帝国主义压迫和实现中华民族独立,革命的前途是走向社会主义和共产主义。这是中国共产党在斗争实践中运用马克思主义科学理论的结果,是在马克思主义理论与中国实际结合过程中对中国革命认识逐渐深入的生动体现。自此,中国革命有了明确的纲领和奋斗目标,在中国共产党领导和马克思主义科学指导下逐步走向前景光明的新阶段。

---

① 中央档案馆编:《中共中央文件选集(一九二一——一九二五)》第 1 册,中共中央党校出版社 1982 年版,第 36—37 页。

三、《共产党宣言》中文本传奇

在马克思主义传播史上,《共产党宣言》(简称《宣言》)的翻译传播历史是整个马克思主义在中国传播历史的压缩版。《宣言》的第一个完整的中文译本也是中国最早出版的完整的马克思主义著作。正像《共产党宣言》是世界上译本最多、影响最大的社会政治著作一样,在中国传播的马克思主义众多著作中,也要数它的中文译本最多,对中国社会历史以及思想文化的影响最深。

笔者在收集有关资料和深入研究过程中,深感这部著作的命运与中华民族的命运、与中国共产党人和中国革命的命运紧密联系在一起。它在传入中国 100 多年的风雨历程中,在马克思主义的基本原理与中国的实际相结合的过程中,历经无数坎坷,遭受万般磨难,终由星星之火,燃成燎原之势,彻底改变了中国的面貌。

1. 真理味道有点甜

《共产党宣言》的第一个中文全译本是由陈望道翻译、于 1920 年 8 月发行的。在此之前,对《宣言》也有过不少片语式摘译、章节式节译、解读式译述等,甚至还有全文翻译,如以罗章龙和蔡和森等人为代表的中国早期马克思主义者已经将《宣言》由德文或法文全文译出过,但遗憾的是没有正式出版,更没有保存下来。所以,陈望道翻译的《共产党宣言》就成为马克思主义在中国传播的一个里程碑,标志着这部伟大著作完整中文译本的问世,也标志着马克思主义经典著作完整中文译本翻译出版的开始。

　　说起陈望道翻译《共产党宣言》,还有一段动人的故事。

　　1920年早春时节,在浙江义乌县分水塘村的一间小柴屋内,连续几夜长明的烛火仿佛是钻出地底的一道火苗,将一位不到30岁、伏案疾书的年轻人的侧影拉长。老母亲送来粽子,叮嘱儿子要蘸着红糖吃,儿子连连答应。过了一会儿,老母亲来问他,味道怎么样?他直说"够甜,够甜的了!"但当老母亲走近儿子时,不禁大吃一惊:啊!自己的孩子分明是把墨汁当作了红糖,随粽子送入口中。这个在烛影下写作的年轻人正是陈望道,而其笔下所译的正是影响20世纪中国命运的伟大著作——《共产党宣言》。他翻译这本书太投入了,在他的心灵深处,真理的味道自然比红糖更甜!

　　陈望道(1891—1977),浙江义乌人,早年曾留学日本,在早稻田大学读书,因受十月革命影响在日本开始接触马克思主义新思潮,结识了日本早期的社会主义者河上肇、山川均等人并阅读他们翻译的马克思主义著作,1919年6月应五四运动感召回国,先在浙江第一师范教书,后因学校闹学潮而回到家乡。

　　1920年春,陈独秀要在上海筹备建立中国共产党,需要组织翻译《共产党宣言》,当时思想比较进步的戴季陶推荐陈望道来翻译。就这样,陈独秀将自己手上的英文版《宣言》和戴季陶手

Mr. F. D. Chen
Instructor in Chinese Literature
陳望道先生　中國文學教員

**陈望道——《共产党宣言》
第一个中文全译本译者**

上的日文版《宣言》送给了陈望道。陈望道便依据这两个文本潜心翻译起来。1920年4、5月间,陈望道将《宣言》译完,带到上海,先准备在《星期评论》上发表,但不巧的是这时《星期评论》停刊了。正在这时,共产国际代表维经斯基来到上海动员陈独秀建党,陈独秀自然很高兴。在维经斯基的帮助下,陈独秀等人建立了一个名叫"又新"的小印刷所。不久,

《共产党宣言》的第一个中文全译本就在这里问世了,时间是 1920 年 8 月。这里还有一个小插曲,由于印刷失误,该书的第一版书名误印成"共党产宣言"。为纠正印刷错误,9 月又发行第二版。

《共产党宣言》1920 年 8 月版封面

当时,为了能让读者买到《共产党宣言》,陈独秀等人于 1920 年 9 月 30 日巧妙地在《民国日报》副刊《觉悟》上编了一个答问形式的新书广告:"你们来信问陈译马格斯《共产党宣言》的买处,因为问的人多,没工夫一一回信,所以借本栏答复你们的话:一、'社会主义研究社',我不知道在哪里,我看的一本,是陈独秀先生给我的,独秀先生是到《新青年》社拿来的,《新青年》社在'法大马路自鸣钟'对面。二、……凡研究《资本论》这个学说系统的人不能不看《共产党宣言》,所以望道先生费了平常译本五倍的工夫,把彼全文译了出来,经陈独秀、李汉俊两先生校对。"①

《共产党宣言》中译本一经出版,便受到中国先进分子的热烈欢迎。在以后的 20 多年中,该译本曾一再翻印,广为流传。

2. 前六个完整译本

除了上述陈望道的译本外,在新中国成立以前,《共产党宣言》还有另 5 个译本,它们分别是华岗译本、成徐译本、博古译本、陈瘦石译本和莫斯科译本。以上 6 个译本译文质量不断提高,所收序言不断增加,发行数量日益扩大,并从地下逐渐走向公开。这恰恰是以马克思主义为指导的

① 黄显功:《陈独秀为初版〈共产党宣言〉妙做广告》,《党史博览》2018 年第 10 期。

中国新民主主义革命的缩影。

（1）陈望道译本

前面已经简单介绍了陈望道翻译《共产党宣言》的来龙去脉,此处有必要向读者再简单补充一下陈译本的基本情况。陈望道译本第一版的最大特点是水红色封面,且书名印刷错误,即印成《共党产宣言》。本书具体特征如下:采用竖排版,小32开;全书用3号铅字刊印;封面是水红色,中央印有大幅马克思半身坐像(亦即《近世界六十名人》一书本的肖像),肖像上端依次印有四排字:社会主义研究小丛书第一种,共党产宣言,马格斯、安格尔斯合著,陈望道译;肖像下方有"马格斯"三字;封底除印有出版时间、原著者、翻译者外,还印有"印刷及发行者:社会主义研究社","定价大洋一角"。

经相关专家学者考证,陈望道所译之《宣言》第一版的发行时间应当是在1920年8月,且是由日、英、俄版本作为翻译和校对的底本的。据目前的资料显示,陈望道译本第一版现存12册。先前的11本分别藏于国家图书馆、国家博物馆、上海市档案馆、上海图书馆、上海鲁迅纪念馆、山东广饶县博物馆、绍兴市上虞区档案馆、北京市文物局、上海中共一大会址纪念馆、延安革命纪念馆、浙江温州市图书馆。[①] 非常令人高兴的是,2020年7月,上海社会科学院图书馆在馆藏图书整理中又发现一本1920年8月在上海出版的首版《共产党宣言》中文全译本。有兴趣的朋友可以去上述藏书地址一睹《宣言》第一个正式出版的中译本的真容。

（2）华岗译本

1930年初,《共产党宣言》第二个中文完整译本问世,这便是由上海华兴书局出版的华岗译本。这是我们党成立后出版的第一个《共产党宣言》中文全译本。华岗是我们党早期著名的理论家和翻译家,早年从事党的青年学生工作,后来负责宣传工作并在白区参与创办了华兴书局。

---

① 杨金海:《马克思恩格斯〈共产党宣言〉研究读本》,中央编译出版社2017年版,第57页。

**华岗翻译的《共产党宣言》
1930 年英汉对照版**

初版的华岗译本采取了英汉对照的形式,除正文外,该书还包含了《宣言》的 3 个德文版序言并附有由恩格斯校对的《宣言》的 1888 年英文版。华岗译本的译文质量有显著提高,用语更加准确,文字更为流畅。1930 年和 1938 年,华岗译本又两次被收录到由华兴书局出版的《马克斯主义的基础》一书,作为马克思主义系统理论的组成部分在进步人士中间传播。

可以说,《宣言》华岗译本出版开创了我国马克思主义传播史上"七个第一"。它是中国共产党成立后出版的第一个《宣言》全译本;它是我们党成立后第一个由共产党员翻译的全译本;它是第一个以"英汉对照"形式出版的《宣言》双语本;它是第一个由中国人出版的《宣言》英文版;它是第一个收入《宣言》的上述 3 个序言的译本,这原是《宣言》的 3 个德文版序言,华岗把它们从英文版转译过来;它第一次告诉中国读者,《共产党宣言》还有一个名字叫《共产主义宣言》;它第一次将《宣言》全文的结尾句译成"全世界无产阶级联合起来"这一响亮的口号。①

采用英汉对照形式出版《宣言》更有利于《宣言》思想的准确传播。收入《宣言》的这 3 个序言更有利于对《宣言》思想的全面理解。与陈望道译本相比,华岗的译本质量有显著提高,收集文献更全,理解更加深入,用语更加准确,文字更为流畅。比如,陈望道译本只有《共产党宣言》正文,没有序言,而华岗译本收入 3 篇序言。又如,对《共产党宣言》的最后一句话,陈望道的译文是:"万国劳动者团结起来呵!"而华岗的译文是:

---

① 杨金海:《华岗在中国马克思主义传播史上的卓越贡献》,《足迹》2020 年第 6 期。

"全世界无产阶级联合起来!"这更接近我们今天的译文。

（3）成仿吾、徐冰译本（简称成徐译本）

1938 年 8 月,《共产党宣言》第三个中文全译本出版,这就是由当时在延安的解放社出版的成徐译本。它是在中国大地上的大片解放区中由中国共产党公开组织翻译的第一个《共产党宣言》中文全译本。

成仿吾在 1929 年留法期间就受蔡和森所托译过一次《宣言》,准备在莫斯科出版,但由于蔡和森牺牲,该稿并未出版,至今下落不明。

1938 年,中央宣传部让成仿吾和徐冰翻译《宣言》的一个德文小册子,二人分工利用业余时间将其译出。同年 8 月,该译本作为《马恩丛书》第四种由延安的解放社出版,尔后又由党领导的其他出版社多次翻印出版。

该译本根据《宣言》德文版译出,同时收入了《宣言》正文和三篇德文版序言。值得注意的是,在1938 年新文化书房出版的该译本中第一次刊登了人们如今熟知的马克思和恩格斯的标准照片。成徐译本不仅语言更接近于现代汉语,表达更准确,而且开始采用横排版,向现代书籍形式过渡。成徐译本还是第一

成仿吾、徐冰翻译的
《共产党宣言》1938 年版

次在香港出版的《宣言》的中文全译本,其在港澳地区的影响无疑是不可忽视的。

成徐译本在抗战时期传播很广,不仅在各抗日根据地广为传播,在国统区也传播较多,甚至还流行到日伪占领区。成徐译本在延安时期曾长期作为我们党干部的必读书籍,对提高我们党的马克思主义理论水平起了巨大的作用。

（4）博古译本

1942 年 10 月,为了配合延安整风运动,中宣部成立了翻译校阅委员会。博古当时作为翻译校阅委员会成员,根据俄文版《共产党宣言》对成徐译本作了重新校译,并增译了一篇序言即《宣言》1882 年俄文版序言。1943 年 8 月,解放社首次出版了博古校本。是年,中共中央规定高级干部必须学习 5 本马列原著(包括《共产党宣言》《社会主义从空想到科学的发展》《"左派"幼稚病》《两个策略》《国家与革命》),博古译本成为干部必读书之一。今天,在中国革命博物馆还珍藏有当年周恩来读过的《共产党宣言》,上有签字:"周恩来,一九四三、十二、卅延安。"

博古翻译的《共产党宣言》1943 年版

博古译本的特点是序言增加一篇,共四篇序言,译文更接近于现代汉语。尤其是出版发行量极大,不仅广泛流传于解放区,还流传于白区、敌占区,其发行量自 1943 年到 1949 年总计上百万册。可以说,博古译本是新中国成立前流传最广、印行最多、影响最大的一个版本。今天,该译本在我国各图书馆、博物馆都还有大量珍藏本。从这些珍藏本中还可以了解到革命战争年代人们在学习《共产党宣言》时所做的笔记,是研究那段历史的生动材料。

（5）陈瘦石译本

《共产党宣言》陈瘦石译本单行本长期以来鲜为人知,该译本没有注明出版时间、地点等,加之人们对陈瘦石其人知之甚少,故而对该译本几乎没有研究。陈瘦石译本很有特点：64 开，竖排版，封面中央是书名《共产党宣言》，左上部有红星，红星下边是中国共产党党徽，右部是"陈瘦石译"字样；全书铅印、纸劣。围绕这个译本还有一番颇为有趣的考证故事。①

相关专家最初以为陈瘦石即陈望道，但通过对两个译本的对比研究发现，两者诸多重要语句和词汇皆译法不同，如陈望道将开篇首句译作"有一个怪物，在欧洲徘徊着，这怪物就是共产主义"。而陈瘦石则译为"一个精灵正在欧洲作祟——共产主义的精灵"，可见两个译本的译者绝非一人。

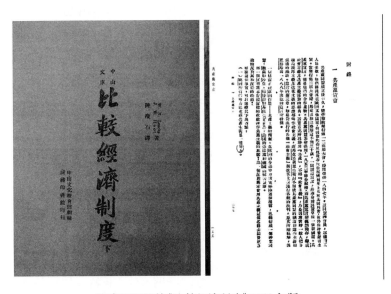

陈瘦石翻译的《比较经济制度》1943 年版

通过几个专家的进一步研究，发现该译本摘自《比较经济制度》，遂四处寻找此书，几番周折终于找到该书原本，并查明该书乃是美国宾州大学经济学教材，于 1943 年由商务印书馆在重庆出版中文译本，译者是陈瘦石，《宣言》作为该教材中的一个附件，也一并被翻译了过来。

---

① 参见杨金海、胡永钦：《〈共产党宣言〉在中国的翻译、出版和传播》，《科学社会主义》1998 年"纪念《共产党宣言》发表一百五十周年"特刊。

进一步查证得知,陈瘦石是当时国立中央大学英语专业毕业的学生,后在国民政府工作,所以与其他几个译本相比,《共产党宣言》陈瘦石译本或许算是第一个由非共产党人翻译的、在国统区合法出版的版本。该译本客观上起到了传播《共产党宣言》的作用。

（6）莫斯科译本

苏联外国文书籍出版局翻译出版的《共产党宣言》1948 年版

1948 年,为纪念《共产党宣言》发表 100 周年,设在莫斯科的苏联外国文书籍出版局用中文出版了该书的"百周年纪念版"。该译本由当时在该局工作的几位中国同志根据《宣言》1948 年德文原版译出,内容包括《宣言》正文和马克思恩格斯为此书写的全部 7 篇序言,还包括编者对马克思恩格斯修改和补充《宣言》观点的说明。可以说,该译本是当时内容最全、翻译质量最高的一个中文版本。

该版本的形式也很精致:封面印有马克思和恩格斯并列头像,中央有红星一颗,下面印有"百周年纪念版"字样,书名页前印有列宁和斯大林论《共产党宣言》的文字,书名页后有各占一页的马克思和恩格斯标准像。该版本竖排,印刷和纸质均极精致。1949 年初,该版本被运到中国,从 6 月起,解放社和一些地方出版社相继重印该版。

通过版本比较可以看出,新中国成立前《共产党宣言》6 个中文译本质量在逐步提高,影响也越来越大。

3. 后六个完整译本

1949 年中华人民共和国成立,标志着马克思主义在中国的伟大胜利,而新中国的建立又为马克思主义经典著作的翻译传播开辟了广阔道路,创造了极为有利的条件。新中国成立后,全国人民掀起学习马列主义理论的热潮,为了适应学习的需要,起初我国对苏联外国文书籍出版局的《共产党宣言》"百周年纪念版"进行了大量翻印出版,但随着翻译和研究水平的提高,发现这一译本还需要重新修订,后经过修订收入《马克思恩格斯文选》(两卷集)等著作集。

总体说来,新中国成立后,我国新修订出版的《共产党宣言》中译本主要有以下 6 个。

(1) 1958 年译本

1958 年 8 月,由中央编译局编译的《马克思恩格斯全集》中文版第 4 卷出版,其中收入了《共产党宣言》新的译本。这是由中央编译局在"百周年纪念版"基础上重新译校的新译本,由谢唯真定稿。一年之后,即 1959 年 8 月,人民出版社出版了该译本的单行本。这个新版本的特点是,正文和注释均按《马克思恩格斯全集》中文第 1 版第 4 卷的新译文排印;正文前有 7 篇序言,序言的译文仍按旧版排印;书后有注释 5 条,是新增加的。这个版本在国内流传较久,印量较大。

此后,在该译本基础上,各出版社又出版了诸如袖珍本、大字本和注音本等其他各种版本。

(2) 1964 年译本

1964 年 9 月,中央编译局又根据德国柏林狄茨出版社 1959 年出版的德文原文本,并参照 1888 年由赛米尔·穆尔翻译并经恩格斯校订的英文版、1885 年由劳拉·拉法格翻译并经恩格斯校阅的法文版以及《马克思恩格斯全集》俄文第 1 版和第 2 版译文,同时参照以往各种中文译本,采取集体校订、集体定稿的方式,对《宣言》1958 年译本重新作了校订,1964 年,由人民出版社出版单行本。1972 年,由人民出版社出版的《马克思恩格斯选集》第 1 卷收入了这个译本,其中译文略有修改。

这个译本的特点是,根据德文原文并参照了各种译本,集体校订。德文版同英文版有重要出入的地方,都用"译者注"注明。正文前的 7 篇序言也是重新译校的。书后的注释增加到 29 条。这一译本的译文较以前有很大的改进,在相当长的年代里是我国流传甚广的比较稳定的版本。

除了较为普通的版本之外,民族出版社在该版基础上用蒙古文、藏文、维吾尔文、哈萨克文、朝鲜文 5 种文字出版了《宣言》的少数民族语文本。盲文出版社出版了《宣言》的盲文本。

(3) 1978 年译本

1978 年,中央编译局在 1972 年出版的《马克思恩格斯选集》中文第 1 版第 1 卷的译文基础上对《宣言》重新作了校订,收入中共中央党校所编的《马列著作毛泽东著作选读》一书中发表。1992 年 3 月,人民出版社出版了《宣言》该译本的单行本。

(4) 1995 年译本

1995 年 6 月,由中央编译局重新编译的《马克思恩格斯选集》中文第 2 版由人民出版社出版发行。其中对《宣言》的 1978 年译本作了进一步修订。1997 年 8 月,人民出版社又根据《宣言》的这个新译文出版了单行本,并作为马列著作的系列丛书《马克思列宁主义文库》之一出版发行。

1998 年是《共产党宣言》这部光辉著作发表 150 周年。为了纪念这部伟大著作问世 150 周年,中央编译出版社出版发行了《共产党宣言》纪念版和珍藏版。该版辑收了 1848 年 2 月出版的《宣言》德文第一版全文和 1995 年经过修订的最新译校的中文版,并附有中央编译局图书馆馆藏的世界各国《宣言》版本的封面图片 20 余幅。书前的两幅马克思恩格斯肖像属已故国画大师蒋兆和所绘,且是首次发表。《宣言》珍藏版的封面及函模选用珍贵的金丝楠木镶嵌紫铜文字及优质羊皮制作工艺,装帧精美,印制精良,是具有收藏价值的版本。

(5) 2009 年译本

2009 年 12 月,中央编译局编辑的《马克思恩格斯文集》(10 卷本)由人民出版社出版,其中收入了《宣言》的最新译本。2004 年,中央实施马克思主义理论研究和建设工程,中央编译局承担了对经典作家重点著作的译文进行重新编译校订的工程项目,10 卷本《马克思恩格斯文集》就是这个项目的最终成果。其中收入的《宣言》新译本译文质量更高,相关注释、索引也更加完善。这个译本于 2012 年收入《马克思恩格斯选集》中文第 3 版第 1 卷。2014 年,人民出版社又出版了《宣言》该译本的单行本,其中内容更加丰富,不仅收入《宣言》正文和 7 篇序言,书的前面有一篇很有分量的《编者引言》,附录中还收入了经重新编译校订的恩格斯撰写的 3 篇文献即《共产主义信条草案》《共产主义原理》《关于共产主义同盟的历史》,以及《马克思恩格斯关于〈共产党宣言〉的重要论述摘编》《共产主义者同盟章程》。这是迄今收集文献最多、译文质量最高的《宣言》中文译本,不仅是学习研究《宣言》思想,也是深入研究《宣言》传播史、创作史的重要文献。

以上《宣言》的 5 个译本都是由中央编译局集体翻译和定稿并由人民出版社出版的,是我国通用的译本。

(6) 1978 年成仿吾译本

1978 年 11 月,在《宣言》发表 130 周年之际,人民出版社出版了成仿吾根据《宣言》德文版重新译校的一个版本。

需要说明的是,笔者在此仅仅列举了在中国内地出版发行的中译本,还未考证过港澳台地区以及世界其他国家和地区出版的《宣言》中译本情况。可以说,流通于全球的中译本的《共产党宣言》必然不止上述 12 种,这更说明了该著作在人类文明史上的重要地位。

4.《宣言》珍藏传奇

忆往昔峥嵘岁月稠。革命战争年代,在那白色恐怖、战火纷飞的岁月里,翻译、出版和发行《共产党宣言》艰难,但保存这部宝书也相当不易。仅目前所知,在仅存的 12 册《共产党宣言》陈望道译本第 1 版中,就有 3

册是许多革命前辈用鲜血和生命保存下来的,其中的故事值得人们永远铭记。

(1) 广饶本的珍藏传奇

1975 年,山东省广饶县文物保管委员会在征集革命文物中出乎意外地征集到了一册《共产党宣言》陈望道译本(1920 年 8 月版),这是当时刘集村一位 84 岁的老人刘世厚在精心保存了 40 多年后才恋恋不舍地献给国家的。经过众多专家学者的全面考察和评价,方使这背后的故事为人们所知。

在济南中国共产党早期组织中,有一位名叫张葆臣的同志,他在一次党团员活动中,将他的《共产党宣言》转到了另一名党员刘雨辉手中。刘雨辉 1926 年回故乡刘集村时将此书和其他马列书籍交给了刘集党支部。

刘集党支部于 1925 年春建立,大革命时,刘良才任支部书记,并以这本《宣言》作为主要教材给党员和群众宣讲革命道理。在大革命失败后,刘良才不得不销毁党的文件和学习材料,但这本《共产党宣言》始终未舍得销毁。1931 年 2 月,刘良才被调往外县工作,临行前他将这本《共产党宣言》转交给刘集支委刘文考。1932 年 8 月,广饶党组织被破坏,刘文考预感有危险,便把这本《共产党宣言》转交给忠厚老实、不引人注意的老党员刘世厚保存。不久,刘文考等被捕,刘良才也惨遭杀害,广饶党的活动陷入低潮。

刘世厚不负先烈重望,用心地保存这本《宣言》,躲过了敌人一次次的搜查。抗日战争时期,日伪军千余人进攻刘集村,83 人惨遭杀害,5000多间房屋被烧毁,酿成了骇人听闻的“刘集惨案”。出逃的刘世厚冒着生命危险从房屋山墙的雀窝中抢救出这本《宣言》。

新中国成立后,刘世厚才放下心来,使历经磨难的这本《宣言》重见天日。1979 年,刘世厚老人离开了人世,但他的动人故事却传遍了广饶,那本与他共命运的《共产党宣言》今天仍珍藏在山东广饶县博物馆内,成为稀世珍品。

（2）上虞本的珍藏故事

1920 年,上海共产主义小组为了培养党的干部,在上海创办了外国语学社。学社以进步青年为培养对象,刘少奇、任弼时、萧劲光等都曾是它的成员。学社一方面开设外语,主要是俄语,以便让学生到苏俄去留学,同时也开设马克思主义课程。陈望道等人是该社的组织者和教师,当然也要给学生讲授刚出版的陈译本《共产党宣言》。

同年,曾在浙江一师当过陈望道学生的华林来外国语学社学习。在这里,他听了陈望道讲授《共产党宣言》并得到该书的初版,随后将其送给了进步青年叶天底。1924 年到 1925 年间,叶天底因病回故乡上虞休养,后在上虞中学任教,并创办中共上虞党支部。这时,他见到中学时代的同学夏禅臣,知夏禅臣为人忠厚,且满怀救国救民的志向,便将自己珍藏的《共产党宣言》一书转给他看。1928 年,叶天底牺牲,夏禅臣就将烈士遗留下来的这本书珍藏下来。其间所经磨难也无法计数。夏禅臣去世后将这本宝书传给夫人,他的夫人又在党的 70 周年生日这天捐献给党组织。今天,这本宝书被珍藏在绍兴市上虞区档案馆里。

（3）温州本的珍藏由来

在今天浙江温州市图书馆顶楼的古籍库中,珍藏着一本《共产党宣言》陈望道译本第一版。该书的封面页右下角有一枚印章即"荫良"二字,还有"一九二四"以及两个看不清的文字。据有关专家考证,这里也有一个动人的故事。

"荫良"是温州市早期共产党员戴树棠的字,由此可基本判定该书的最早使用者就是戴树棠。戴树棠出生于温州瑞安,1915 年毕业于杭州私立法政专门学校。1924 年 8 月,中共中央派浙江温州籍的共产党员谢文锦回乡筹建党团组织,由此,戴树棠成为温州地区最早的 7 名党员之一。在谢文锦的领导下,同年 12 月,中共温州独立支部成立,戴树棠当选为宣传委员。也正是在这时,戴树棠得到了陈望道翻译的中文第一版《共产党宣言》。他在以后 20 余年的革命生涯中,两次被捕入狱,但始终忠贞不屈,1945 年终因刑伤复发而病故。这本有他印章的《宣言》也散落人间。万幸的是 20 多年后该书被人在温州古旧书店发现。1967 年,温州古旧书店停业,温州市图书馆购买下了该店 2 万册图书,珍贵的陈望道首译本《共产党宣言》就藏于其中。

一个多世纪以来,《共产党宣言》这部光辉著作在中国经历了从翻译片断到全文翻译,从秘密出版到公开发行,从在少数知识分子中流传到在全国范围内广泛传播,从译为汉语到译为多种民族语文,从伪装本、手抄本到纪念版、珍藏版的艰难曲折、可歌可泣的过程。为了翻译、传播和珍藏《共产党宣言》这部宝书,为了实现其中所阐明的共产主义理想,多少革命先辈献出了青春和生命!这种伟大精神将永远激励着我们前进!

四、初露锋芒

中国共产党成立后,马克思主义在中国的传播进入了有组织有计划的翻译传播阶段。在这个阶段,马克思主义经典著作中译本(文)的数量明显增加,马克思主义理论的研究进一步深入,向广大工人群众进行马克思主义的宣传和教育成为中国共产党人的自觉行动。1923 年 6 月中国共产党第三次全国代表大会召开后,随着革命形势的发展,中国共产党人更加努力地用马克思主义理论分析和解决中国革命所面临的复杂问题,马克思主义在我们党领导人民进行革命的斗争中展现出日益强大的作用。

1. 理论建党呈高格

中国共产党的成立为有组织、有计划、有领导地传播马克思主义提供了组织保证和重要条件,开创了马克思主义在中国传播的新阶段。

(1)人民出版社的成立

中国共产党成立后,开始有系统、有领导、分步骤地进行翻译和传播马克思主义经典著作。1921 年 9 月 1 日,中共中央局在上海成立人民出版社,其主要职责就是组织出版发行马克思主义经典著作和党的宣传品。社长由中共中央宣传主任李达担任。实际上,出版社的社址就设在李达的家中,而出版社的组稿、编辑、审稿、付印、校对以及上海本埠的发行等全部工作都主要由李达完成。此外,李达还要编辑和翻译书稿。

出版社成立当日,《新青年》第 9 卷第 5 号上就登载了《人民出版社通告》(简称《通告》)。《通告》除了表明自身的宗旨外,还列出了该社的出版计划,并向读者介绍了已经付印的书籍的情况。

李达——人民出版社的最早负责人

在一年多的时间里,人民出版社出版了"马克思全书"3册①,"列宁全书"5册②,"康民尼斯特丛书"4册③,"其他"理论书籍4册④。应当说,这批马克思主义著作的出版,为党的早期理论建设作出了重要贡献⑤。此外,为了配合实际革命斗争的需要,人民出版社还印发了纪念马克思诞辰和卢森堡遇难、声援各地工人群众革命斗争等内容的小册子。

可以看出,中国共产党成立后,立即组建专门的出版机构进行丛书出版,较之前的只能在报刊上发布马克思、恩格斯和列宁著作译文片断,或零星出版单行本的情况大为进步。这也表明中国共产党从一开始就重视马克思主义的宣传和研究,把它作为中国革命事业的重要组成部分,纳入党的总体工作,与实际革命需要紧密结合起来。

1922年6月,中国共产党人还与一些爱国进步人士共同组建了"新时代丛书社",将一些进步书籍以"丛书"的形式由商务印书馆出版。至1923年12月,"新时代丛书"共出了9种⑥。

---

① 即《共产党宣言》《工钱劳动与资本》和《马克思资本论入门》(李汉俊翻译的马尔西介绍《资本论》的通俗小册子)。

② 即《列宁传》《劳农会之建设》《讨论进行计划书》《共产党星期六》《劳农政府之成功与困难》。

③ 即《共产党底计划》《俄国共产党党纲》《国际劳动运动中之重要时事问题》《第三国际议案及宣言》。

④ 即《李卜克内西纪念》《两个工人谈话》《俄国革命纪实》《太平洋会议与吾人之态度》。

⑤ 参见周子东:《马克思主义在上海的传播:1898—1949》,上海社会科学院出版社1994年版,第113页。

⑥ "新时代丛书"9种包括:《女性中心说》(堺利彦著,李达译)、《马克思主义与达尔文主义》(派纳柯克著,施存统译)、《产儿制限论》(安部矶雄著,李达译)、《儿童的教育》(爱伦凯著,沈泽民译)、《马克思学说概要》(高畠素之著,施存统译)、《社会主义与进化论》(高畠素之著,夏丏尊、李继桢译)、《妇人和社会主义》(山川菊荣著,祁森焕译)、《遗传论》(唐凯司德著,周建人译)和《进化》(《从星云到人类》,麦开柏著,太朴译)。参见周子东:《马克思主义在上海的传播:1898—1949》,上海社会科学院出版社1994年版,第115页。

（2）党的机关刊物和进步刊物

利用进步刊物发表文章或译文，介绍马克思主义经典著作主要内容和经典作家生平活动，一直是我们党宣传马克思主义的重要途径。中国共产党创建初期，除了党的理论性机关刊物《新青年》《向导》和中国社会主义青年团的机关刊物《先驱》《青年周刊》外，一些进步报纸期刊，如《民国日报》副刊《觉悟》、《晨报》副刊、《新民意报》副刊《星火》、《时事新报》副刊《学灯》、《东方杂志》，以及在这一时期新开办的进步报刊，如《今日》《新时代》等也都发表了大量介绍马克思主义的文章，扩大了马克思主义在中国的影响。

中国共产党成立后，《新青年》立即成为党的理论性机关刊物。至1922年7月休刊，《新青年》发表了多篇重要的马克思列宁主义文章，其中最早是在1921年8月1日，《新青年》第9卷第4号上刊登的蔡和森致陈独秀关于谈论"马克思学说与中国无产阶级"问题的通信等。在1922年7月1日发行的《新青年》第9卷第6号上，刊登了陈独秀的《马克思学说》，其中对马克思的"剩余价值""唯物史观"和"阶级斗争"理论作了详细的阐述。①

1922年9月13日，党中央机关报《向导》周报公开发行。它主要宣传党的民主革命纲领、政策等，成为《新青年》被迫停刊后一段时期内党中央唯一公开发行的刊物。

1922年1月15日，中国社会主义青年团创办机关刊物《先驱》半月刊，至1923年8月15日停刊，共出版25期。邓中夏、刘仁静、施存统曾担任该刊的主编。陈独秀、李达等人经常为其撰稿。《先驱》特别关注列宁主义和"俄国革命的状况和革命以后的建设"，要"将他们实际运动的真相，忠实的介绍给国人"。②

---

① 参见周子东：《马克思主义在上海的传播：1898—1949》，上海社会科学院出版社1994年版，第116页。

② 《马克思主义在中国早期传播史料长编（1917—1927）》中卷，长江出版社2016年版，第22页。

1922 年 2 月 26 日,中国社会主义青年团机关刊物《青年周刊》创刊,同年 4 月 4 日停刊,共发行 6 号。该刊以宣传马克思主义、彻底改造旧社会制度为宗旨,提出马克思主义的"革命的无产阶级学说,就是指示我们实现社会主义的实际道路"①。

除了中国共产党自己的刊物外,还有很多聚集在党周围的进步刊物,也对马克思主义的传播发挥了积极作用。比如上海的《民国日报》副刊《觉悟》、毛泽东创办而李达任主编的《新时代》杂志,以及以研究马克思主义理论为宗旨的、大量刊登马克思主义翻译成果的北京《今日》杂志。可以说,介绍和传播马克思主义是当时之世界的热潮,我们党广泛利用可以登载马克思主义思想的报刊,大力译介、研究和传播马克思主义。

2. 理论实践初结合

中国共产党成立后,向工人群众大力宣传马克思主义,从而把有觉悟的工人阶级组织起来开展工人运动,这成为党的中心任务。因此,除了出版马克思主义图书,编发通俗刊物外,劳动组合书记部等机构大力创办工人学校,成立研究学会,中国工人阶级的觉悟很快得到提高,工人运动也蓬勃兴起。

在各地成立马克思主义研究会,让革命青年在研究会共同深入学习、研究和宣传马克思主义,是党在青年中传播马克思主义的重要方法。除北京大学的"马克思学说研究会"和上海的"马克思主义研究会"外,1921 年 8 月,毛泽东在长沙创办了湖南自修大学;1922 年 8 月,中国共产党在北京成立了"马克斯主义研究会";同年底,在天津也组织了"马氏学会"。这些学会的活动扩大了马克思主义在各地青年中的影响。

1922 年 5 月 5 日,中国共产党充分利用马克思诞辰 104 周年的机会,

① 《马克思主义在中国早期传播史料长编(1917—1927)》中卷,长江出版社 2016 年版,第 76 页。

发起了一系列纪念活动,掀起了一波介绍马克思主义的小高潮,特别是陈独秀发表的《马克思主义学说》一文,在民众中的影响十分巨大。

随后的 1923 年 5 月,为纪念马克思诞辰 105 周年,《先驱》发表了题为《马克思诞生一百零五周年纪念日敬告中国青年》,号召中国青年坚定地站在马克思主义旗帜下,进行反帝反军阀的斗争。其他进步杂志也大量刊登了纪念马克思、宣传马克思主义的文章。

党的三大后,毛泽东当选为中央委员,他在韶山领导农民运动,创办农民夜校和农民运动讲习所,创建全国农民协会,还运用马克思主义基本原理研究中国革命的实际问题和开展调查研究,撰写了著名的《中国社会各阶级的分析》(1925 年)和《湖南农民运动考察报告》(1927 年)两篇重要著作,倡导理论联系实际的学风,为毛泽东思想的形成奠定了基础。

总之,在中国共产党成立初期的几年里,在党的领导和影响下,马克思主义的传播呈现出全新的面貌,了解和研究马克思主义学说在中国形成了一股不可阻挡的潮流,信仰马克思主义的人也越来越多,理论和实践的结合也越来越紧密。

3. 指引革命显神威

1923 年 6 月,中国共产党在广州举行第三次全国代表大会,会议肯定了孙中山领导的国民党的革命立场,决定实行国共合作,两党共同进行国民革命。从 1924 年至 1927 年,中国大地上爆发了轰轰烈烈的反帝、反封建军阀的革命运动。这场席卷全国、影响深远的大革命为马克思主义传播创造了有利条件。中国共产党人牢牢抓住这一有利时机,通过开设书店、主办党刊党报、主持或创办高等学校等方式传播马克思主义,并将理论传播和革命实践紧紧联系起来。

(1)成立上海书店

为了进一步传播马克思主义,推动革命发展,我们党于 1923 年 11 月

毛泽民——上海书店早期负责人

1 日成立了上海书店,并以上海书店为中心,建立和形成了一个传播马克思主义书刊的发行网络,很好地配合了中共中央宣传马克思主义、推动群众革命运动的各项工作。随着五卅反帝爱国运动的爆发,北伐战争顺利向长江中下游推进,人民群众革命情绪日益高涨,上海书店的巨大影响引起反动派的恐慌。1926 年 2 月 4 日,军阀孙传芳以"煽动工团,妨害治安"为名下令封闭了上海书店。同年 11 月,随着长江一带的革命形势向好,党中央在武汉设立了长江书店,以接替上海书店的工作。

(2)大办党刊党报

大革命时期,中国共产党编辑出版了多种党刊党报。据 1923 年 10 月党中央颁布的《教育宣传委员会组织法》可见,主要有《新青年》季刊、《前锋》月刊、《向导》周报等 7 种报刊①。它们登载的马克思主义译文和论文同中国革命实际紧密结合,对中国革命运动起到了极大的指导作用。

1923 年 6 月 15 日,党中央以季刊的形式恢复出版《新青年》,由瞿秋白任主编。该刊主要宣传马克思列宁主义思想和国际工人运动经验,以及在这一时期的革命路线和策略,其创刊号为"共产国际号",终刊号为"世界革命号",由瞿秋白翻译的《国际歌》便是刊登在该刊上并为中国人民所熟知的。

---

① 这 7 种党刊党报都有各自的宣传重点:"1.《新青年》季刊——学理的马克思主义的研究宣传机关。2.《前锋》月刊——中国及世界的政治经济的研究宣传机关。3.《向导》周报——国内外时事的批评宣传机关。4.《党报》(不定期刊)——党内问题讨略及发表正式的议决案报告等之机关。5.《青年工人》月刊——青年工人运动的机关。6.《中国青年》周刊——一般青年运动的机关。7.《团镌》(不定期刊)——团内问题及发表正式文件(议决案及报告)之机关。"见《马克思主义在中国早期传播史料长编(1917—1927)》中卷,长江出版社 2016 年版,第 464—465 页。

1923 年 8 月 20 日,中国社会主义青年团的机关刊物《中国青年》在上海创刊。该刊主要是向广大青年宣传马克思列宁主义的著作,发表导读性文章,解读马克思主义基本理论,宣传我们党的纲领和主张,是大革命时期团中央重要的刊物之一。1924 年 1 月,列宁逝世后,该刊出版了"列宁特号",刊发了《列宁之死》(陈独秀)、《列宁之思想》(仲英)、《列宁的政治主张》(敬云)、《列宁与中国的革命》(代英)等纪念文章。

除以上所列举的党中央和团中央主办的刊物外,还有一些地方党组织和党的海外支部也创办了相关报刊,刊登马克思主义著作的译文和文章,进一步扩大了马克思主义的影响。例如,周恩来领导的共产主义青年团旅欧支部创办的刊物《少年》、中国共产党北方委员会机关报《政治生活》等。

(3) 创办上海大学

大革命时期,在国共统一战线的旗帜下,以中国共产党人为骨干创立和发展起一批高等学校,如湖南自修大学、上海大学、中法大学等,这些学校被称为"红色学府"。其中,上海大学在这方面最为耀眼,获得了"共产

上海大学——早期的"红色学府"

党大学"的称号。

1922 年建立的上海大学是国共合作的产物,校长为于右任,孙中山为名誉校董,事实上学校的校务主要由中国共产党人主持,邓中夏任总务长,主持学校的日常工作,瞿秋白任教务长兼社会学系主任,陈望道任中国文学系主任,李大钊、恽代英、蔡和森、施存统、李达、李汉俊等共产党人在这里任教。这使得上海大学成为传播马克思主义的中心。

除了在日常课堂上教授马克思主义理论外,上海大学还组织学生建立社团,开办平民学校和工人夜校,向学生和工人介绍马克思主义常识,提高学生和工人的政治觉悟,促进马克思主义的传播。此外,1924 年,邓中夏和李立三在沪西工人补习学校的基础上成立了沪西工人俱乐部。该俱乐部成为共产党领导工人运动的重要场所。在上海大学师生的共同努力下,越来越多的工人群众开始信仰马克思主义,并准备为中国革命事业洒下汗水和鲜血。

上海大学作为当时中国革命的重要思想阵地,聚集了一大批思想进步、学养深厚的优秀教师,除上述革命家兼理论家瞿秋白等外,还有朱自清、叶圣陶、周建人、沈雁冰、田汉、朱光潜等。在他们的努力下,上海大学培养了一大批优秀学生,如王稼祥、秦邦宪、杨尚昆、阳翰笙、张琴秋、丁玲、杨之华、李硕勋、柯柏年等。这些优秀的教师和学生在后来的中国革命和建设事业中都发挥了重要作用,在中国现代文化史上留下了响当当的名字。

(4) 留苏学生和黄埔军校

在中国共产党早期组织的创立时期,党的领导人陈独秀等就十分重视培养党的干部,首先是理论骨干。1920 年夏,陈独秀发起成立上海外国语学社;从 1921 年初开始,分批派留学生到苏俄学习。

中国共产党成立后,特别是大革命开始后,党更加注重选派留学生到苏俄取经。他们中有的进入莫斯科东方大学,有的进入莫斯科中山大学。这两所大学为中国共产党培养了数百名革命骨干和马克思主义政治家、理论家和翻译家,其中就有人们所熟知的邓小平、叶剑英、刘伯承、董必

莫斯科东方大学

武、张闻天、王稼祥、林伯渠、徐特立、吴玉章等。

大革命时期,在国共统一战线的旗帜下,黄埔军校对马克思主义传播起过积极作用。在黄埔军校的政治教官当中,大部分是优秀的共产党员,如政治部主任周恩来、政治部秘书兼教官聂荣臻以及政治教官恽代英和萧楚女、上海招生办主任毛泽东等。军校训令中规定:社会主义、共产主义和马克思主义等书籍,本校学生均可阅读。在北伐军中,陈望道翻译的《共产党宣言》广为散发,达到人手一册的程度。可见,马克思主义在当时传播影响之大。

莫斯科中山大学

4. 风云突变再迷惘

1927年3月,上海工人在周恩来等人的领导下成立了一支3000人左右的工人纠察队,并成功进行第三次武装起义,配合了北伐军成功攻克上海。但此时国民党内部已经出现严重分裂,掌握军权的蒋介石等右派势力已将"清党""反共"提上日程。

1927年4月,蒋介石在上海发动四一二反革命政变,受其指挥的流氓及帮会分子冒充工人与工人纠察队发生冲突,随后蒋介石以"工人内讧"为由,命令所辖军队解除进步工人的武装,大肆搜捕共产党员和左翼进步人士,并向请愿群众开枪射击,酿成宝山路惨案。随后的7月,汪精卫在武汉发动七一五反革命政变,史称"宁汉合流"。在右翼势力疯狂的反革命活动中,以李大钊、陈延年、向警予、汪寿华、陈乔年、萧楚女、夏明翰、蔡和森等为代表的大批共产党人和左翼人士遭到反动势力大肆屠杀,轰轰烈烈的大革命失败。

与此同时,原本公开出版的革命进步书刊也被列为"反动"书籍遭到查禁,上海大学等被查封,右翼势力开始制造白色恐怖,马克思主义传播被迫转入地下。

但是,经历过大革命的洗礼,马克思主义在中国的传播日益深入,马克思主义已经在很大一部分工人、农民、学生群体中得到信任、认可或者同情。科学社会主义思想已经在中国大地上渐渐生根,为下一步传播并推动革命斗争打牢了理论基础,积累了斗争经验。

五、星火燎原

1927 年，蒋介石发动四一二反革命政变，中国的革命形势急转直下。以蒋介石为首的国民党背叛革命，国共合作的统一战线宣告破裂，轰轰烈烈的国民革命也随之落下帷幕。大革命失败后，内战风云再起，无数共产党员和进步人士被抓捕通缉，甚至惨遭屠杀。危急关头，党中央以及各级党组织迅速转入地下，继续在艰苦的环境中开展顽强的革命斗争，马克思主义的传播工作也继续进行。在这一时期，党根据苏区和白区的不同特点形成了马克思主义传播的党内与党外两条战线，马克思主义理论不仅在知识分子、共产党员中传播，也逐渐"飞入寻常百姓家"。

1. 井冈山上火炬燃

1927 年 11 月，毛泽东率领秋收起义部队上了井冈山，在湘赣边界建立起第一个红色政权。国民党的背叛使共产党人清楚地认识到：越是形势严峻，越要坚持革命、独立革命。中国共产党人寻求真理的脚步在极其艰难的岁月里没有停止和退缩，而是迈出了新的更加坚定的步伐。

中央革命根据地（中央苏区）建立后，党十分重视马克思主义的宣传与教育工作。在敌人的"围剿"封锁与异常艰苦的条件下，中国共产党在中央苏区织起了一道马克思主义的"红色传播网"。1931 年 12 月，中央出版局在瑞金叶坪村正式成立，这是中华苏维埃共和国临时中央政府建立的第一个专门的出版机构，下设出版科、编审科等多个部门，专门负责编辑出版马克思主义的各类文献。《国家与革命》《关于我们的组织任务》《二月革命至十月革命》《"左派"幼稚病》等许多重要著作都由中央出版局进行出版发行。当时,这些书籍很多是为了适应革命形势的需要,作为课本或教材供革命队伍学习的,这种理论与现实的碰撞让马列主义在实践的检验中更加深入人心。

中央出版局的成立为传播马克思主义和革命进步思想提供了"根据地"。为了进一步提高出版效率与出版质量,1932年4月至6月,党先后成立了中央出版局总发行部和中央教育人民委员部编审委员会。在中央的支持与鼓励下,仅在1933年到1934年的一年时间里,地方编审出版机构就如同雨后春笋般建立起来。从中央苏区到闽赣省、湘赣省,编审机构遍布多个省、县苏维埃政府。与此同时,地方发行机构也纷纷成立,涌现出许多"红色书局",与编审委员会配合工作,形成了苏区"编、审、印、发"共进的马列主义宣传工作网络。

闽西列宁书局就是众多红色书局的一个缩影。1931年的春天,革命形势有所好转,面对革命的现实需要和苏区军民对精神食粮的渴求,闽西苏维埃政府着手筹办"闽西列宁书局"。同年秋,红四军成功入闽,闽西列宁书局正式在汀州成立,由詹笑光、雷元等几名党员同志共同负责。受苏区政府委托,闽西列宁书局成立不久就接到了印刷马克思像的任务。当时闽西列宁书局已经和毛铭新印刷厂合并,负责印刷画像的毛旭初、韩启祥都是共产党员。经过平铺画像文稿、涂抹药墨、上胶液、清洗污物等一系列繁琐的步骤,再由不同工作人员加班加点、轮流协作,这份白纸红墨的马克思像终于诞生了!看着自己亲手印制的革命导师画像送往苏区人民手中,书局的工作人员无不热泪盈眶。90多年后的今天,这份画像仍然完好收藏于长汀县博物馆,灯光下的画像依旧熠熠生辉,仿佛在向世人述说峥嵘岁月里一代又一代共产党人为弘扬真理前赴后继、生生不息的动人传奇。

闽西列宁书局仅书籍就出版了300多种,所发行刊物的最大特点就是图文并茂、生动活泼。其中不仅包括《共产党宣言》等马克思主义经典著作,还包括许多介绍经典作家生平的通俗读物,比如《马克思的事迹》《列宁革命事迹简介》等。除了闽西列宁书局外,其他苏区编印机构也出版了大量马克思主义著作,如瑞金中央印刷厂的《马克思主义的基础》、

闽西列宁书局印刷的马克思像和列宁像

闽西印务处翻印的《社会主义浅说》、兴国县总工会总务部的《阶级斗争》等,内容丰富、受众广泛。尽管当时物资与人力极度匮乏,但革命根据地人民还是千方百计来印制革命书籍,包括用这些粗糙的纸张来油印、石印文稿,乃至手抄文稿。正是这些十分宝贵的革命资料,成为革命年代传播马克思主义、滋养人民心灵的甘泉。

2. 苏区学习成新潮

完备的发行网络建立后,宣传和学习马克思主义的渠道越来越多,大家学习马列主义的热情也日渐高涨。为了提高干部的理论水平,做好群众的宣传工作,党在苏区采取了办学校、创报刊、成立学术团体等一系列举措,掀起了苏区学习马克思主义的热潮。

(1) 创办马克思共产主义学校

坐落于江西省瑞金市叶坪乡的马克思共产主义学校现在已成为著名的革命遗址,这所创办于1933年的干部教育学校可算是最早的中共中央党校,曾经培养了许多优秀的党的干部,是孕育与输送革命力量的摇篮之一。

叶坪马克思共产主义学校旧址

马克思共产主义学校开设的课程十分丰富，不仅包括马克思主义基础理论的讲授，同时也涉及党的建设、革命斗争的理论与经验等。班次按照两个月、四个月、六个月三种时间设置，不同班次所教授的课程内容也有所不同。学校当时邀请了许多有较高理论水平以及亲身参与革命实践的领导人、杰出的共产党员进行授课。

毛泽东就曾经是马克思共产主义学校的一名杰出教员，他所讲授的课程为苏维埃运动史，《乡苏维埃怎样进行工作》一文就是他授课时所用的讲稿，其中详细阐述了当时苏维埃政府基层单位的机构设置、工作职能等情况。毛泽东不仅是当时的中华苏维埃共和国主席，也是一名优秀的"政治课教师"。他甚至认为"自己最适合于教书"[1]。此外还有邓颖超讲授中国共产党的历史、朱德讲授军事斗争等。这些雄厚的"师资力量"为党培养了大量人才，其中许多学员经历了革命的重重考验，最终成长为革命和建设的生力军。比如新中国成立后的湖南省副省长谭余保、中央政治局委员宋任穷等都曾是马克思共产主义学校的优秀学员。

---

[1] 《毛泽东一九三六年同斯诺的谈话》，人民出版社1979年版，第25页。

马克思共产主义学校也专门成立了教材编审处。在这一时期,署名"马克思共产主义学校出版"的教材既有《共产党宣言》《列宁主义问题》这样的马列著作,也有《中国革命基本问题》《论清党》这类涉及革命斗争与党内工作的课本。马克思共产主义学校是革命年代传播马克思主义的坚实阵地,教员的倾囊相授、学员的孜孜以求让真理之光照亮了整个苏区。

(2) 成立马克思主义研究会

1933 年 4 月 14 日,党的机关报《红色中华》第 69 期以"马克思主义研究会成立"为题发布了一则公告。于是,一个以研究马克思列宁主义、在思想上为共产主义与中共中央的总路线而斗争为宗旨的马克思主义学术团体诞生了。

马克思主义研究会是一个以中央为统领,以各省、县设立分会为基干的学术团体。研究会的最高机关是"苏区马克思主义研究总会",地方成立相应的研究分会,以此来推动干部和党团员一起学习马克思主义。正如研究会在工作大纲中所说的那样:"本会成立的目的是加强一般干部的马克思列宁主义理论的准备,造成必不可少的理论基础,同时运用列宁室、俱乐部等机关提高一般的政治水平线。"[①]在中央以及各级党组织的动员下,许多党的工作人员加入了马克思主义研究会,积极参加到研究会的课程与讨论中。

马克思主义研究会不仅在很大程度上提高了党员干部的理论水平,同时也出版了许多经典著作和革命教材,为马克思主义传播作出了重要贡献。研究会设有独立的编译部,印刷出版了马克思恩格斯的著作如《共产党宣言》《雇佣劳动与资本》以及列宁的《国家与革命》等。与此同时,研究会还非常重视引导大家用马克思主义的立场、观点、方法来分析中国问题。比如,研究会的发起者张闻天就曾在参与中国社会性质的论战中撰写了《中国经济之性质问题的研究》。

---

① 参见谢从高:《共产国际与马克思主义在中国的传播》,人民出版社 2021 年版,第 30 页。

苏区马克思主义研究总会出版的马克思主义经典著作

虽然马克思主义研究会主要面向的是党的工作人员,但是研究会的各个分会扎根于群众团体中,所出版的各类著作、开展的各种丰富的学术活动也为苏区群众开辟了学习马克思主义的窗口。研究会曾经组织了许多次主题鲜明的演讲活动,比如唐开元(即刘少奇)讲《劳动法》、朱德作《南昌暴动》讲演,以及张闻天作关于《广州公社与中国苏维埃运动》的报告等。这些演讲通过口头报告的形式,深入浅出地向苏区军民介绍了如何将马克思主义原理与中国问题相结合的道理,让抽象道理变成群众喜闻乐见的一个个鲜活故事。

(3) 开展相关纪念活动

除了专门的干部教育学校外,苏区学习马克思主义的热潮也在人民群众中如火如荼地进行着。1933 年 3 月 14 日是马克思逝世 50 周年的纪念日,为了纪念伟大的革命导师,党中央与地方组织了许多纪念大会。在这些纪念活动中,马克思的成长经历、生平事迹跃然纸上,被大家交口相传;马克思不只是那个其肖像挂在墙上而令人仰望的"革命领袖",同样也是一个有血有肉、与大家并肩战斗的"革命同志"。

早在纪念日的一个月前,党中央就发布了《中央关于马克思逝世五十周年纪念的决议》,动员各地各组织召开群众大会,紧接着各省、县以及报刊都积极响应起来。3月5日,党的机关报《斗争》第4期发表了尚昆的《马克思逝世五十周年》专文。尚昆即杨尚昆,自1933年来到苏区工作后,一直负责开展宣传工作,多次参加并领导群众性宣传活动,曾执笔写下大量具有现实意义的文字。在这篇纪念文章中,杨尚昆怀着对马克思的崇敬之情,以生动的笔墨介绍了马克思的生平事迹和主要工作,号召每一名党员都要拿起马列主义这一锋利的武器去粉碎敌人的一切进攻,为中国的前途与发展奋斗到底!而后,杨尚昆又署名昆在《红色中华》上发表了社论《纪念马克思与学习马克思列宁主义》;此外还有署名然的《马克思逝世五十周年》也同时在《红色中华》上刊发。

当时,革命根据地的军民身处极其艰难的战争环境,但也正因这些磨难,他们更加渴望幸福美好的生活,更加懂得世界其他民族为了争取解放所进行的不竭斗争。他们怀着真挚热切的心情,将马克思看作全世界无产阶级革命的导师,相信马克思主义真理可以为人民解放开辟一条康庄大道。

3. 白区阵地不能丢

苏区革命根据地的建设卓有成效,与此同时,党在国统区的文化革命运动也在持续开展。可是,这种进步力量很快就引起了国民党的警觉与敌视,为了镇压革命力量,国民党制造了以"文化围剿"为中心的白色恐怖。这一时期,国民党严格限制出版自由、查禁革命书刊、迫害进步人士,让生活本就动荡不安的革命群众更难获取精神食粮。不过,国统区的白色恐怖并没有动摇革命者传播进步思想的信念,他们与国民党开展针锋相对的斗争并开辟了许多传播真理的新渠道。苏区的蓬勃发展与白区统治的暗无天日反而愈加让人们认识到只有马克思主义才能救中国!

(1) 华兴书局的成立

四一二反革命政变后,党的出版机构长江书店和1929年在上海新成立的无产阶级书店陆续被查封。为了适应革命形势的发展和宣传马克思主义的需要,上海华兴书局在危难中成立,成为党在白区的秘密出版机构。

华岗——华兴书局负责人

华兴书局出版的书目主要分为两类:一类是马克思主义经典著作,另一类就是宣传革命思想的进步书籍。中国第二历史档案馆曾保存了一组从国民党政府行政院档案中选辑出来的文件,这组文件既是国民党压制进步思想的证明,同时也留下了华兴书局临危受命、推动马克思主义深入传播的历史印记。在1931年1月11日河南省政府所呈文件中曾提到,一名叫何恩霈的书报检察员曾发现两本《上海华兴书局图书目录》,认为其中所涉及的书目主要宣传共产主义,应该予以查禁。国民党政府中央宣传部一经接收这封信函,随即开始大肆搜查华兴书局的出版书目。从1931年2月10日国民政府文官处公函就可以发现,仅在公函中列出的已查禁和待查禁的书目就多达49本,其中既包括列宁的《国家与革命》《三个国际》《两个策略》等经典著作,也涉及许多进步人士为适应革命需要编写的小册子。比如署名潘鸿文(即华岗)编辑的《马克思主义之基础》就是这样一本包含马克思恩格斯6篇著作的文集,其中收录了《共产党宣言》《雇佣劳动和资本》《共产主义原理》等十分重要的经典著作。

这里面还有一个小故事,说的是"潘鸿文"其人和《共产党宣言》的关系。早在1930年初,华兴书局就曾出版过名为《英汉对照共产党宣言》一书,此时译者的署名为"华冈",即《共产党宣言》第二个中文全译本的译者华岗。潘鸿文实际上就是他迫于当时形势需要起的化名。这本论文集在1938年5月又于汉口再版,但是编者的署名又变为了"彭汉文",这是华岗的另一个化名,暗示再版的地点在汉口。除了这本《马克思主义之基础》外,还有唐杰编辑的《民族革命原理》、晓旭翻译的《各时代社会经济结构元素表》、徐梦龙写的《工人的国家》等相对通俗的进步书籍,这些书目在当时大多以上海社会科学研究会丛书的名义出版。

1931年2月18日,国民政府发布行政院函要求查封华兴书局,5天以后就得到了上海市政府"照办"的答复。不仅如此,上海有几家进步书店也因为销售华兴书局的书籍被国民党一并查禁。一个华兴书局倒下,还有无数个华兴书局成立,进步的火焰不会就此熄灭。面对如此严峻的情况,华兴书局又以"启阳书店"(后来又更名为"春阳书店")等化名,继续从事马克思主义书籍的出版发行工作。

(2) 创办北方人民出版社

1931年秋,国民党的白色恐怖仍在继续,在上海的中共中央的出版物在运送上困难重重。在此情况下,中共中央试图借用党成立之初曾经在上海创办的人民出版社的影响,在北平等北方地区建立一家党的出版机构。于是,同年,中共中央在河北省保定市成立了北方人民出版社,作为中国共产党在华北地区的出版机构,由王禹夫担任出版社的负责人。

王禹夫又名王辛民,河北省获鹿(今河北省石家庄市鹿泉区)人,在筹办北方人民出版社之前就曾先后在保定、北平负责组织"新生社""反帝大同盟""革命互济会""社会科学家联盟",是党的革命宣传工作的杰出代表。为了创办北方人民出版社,王禹夫四处奔走,联系印书局、筹措经费。出版社成立后,为了最大程度保障安全,出版社的全部工作如编审、校对、发行、联络等都主要由他一人承担。后来为了躲避国民党的各种查禁,北方人民出版社也曾将名称伪装成"人民书店""北国书社""新光书店"等。

虽然北方人民出版社的规模并不大,存在时间还不到两年,但是在党组织和上海华兴书局的帮助下,仍然出版了大量进步书籍。这些书籍绝大部分是对原人民出版社和华兴书局等进步机构和书店出版物的重印,当然也根据现实的需要,编辑出版了一些新书。这些书籍按照不同的类别分别收录在"左翼文化丛书"和"人民文化丛书"(也称"大众文化丛书")中。像马克思主义的经典著作和已出版的党的文献、决议等就归为"左翼文化丛书",比如《土地农民问题指南》、《苏维埃宪法浅说》、《武装暴动》、《中国革命论》(即"共产国际对中国革命的决议案")、《资本主义之解剖》(即《共产主义 ABC》)等就属于这一类;而内容比较通俗易懂,容易被人民大众接受的、能够半公开发行的,就收入"人民文化丛书"。

北方人民出版社等出版的"伪装书"

当时所发行的书籍主要有三个来源,即当时保定当地进步书店保存下来的一些图书,以及北平党组织搜集到的大批书目,还有从上海寄送过来的出版物。据王禹夫本人回忆,当时为了刊印一本书往往都是在晚上突击排版校对,书籍一经印出装订就迅速分散存放在学校教室的讲台下、洗衣房等不容易被注意的地方。就连书籍的发行邮寄都要经常更改寄件人的名称。

这一时期翻印出版的读物也为北方人民提供了一个了解马克思主义、了解中国国情的重要渠道。尽管处在极其艰苦的白色恐怖环境中,北方人民出版社仍然为了满足广大人民的精神需要竭尽所能地努力着,十分出色地完成了自己肩负的历史使命。

（3）其他进步书店的工作

除了华兴书局和北方人民出版社以外，20 世纪 20 年代末到 30 年代还涌现出了一大批进步书店，比如浦江书店、中华书店、江南书店、昆仑书店、平凡书局、水沫书店等，有的书店还直接受中国共产党领导，成为党组织在宣传工作上的一面旗帜。

成立于 1929 年的江南书店就是这样一家进步书店。江南书店是中共中央文委直接领导下的出版社和开展左翼文化工作的联络点，同时也是华兴书局主要的公开店面。从 1930 年 3 月到 8 月的 5 个多月时间里，江南书店的"江南文库"出版了多本马克思主义的重要著作。其中就包括恩格斯所著的《费尔巴哈与古典哲学的终末》（即《费尔巴哈与德国古典哲学的终结》），这本著作后来又出现了南强书局、昆仑书店等多个版本；还有 1930 年 11 月出版的由吴亮平翻译的《反杜林论》第一个中文全译本。这本被称为"马克思主义的百科全书"之作的出版，对于全面了解马克思主义具有重要意义。除此以外，江南书店还出版了《马克思、恩格斯关于唯物论的片断》《自然辩证法》（节译）等多本马克思和恩格斯的著作。

上海昆仑书店同样是由党的早期创始人之一李达等创办的一家进步书店。它成立于 1928 年，始终与党保持密切联系，积极配合党的工作，出版了许多宣传马克思主义和革命思想的进步书籍，比如《费尔巴哈论》《德国农民战争》等。在这些书籍中，最具重要价值的就是 1930 年 3 月《资本论》第 1 卷第一分册的出版。虽然这一译本并不完整，但是它仍然是《资本论》的第一个中译本。这本书的译者陈启修 1900 年曾在法国人办的丕崇学院学习法文，又于 1905 年赴日留学，深受进步思想的影响。大革命失败后，陈启修流亡日本，对马克思主义政治经济学产生了浓厚的兴趣，根据德文版、河上肇日文版翻译了《资本论》这本鸿篇巨著。虽然在当时艰难的条件下只出版了第 1 卷第一分册，但是仍然极大地引起了人们的兴趣与关注。此后不久，潘冬舟接过了翻译《资本论》的"接力棒"，于 1932 年和 1933 年在北平东亚书店继续出版了《资本论》第 1 卷的第二、三篇。

不仅党组织一直致力于传播马克思主义,许多革命知识分子也通过各种关系与渠道,争取在商务印书馆、开明书店、新生命书店、亚东图书馆、神州国光社、泰东书局等处公开出版马克思主义的著作。像上海南强书店的《拿破仑第三政变记》,上海新生命书局的《革命与反革命》,亚东图书馆的《辩证法经典》,上海春秋书店的《社会主义的必然》(下)、《社会进化的原理》,上海联合书店的《自由贸易问题》,上海神州国光社的《政治经济学批判》《自然辩证法》《德国农民战争》等马克思恩格斯的著作都不断出版和再版。就这样,一朵朵红色的真理之花在白色恐怖中顽强地绽放,形成了这一时期马克思主义经典著作在中国翻译传播的又一个高潮。

4. 山沟照样出真理

中国共产党人一经掌握马克思主义这一理论武器,就始终致力于让马克思主义的真理在中国大地扎根结果。大革命失败以后,以毛泽东同志为主要代表的中国共产党人在探索正确革命道路的过程中,努力将马克思主义基本原理与中国实际相结合,深化了马克思主义中国化的历史进程。

1927年10月至1929年1月,以毛泽东同志为主要代表的中国共产党人开辟了井冈山革命根据地,建立了红色政权。在领导武装起义的过程中,毛泽东越来越认识到农村地区在革命中所具有的重要作用,这引发了他对中国革命道路的深入思考。

1928年10月4日至6日,毛泽东为湘赣边界党的第二次代表大会写了决议案的第一部分——《政治问题和边界党的任务》,也就是后来收入《毛泽东选集》的《中国的红色政权为什么能够存在?》一文。在这篇文章中,毛泽东从中国半殖民地半封建的现实国情出发,总结了各个根据地武装斗争的经验,再次回答了"红旗到底打得多久"的问题,并且第一次提出了"工农武装割据"的概念。

毛泽东在井冈山时期写作的调查研究著作

在这篇决议案写完没多久，毛泽东收到了中共中央专门向湘赣边界前委发出的一封指示信。这封信原本在 1928 年 6 月 4 日就发出了，但是直到 11 月 2 日才终于辗转到达井冈山。收到这封信件的毛泽东十分激动，他认为有必要马上向党中央汇报井冈山根据地的情况。于是在 11 月 25 日，毛泽东代表红四军前委写了一份致党中央的报告，这也就是后来同样收入《毛泽东选集》的《井冈山的斗争》一文。在这篇报告中，毛泽东再次阐述了工农武装割据的思想。为了让党中央充分了解井冈山根据地，他从湘赣边界的割据和八月失败，以及割据地区的形势两个方面对割据地区进行了极为详细的分析，科学地阐述了土地革命、武装斗争和建立工农民主政权的关系。

1930 年 1 月 5 日，毛泽东在给红四军第一纵队司令员林彪的复信（即《星星之火，可以燎原》）中明确提出党的工作重心应该放在农村而不是城市。他认为红军和游击队的存在和发展，以及红色政权的扩大无疑是促进全国革命高潮的最重要因素。这标志着我们党关于农村包围城市、武装夺取政权革命道路思想的正式形成。

中国道路要依靠正确的思想路线作为指导，中国共产党的思想路线就是党认识、分析和解决问题所遵循的最根本的指导原则和思想基础。但是,这条思想路线并非从天而降,而是在中国共产党人长期的革命与实践探索过程中逐渐形成的。

1930年5月,毛泽东在寻乌县进行了10多天的社会调查,写下了一篇名为《调查工作》的文章,也就是后来广为人知的《反对本本主义》。这篇文章开篇第一个标题就掷地有声地提出:"没有调查,没有发言权"①,以十分通俗生动的语言阐述了马克思主义认识论的核心观点。"调查就像'十月怀胎',解决问题就像'一朝分娩'。"②"我们需要'本本',但是一定要纠正脱离实际情况的本本主义。"③从这篇文章中我们还可以看到大量这样直截了当却鞭辟入里的"金句"。

"实践是检验真理的唯一标准",放在中国革命的问题上就是毛泽东所说的:"中国革命斗争的胜利要靠中国同志了解中国情况"④。回首中国革命的全部历程与经验就可以发现,正是由于以毛泽东同志为主要代表的中国共产党人始终坚持"一切以实际情况为转移",正确分析革命性质、认清革命形势、找准革命道路,才让马克思主义的真理性与革命性真正在中国大地焕发出勃勃生机。

---

① 《毛泽东选集》第一卷,人民出版社1991年版,第109页。
② 《毛泽东选集》第一卷,人民出版社1991年版,第110页。
③ 《毛泽东选集》第一卷,人民出版社1991年版,第112页。
④ 《毛泽东选集》第一卷,人民出版社1991年版,第115页。

六、抗日烽火

1931 年 9 月 18 日的深夜,驻中国东北地区的日军以炸毁南满铁路为借口对中国沈阳军队发动突然袭击,史称九一八事变。此后,中国政治局势发生了剧烈变化,中日之间的民族矛盾逐渐上升为主要矛盾。此时的中国内忧外患,外有强敌日本,内有国民党反动派对革命力量的镇压。然而,中国共产党不畏艰难,在民族危亡的严重关头,毅然决然举起了武装抗日的旗帜,马克思主义传播工作也在抗日战争的烽火中继续顽强进行。

1. 内忧外患何处去

四一二反革命政变后,白色恐怖笼罩了全国。国民党实行的"清党"活动致使大批共产党员和革命分子被捕甚至被杀。仅 1929 年到 1930 年一年时间,国民党就颁布了《暂行反革命治罪法》《宣传品审查条例》《查禁反动刊物令》《取缔共产党书籍办法》《取缔销售共产党书籍的法令》等多个条令,查禁了大量进步报刊与图书和出版机构。不仅如此,国民党甚至采取极端残忍的手段捣毁书店,没收财产家具,通缉、搜捕和暗杀作者,逮捕印刷厂老板,对卖书报的小贩实行罚款甚至毒打,等等。九一八事变后,日本帝国主义不断加紧侵略中国的脚步,而国民党却依旧奉行消极抗战、积极反共的政策。在这样的情势下,马克思主义传播工作面临双重压力:一是来自国民党反动派施加的政治压力,二是来自日本帝国主义的压力。但就是在这种内忧外患的重压之下,中华民族追求进步思想、探索革命真理的热潮并未减弱。马克思主义传播工作在中国共产党的领导下,仍然取得了巨大进展。

早在1928年6月党的第六次全国代表大会和1929年党的六届二中全会上,党就对思想文化工作提出了一系列要求,尤其强调要翻译、介绍马克思列宁主义的主要论著,用马列主义的理论解释党的纲领和重要决议。党中央重点强调,既要写出通俗的政治书籍,也要撰写和发行有深度的理论著作。通过各种形式抓报刊、办书店,宣传文化战线的党员参加各种社会科学等团体,举办马克思主义的讲座与报告等。

根据六届二中全会《宣传工作决议案》的精神,1929年10月,中共中央宣传部成立了中央文化工作委员会。潘汉年任书记,委员有吴黎平、杜国庠、李一氓、彭康、朱镜我、杨贤江、王学文等人。中央文化工作委员会的成立在组织上加强了党对文化工作的领导,团结和组织起了大批进步文化工作者。在党的号召下,许多大革命失败后分散在各地的共产党员和进步知识分子重新聚集在一起,还有不少原本在日本留学的中共党员也陆续回国,他们共同汇聚成一股宣传马克思主义的洪流,成为当时在国民党统治区和日伪占领区一支强大的进步力量。

2. 左联奋进作贡献

左翼作家联盟是国统区传播马克思主义的一支重要力量,它的成立具有深刻的社会历史背景与思想文化背景。五四时期的新文化运动后,文学艺术逐渐开始从文人雅士的殿堂走向"十字街头"。随着文学革命运动的深入发展与马克思主义在中国的深入传播,马克思主义文艺理论也开始走进中国大众的视野。1927年大革命失败后,白色恐怖为思想文化领域的发展蒙上了一层阴霾,但马克思主义文艺理论和革命文学引起了更多先进分子的共鸣。从这时起,马克思主义文艺理论开始建立起越来越广泛的社会基础,很多进步知识分子纷纷振臂高呼,倡导无产阶级的革命文学。

1928年初,以创造社和太阳社所办的刊物为先声,成仿吾、冯乃超、李初梨等进步作家开展了一系列关于革命文学的论争;此外还有冯雪峰、夏衍等人翻译了许多关于马克思主义文艺理论的书籍,大大促进了马克思主义文艺理论的传播。

鲁迅——左联的旗手

鲁迅是这些进步作家中杰出的代表人物,他把翻译与介绍马克思主义文艺理论的工作当作"从别国窃得火来"①,认为这项工作就仿佛古希腊神话中普罗米修斯从天上盗取火种到人间。鲁迅在这段时间里不仅翻译了普列汉诺夫的《艺术论》、片上伸的《无产阶级文学的理论与实际》、卢那察尔斯基的《艺术论》和《文艺与批评》等书,同时还编辑出版了"科学的艺术论"丛书。这些书籍的出版让广大群众看到了马克思主义的理论力量,而鲁迅也逐渐从革命民主主义者转变为马克思主义者。

1930 年 2 月 26 日,在中国共产党的推动下,一批左翼作家在上海举行了研讨会,主题是"清算过去"和"确定目前文学运动的任务"。研讨会集中批判了以往文艺运动中的四种错误倾向,明确了文艺运动不能只注重提高文学水平,而忘记文学本身对政治运动的推动力。研讨会的顺利举办凝聚了左翼作家的共识,这些当时中国最为进步的文坛大家们意识到必须团结起来,用自己头脑中的思想、手中的纸笔为中国的革命事业贡献一份力量。

1930 年 3 月 2 日,在中国共产党的倡议以及左翼作家的要求下,"左翼作家联盟"在上海正式宣告成立,并召开成立大会。鲁迅代表与会成员发表了《对于左翼作家联盟的意见》的讲话。当时出席大会的还有茅盾、郁达夫、沈端先、画室(即冯雪峰)、钱杏邨(即阿英)、丁玲、蒋光慈、冯乃超、李初梨、柔石等 50 余人。他们主要以创造社、太阳社成员和受鲁迅影响的革命作家为基础,同时联合吸收了其他进步作家,这些左翼进步作家都是当时文艺界极富社会名望和斗争精神的代表,也是无产阶级革命

---

① 《鲁迅全集》第四卷,人民文学出版社 2005 年版,第 214 页。

文学的风向标,他们的团结一致对马克思主义在文艺领域站稳脚跟具有重要意义。

成立大会通过了《中国左翼作家联盟理论纲领》,还通过了成立"马克思主义文艺理论研究会""国际文化研究会""文艺大众化研究会""发动左翼艺术大同盟的组织""确定各左翼杂志的计划"等多个提案。左联从成立起就带有极其鲜明的马克思主义性质,《中国左翼作家联盟理论纲领》中就曾明确提出,左联成立的目的就在于站在无产阶级的解放斗争的战线上,以文艺作为斗争的武器,肩负起解放斗争的使命。

左联下设有组织部、宣传部、编辑部、出版部、创作委员会、大众文艺委员会、国际联络委员会共7个部门。仅左联主办的刊物,比如《萌芽月刊》《拓荒者》《北斗》《前哨》等就多达10余种。左联成立以后,左翼作家们在自己的文化阵地上更加出色地从事文学创作,对新月派、民族主义文艺运动乃至国民党的文艺政策进行批判与斗争,培养了一大批文学新人,推动了无产阶级革命文学的大众化进程。

在此之前,左翼作家们已经翻译了大量马克思列宁主义文艺理论的著作。其中最早刊印的是列宁的文艺论著《托尔斯泰和当代工人运动》,

郭沫若——《德意志意识形态》
第一章最早译者

这篇文章于1925年2月13日发表在上海《民国日报》副刊《觉悟》上。此外还有1926年12月6日发表在《中国青年》上的《论党的出版物和文学》。随后,列宁评论托尔斯泰的系列文章也引起了左翼作家的关注。从20世纪20年代到30年代,《托尔斯泰——俄罗斯革命的明镜》《托尔斯泰》《托尔斯泰与现代劳动运动》《托尔斯泰与其时代》等多篇文章陆续被译介发表。

1930年,左翼作家联盟建立了"马克思文艺理论研究会"。自此以后,马克思和恩格斯的文艺论著开始大量被翻译出版,在文艺界乃至广大群众中反响热烈。仅仅在

1932 年到 1937 年的 5 年时间里,以瞿秋白、鲁迅和郭沫若为代表的左翼作家组织编译出版的马克思恩格斯文艺理论著作就有 10 多本,其中有的是以文集的形式收录了多篇相关文章。比较有代表性的,如 1932 年根据苏联出版的《文学遗产》第 1、2 期编译的《现实——马克思主义文艺论文集》《马克思恩格斯和文学上的现实主义》,以及《艺术形成之社会的前提条件》(1857—1858 年经济学手稿中关于艺术的部分论述)、《在马克斯葬式上的演说》、《巴黎公社论》,还有《政治经济学批判》《艺术作品之真实性》等,都是这一时期左翼作家联盟传播马克思主义的重要成果。

3. 三联书店出成就

四一二反革命政变后,国民党的"文化围剿"开始以上海为中心向整个国统区扩大。为了继续宣传马克思主义和进步思想,在中国共产党的领导和组织下,一大批进步书店在国统区建立起来。抗日战争爆发后,爱国的海外留学生纷纷回国,他们中的许多人来到上海,与上海文化界的进步作家们共同为抗日救国到处奔走,上海也成为抗战时期传播马克思主义的重要阵地。在这支传播马克思主义的文化新军中,有一批在白色恐怖中坚持宣传进步思想、出版进步书籍的书店,它们就是三联书店的前身——生活书店、新知书店和读书生活出版社。

(1) 生活书店的"前世今生"

生活书店是邹韬奋在 1932 年 7 月于上海创办的一家进步书店,它的前身是邹韬奋主编的《生活》周刊。生活书店是三联书店中最早成立的一个书店,它的成功创办与邹韬奋的长期努力密不可分。

邹韬奋于 1895 年生于福建永安,祖籍为江西余江,是我国现代著名的新闻记者、政论家、出版家。他曾经就读于南洋公学(今上海交通大学的前身),后来又考入圣约翰大学读文科。毕业以后,邹韬奋就投入社会工作中,以质朴且犀利的文笔针砭时弊,伸张正义。在革命形势与社会环境的剧烈变化中,他逐渐从一个中立的新闻从业者转变为积极宣传马克

邹韬奋——革命新闻战线的旗手

思主义的政论家。

1922年,邹韬奋开始在中华职业教育社任编辑部主任,从事教育编辑工作,1926年接任该社的编辑主任一职,同时成为《生活》周刊的主编。在他的领导下,《生活》周刊转变办刊宗旨,从以前专门针对职业指导转为"力谋社会改造"①。《生活》周刊所刊载的文章通常短小精悍且直击社会现实,这种鲜明的办刊风格让《生活》周刊的销量节节攀升,社会影响越来越大。随着局势变化,尤其是马克思列宁主义思想的广泛传播,邹韬奋开始关注并接受马克思主义,《生活》周刊逐渐成为传播马列主义的文化阵地。

20世纪30年代初,世界资本主义因经济危机而呈现出一片萧条之景,而社会主义国家苏联却在危机中发展迅速,这种反差引起了邹韬奋的关注。很快,他就在《生活》周刊上发表了一系列介绍苏联政治状况、经济发展、社会生活的文章,包括《蒋作宾口中的苏联现状》《读〈莫斯科印象记〉》《读〈苏俄视察记〉》等,这些文章让一个鲜活的苏联形象跃然纸上。自1933年起,邹韬奋不仅致力于宣传苏联社会主义建设所取得的成就,而且越来越重视马克思主义理论的传播。这一时期,《生活》周刊大量刊载了胡愈之、艾寒松、毕云程等人介绍马克思主义理论的文章,比如《物质和精神是什么》《生产力与生产关系》《什么是辩证法》《阶级是什么》《什么是革命》《资本主义剖析》等。《生活》周刊全年50期,传播马克思主义的文章竟然多达40篇,而且内容上涉及马克思主义的政治经济学、辩证唯物主义、历史唯物主义等各个方面,对马克思主义理论的阐述全面且系统。

九一八事变后,民族危机空前严重,《生活》周刊也成为宣传抗日救

---

① 《韬奋全集》第三卷,上海人民出版社1995年版,第256页。

国思想的抗战刊物。随着《生活》周刊在广大群众中的影响越来越强,它鲜明的政治倾向引起了国民党政府的恐慌,最终在出至第 8 卷第 50 期时不幸被国民党查封。1933 年 7 月,因国民党政府迫害,邹韬奋不得不离开上海流亡境外。随着日本帝国主义对中国的侵略日益加深,为了救亡图存,1935 年 8 月邹韬奋又回到上海,并于 11 月创办了《大众生活》周刊。但好景不长,次年 2 月,《大众生活》周刊又被国民党当局查封,邹韬奋再度流亡香港。

临行前,邹韬奋委托中共地下党员张仲实接管生活书店,生活书店也因此得以坚持之前的办刊宗旨,继续宣传革命思想。张仲实接手生活书店后,有意识地把出版方针转向马克思主义的社会科学领域。在此期间,很多宣传马克思主义的社会科学家都在生活书店发表或出版了自己的文章或著作。其中就有邹韬奋在旅居英国时阅读马克思主义经典著作所做的读书笔记——《读书偶译》。不仅如此,张仲实还组织出版了"世界名著译丛",里面囊括了《关于费尔巴哈的提纲》《社会主义从空想到科学的发展》《德国农民战争》等多篇马

张仲实——生活书店经理、
马克思主义著作翻译家

克思主义经典著作,他本人亲自翻译的《费尔巴哈论》也收入其中。

在张仲实的主持下,生活书店继续出版"青年自学丛书""黑白丛书""救亡丛书""世界文库"等 12 种图书。发行《理论与现实》《战时教育》《全民抗战》等多种杂志,大力传播和宣传革命思想,鼓舞了许多青年参与到革命的队伍中。

(2)风雨中的新知书店

由于生活书店随时有被国民党查封的危险,在这种形势下,周恩来指示由中共地下党员钱俊瑞等同志在上海先筹备一个新知书店,同时再办

一个读书生活出版社,使其成为宣传马克思主义的阵地。1935 年 8 月,新知书店在上海成立,徐雪寒任经理。

为了适应斗争环境的需要,新知书店曾经使用过许多"别名",如远方书店、实学书局、永年书局、海洋书屋和大陆出版社等。从创立之初到1937 年上海八一三淞沪会战期间,新知书店一共出版了 20 多种社会科学类书籍,涉及哲学、政治、经济、历史、文艺等各个领域,但是占最大比重的是对马克思主义政治经济学的介绍。如狄超白著的《通俗经济学》、吴大琨译的《大众政治经济学》、吴清译的《帝国主义论》(增订本)等。除此之外,新知书店还出版了许多运用马克思主义政治经济学来分析中国社会经济问题的书籍,比如《中国农村社会性质论战》与《中国货币制度往哪里去?》等。

新知书店的标识

上海沦陷以后,新知书店转移到武汉。在武汉短短的八九个月时间里,新知书店竭力开设分店,出版了大量马克思主义的经典著作。抗日战争全面爆发后,1938 年初,新知书店的发展面临严重困难。就在此时,我党南方局决定建立中国出版社且不再另立机构,于是新知书店受南方局委托,在汉口临危受命,以"中国出版社"名义继续从事马克思主义的宣传工作。在汉口时期,新知书店以中国出版社为名出版了《共产主义运动中的"左派"幼稚病》《论反动派》《国家与革命》《列宁主义问题》等多本列宁主义书籍。这些书籍出版恰逢抗日救亡运动的革命高潮,因此这些马克思主义著作和抗日救亡书刊一经发行就被抢购一空。

1938 年 8 月,战争形势不断恶化,不久汉口沦陷,新知书店被迫从武汉搬离。经过书店同仁商议,认为桂林的政治环境与出版印刷条件相对较好,为了配合斗争形势的需要,决定将新知书店的总店迁往桂林。1944

年,桂林也不幸沦陷,新知书店又辗转撤退至重庆。抗日烽火中的新知书店几经易处,不仅遭受日军的炮火轰炸,同时还要承受国民党一次次的摧残迫害。在几次转移过程中,许多新知书店的骨干如钱岐、涂正坤、罗梓铭等同志不幸牺牲,新知书店在此前积累的一些出版资金也大量消耗。尽管外部环境如此恶劣,新知书店仍然在风雨与炮火中屹立不倒,顽强地为马克思主义的传播工作奋斗着。

新知书店转移到重庆以后,集中出版了一大批马列主义著作,如《共产党宣言》《马恩论中国》《什么是马克思主义》《什么是列宁主义》(四个分册)等;同时为了适应当时的革命形势,还出版《斯大林言论选集》《毛泽东救国言论选集》《论持久战》《共产国际纲领》《中国共产党党章》等极具现实意义的著作。新知书店的顽强斗争是党领导中国革命、传播马克思主义真理在文化领域的一个缩影。在内忧外患的战争年代,新知书店以坚定的斗争精神为马克思主义理论的传播贡献了巨大力量。

(3) 肩负重任的读书生活出版社

1936年2月,读书生活出版社在上海正式成立,它的前身是1934年创办的《读书生活》半月刊。最初,这个半月刊实际上只是《申报》的一个"读书问答"专栏,后来由于国民党的"文化围剿","读书问答"栏目在被查封前主动停刊,随后独立为《读书生活》半月刊。1936年初,李公朴、柳湜、艾思奇、黄洛峰等人决定仿效生活书店,把《读书生活》半月刊办成一个独立的出版社。经过两个多月的选址、筹备,最终在上海静安寺路斜桥弄成立了读书生活出版社。

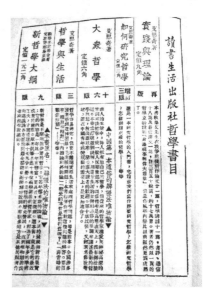

读书生活出版社哲学书目

读书生活出版社成立以后力求与邹韬奋主编的《大众生活》相配合。

该社的一个重要特点是将读书与生活结合起来,经常向广大群众宣传马克思主义。1936年11月,《读书生活》被国民党政府查禁,但是读书生活出版社仍然存在,并继续出版了大量的马克思主义著作。

读书生活出版社为了宣传马克思主义哲学理论,印刷了许多哲学类的通俗读物。比如艾思奇的《大众哲学》《如何研究哲学》,还有他和郑易里合作翻译的《新哲学大纲》(原书名《辩证唯物论》),再有柳湜的《实践论》《救亡的基本知识》、章汉夫与吴敏的《联合战线论》等,都对马克思主义哲学作了系统解说。

艾思奇与他的《大众哲学》

除了宣传马克思主义哲学外,读书生活出版社与《资本论》也渊源颇深,为《资本论》的翻译与出版提供了大力支持。早在1932年9月,生活书店就以"北京国际学社"的名义出版了侯外庐和王思华翻译的《资本论》第1卷上册,1936年又以"世界名著译丛"的名义出版了《资本论》第1卷上中下册的合译本。但是未能出版一部完整的《资本论》中译本一直是进步知识分子感到遗憾的一件事。1937年初,《资本论》的译者郭大力和王亚南在连续碰了几个钉子的后找到了艾思奇。艾思奇知道郭王二人在翻译《资本论》,当即表示对《资本论》翻译出版工作予以支持,并决定资助他们把这项事业坚持下去。郭大力和王亚南为翻译《资本论》花费多年时间,经过无数艰难曲折,在 1938 年 9 月,由读书生活出版社出版的《资本论》3 卷中文全译本终于问世了,这是我国出版的第一部完整的《资本论》中译本,也是马克思主义传播史上一个重要的里程碑。

1948 年 10 月 26 日,为了迎接新中国的诞生,生活、读书、新知三家书店在香港合并,正式成立生活·读书·新知三联书店。三联书店在十分艰难的革命年代圆满完成了自己的使命,从此以后以崭新的姿态继续为中国的文化事业发展而奋斗。

4. 真理阳光遮不住

20 世纪 30 年代是革命形势风云变化、内忧外患并存的特殊时期,同时也是马克思主义传播工作在艰难中前进的关键时期。斗争的环境越艰苦,中国共产党人和广大人民群众就越需要马克思主义来拨开迷雾、指引未来。因此,这一时期马克思主义传播工作的方法和成就也具有鲜明的时代特点。

(1) 马克思主义从苏联到中国

20 世纪 30 年代,苏联社会主义建设的突飞猛进让无数中国革命者和进步人士看到了希望。这一时期,许多由苏联整理、研究和发表的马克思主义文献资料被翻译到国内,成为中国传播马克思主义的重要内容。当时,许多马克思恩格斯中文译本的底本都是苏联的俄文版,比如《社会主义从空想到科学的发展》《政治经济学批判》《德意志意识形态(节译)》《路易·波拿巴的雾月十八日》《〈黑格尔法哲学批判〉导言》《神圣家族》等中文译本的蓝本都来自苏联。

(2) "伪装"中的理论著作

用伪装书传播马克思主义,是中国共产党人和进步人士在国统区和日伪占领区与敌人斗智斗勇所采取的一种有效策略。当时,许多马克思主义书籍都被敌人贴上了"反动"的标签。为了能让这些进步读物与广大群众见面,进步出版社常常采取"表里不一"的手法来迷惑敌人,即书的封面与内容毫不相干,如书的封面是摩登女郎的照片和文字,书的内容则是列宁的文章,以此躲避敌人的检查,达到传播马克思主义的目的。

当时出版的马克思主义经典著作,比如《共产党宣言》就经历了这样的"伪装"。《共产党宣言》华岗的一个译本就把书名改为"《宣言》",再将出版社署名为"上海中外社会科学研究社",以此来转移国民党的视线。在今天的中央党史和文献研究院马克思主义传播史展览馆中,人们还可以看到许多这样的"伪装书",它们虽然题为"卓别林的故事""闺中丽影""海上花列传""东周列国志""秉烛夜谈"等,但翻开封面和前言之后却发现,这些书籍全是马克思主义的重要文献。当然,除了"伪装"马克思主义经典著作外,其他各类进步书籍与党的红色文件也常常采取"伪装"的形式。这些伪装书为进步思想的传播留下了不息的火种,是特殊时期党和人民智慧的结晶,也是那些年为了传播真理而不懈努力的人们留下的丰硕成果。

(3)论战之中见真知

真理越辩越明。马克思主义发展史上曾经出现过马克思主义者与各种社会思潮的论战,在中国也有过许多关于马克思主义立场、观点、方法的论战。这些争论让人们更加清楚地认识到什么是马克思主义、应该如何理解和运用马克思主义,从而使马克思主义在论战中越来越深入人心。

20世纪30年代后,随着大量马克思主义哲学著作的翻译与出版,辩证唯物主义再度活跃于理论界,许多马克思主义者甚至非马克思主义者都撰写了讨论辩证唯物主义的文章,比如艾思奇、谭辅之、郭湛波等都加入了这场讨论。1931年9月18日,张东荪以《我亦谈谈辩证的唯物论》一文,歪曲否定列宁的辩证唯物论。杜畏之等人随即发表文章,揭露张东荪把唯物论称为"经验论",把辩证法称为"进化论"等错误观点。随后,李长之、亮工、陈范予等人纷纷写文章,加入这场论战。经过这场没有硝烟的"战争",人们对辩证法的理解更加深入了。

　　与此同时,在我国也有一场关于中国社会性质的论战。这是如何用马克思主义理论分析中国现实问题的一个范例。当时我国学界对于中国社会性质的认识主要分为两派:一派是以严岭峰等为代表的动力派,他们因为以《动力》杂志作为宣传阵地而得名,认为中国已经是资本主义经济;另一派则是以王学文、吴黎平等人为代表的新思潮派即马克思主义派,他们以《新思潮》杂志作为主要阵地,认为中国的经济受国内封建势力和国外帝国主义势力的双重压迫,资本主义在中国并不能独立发展。

　　围绕这场论战,双方都发表了多篇文章。很快,这场论战就引起了社会思想文化界的广泛关注。新生命派、国民党改组派、资产阶级改良派等也都加入论战。一时之间,关于中国历史上的社会性质、中国当前的社会性质等问题的争论日益激烈,各执一词。最终这场论战以马克思主义的胜利而告终,马克思主义者从各个方面论证了从近代以来中国社会与中国革命的性质,不仅澄清了许多现实问题,同时也有力证明了马克思主义的科学性和在中国发展的合理性。

　　今天,当我们重新回看这段历史时,心灵会感到无比震撼。虽然那个年代人们的物质文化资源十分匮乏,但革命者和进步人士在夹缝中宣传真理、救亡图存的思想力量却如此巨大。正是由于我们党领导人民群众和广大知识分子抵抗内忧外患,不断传播马克思主义,实践马克思主义,马克思主义真理才能在风雨中历久弥新,在传承中发展壮大!

七、《资本论》传播故事

《资本论》是马克思主义的代表作之一,对人类社会发展产生了重要影响,被联合国教科文组织收入了"世界记忆名录"。马克思呕心沥血、耗费 40 多年创作的鸿篇巨著是如何传入中华大地,并为中国人所熟知的呢? 这里,就来介绍《资本论》在中国跌宕起伏的传播历程。

1. 片言只语论资本

在 20 世纪 30 年代之前,《资本论》的内容和思想已经开始在中国传播,但当时的《资本论》还不是人们今天看到的 3 卷本,而是一些介绍文章、诠释书籍和片段摘译。

(1)《资本论》传入中国

中国人对《资本论》的理解,首先是从了解《资本论》的作者——马克思开始的。1899 年 2 月,随着上海《万国公报》发表《大同学》一文,马克思的名字开始为国人所知晓。

1903 年,中国近代在德国获得工学博士学位第一人——马君武在《译书汇编》第 2 卷第 11 期上发表的《社会主义与进化论比较》一文的附录中列出了马克思著作书单,其中就包括 *Das Kapital*,即《资本论》。

1903 年 3 月,上海广智书局出版了赵必振翻译的《近世社会主义》一书,其中第 2 编第 1 章用 23 页的篇幅介绍《资本论》的主要内容。文章对《资本论》尤为赞颂,说马陆科斯(即马克思)的《资本论》是时代巨著,是新社会主义者发明的无二真理,是研究者所信服的经典著作。可以说,

《近世社会主义》是中国人最早系统介绍社会主义的著作之一。赵必振也被誉为"中国系统介绍马克思主义第一人"。

1903年,浙江绍兴的马一浮在美国的"约翰书店"买到了《资本论》英文版。据马一浮回忆,他在留美期间患病,吃了很多药仍不见好。一天下午,他买到了《资本论》英译本,感觉像服用了"仙药",一时病痛全无。可见,《资本论》给他带来了多大的冲击和震撼!1904年赴欧后,他又在柏林购得德文版《资本论》。1905年,马一浮将这两部外文《资本论》带回了国内。后来,他将英文版《资本论》赠予好友谢无量,德文版《资本论》送给上海"国学扶轮社"的负责人刘师培。"国学扶轮社"解散后,该书流至民间书摊。因马一浮在这本书上写了一篇短跋,一次偶然的机遇被马君武(一说谢无量)发现,便买回交还给马一浮。1937年,时任浙江大学校长竺可桢邀请马一浮授课。马一浮又将此书赠予浙大图书馆收藏。从现有资料看,马一浮当属"将《资本论》引进中华的第一人"。

1919年,李大钊在《新青年》上发表了《我的马克思主义观》一文,高度评价了《资本论》。李大钊把马克思的剩余价值学说形象地译为"余工余值说","余工"指的是剩余劳动,"余值"指的是剩余价值。他还介绍了不变资本和可变资本、平均利润率、消灭私有制、失业人口和无产阶级贫困化等理论。《我的马克思主义观》一文发表后,许多青年知识分子深受其影响,纷纷加入李大钊倡导成立的"马克思学说研究会",投身于《资本论》的翻译、学习和研究。从理解的深度和精度上看,李大钊可谓准确译介《资本论》基本思想的第一人。

此外,五四运动前后,《民报》《夏声》《东方杂志》《新世界》《晨报》副刊等刊物上也有一些介绍《资本论》的文章。孙中山、朱执信和后来的杨鲍安等人还通过刊文、演讲等形式向国人介绍了《资本论》的内容。这些都促进了《资本论》在中国的传播。

(2)研究《资本论》成时尚

到了20世纪20年代,随着马克思主义传播的深入,中国社会上译介马克思主义的书籍迅速增多。学习研究《资本论》等马克思主义经典著作成了理论界和进步人士的时尚,可谓风靡一时!

1920 年 1 月,周恩来在天津因组织学生开展反对北洋军阀的斗争而被捕入狱。他在狱中举办演讲会,其中就包括讲解《资本论》的内容。1920 年 5 月,旅欧的蔡和森与向警予在法国蒙达尼结婚,拍结婚照时,蔡和森手里拿着《资本论》表示与旧习俗决裂。实际上,此时国内已经有《资本论》的其他语言版文本了。1921 年,毛泽东在好友湖南长沙师范教师周谷城房间里的书架上就看到过英文版《资本论》;方志敏也曾经在一位友人家里看到过德文版《资本论》。

蔡和森与向警予结婚照

1920 年 9 月,上海商务印书馆出版了由时任《晨报》编辑陈溥贤从日文翻译的《马克思经济学说》一书。这是《资本论》第一个中文转译本。几乎与此同时,社会主义研究社还出版了李汉俊译自德国学者米里·伊·马尔西的《马格思资本论入门》一书,也是从日文版转译的。根据毛泽东在长沙所办文化书社的 1920 年“销售目录”可以知道,书社在几个月内就销售了几百本《马克思资本论入门》《马克思经济学说》。这些通俗读物有力地促进了《资本论》思想的传播。

中国共产党成立后不久,便在上海南成都路辅德里 625 号(今 30 号)成立了人民出版社,重点出版马克思、恩格斯、列宁等人的经典著作以及与共产主义有关的书籍。这是第一个由中国共产党领导的出版机构。出版社成立之初,就在一则通告中公布了出版计划,准备出版“马克思全书”15 种、“列宁全书”14 种、“康民尼斯特丛书”(“康民尼斯特”是英语“Communist”的音译,即“共产主义”的意思)11 种、“其他”理论书籍 9 种。这些书中就包括李漱石译的《资本论》、李汉俊译的《马克思资本论入门》。但由于条件限制,这两本书实际并未出版。

还有很多先进知识分子、革命人士在翻译和传播《资本论》方面作出了不可磨灭的贡献。例如北大学生费觉天在 1920 年北京《国民》月刊第 2 卷上发表了《马克思底资本论自叙》，这是中国人首次读到的中文版的《资本论》序言；1922 年 3 月 15 日，邝摩汉在北京《今日》杂志发表了《资本论》第 1 卷的部分内容；1926 年，李季翻译了德国博洽德的《通俗资本论》；1927 年，戴季陶与胡汉民合译了考茨基的《资本论解说》等。

四一二反革命政变后，《资本论》等进步书籍被国民党当局列为禁书，传播马克思主义受到很大政治阻碍。但先进的中国人不畏强权，在恶劣环境中克服重重困难，继续追寻真理、传播革命理论。

2. 全译巨著路维艰

随着革命形势的发展，广大群众对读到原汁原味的《资本论》的愿望越来越强烈，出版《资本论》中文全译本的时机也逐渐成熟。到了 20 世纪 30 年代，经过多个译者的接续翻译，中国人终于见到了《资本论》的完整中文译本。

（1）德文直译初尝试

陈启修（后改名陈豹隐）是我国最早翻译《资本论》的学者。他是著名经济学家，1886 年出生在四川省中江县回龙镇一个书香门第；1920 年起，曾先后任教于北京大学、重庆大学、四川财经大学（今西南财经大学）。陈启修 21 岁时自费到日本留学，大学期间自学英语、德语，翻译了日本经济学家小林丑三郎著的《财政学提要》一书，还参加了李大钊组织的中国留日学生总会，开始研习马克思主义书籍。归国后，陈启修到北京大学法学院任教授。1923 年，他被公派到莫斯科东方大学学习俄语和马列主义；1925 年，由朱德介绍加入中国共产党。1927 年大革命失败后，他被迫流亡日本，流亡期间，通过翻译日本马克思主义学者河上肇的著作《经济学大纲》，对马克思主义经济学产生了浓厚的兴趣，决定翻译《资本论》。

陈启修——讲授并翻译
《资本论》的第一人

为了确保翻译的准确性，陈启修主张从德文原版翻译《资本论》。他主要依据考茨基所编《资本论》(德文第 8 版)，并参照英、日译本和先前马克思学说研究会的译稿，译出了《资本论》第 1 卷第 1 册，1930 年 3 月，由上海昆仑书店出版。为了方便读者阅读，陈启修在这个译本中加入了两篇导读文章和自己的注解(标为"陈注")。由于《资本论》博大精深，陈启修的译文难免存在一些晦涩之处，但瑕不掩瑜，这一译本仍是我国最早正式出版的中文版《资本论》第 1 卷的部分内容，开启了《资本论》中文译本在我国翻译传播的新阶段。

《资本论》第 1 卷第 1 册出版后，陈启修并没有再译后面的内容。不久，中共早期青年运动领袖——萧楚女的学生潘冬舟继承了陈启修未竟的翻译事业。

他在"译者言"中写道：《资本论》"中文译本，为陈启修先生所开始，可是第一分册在上海昆仑书店出版以后，至今三年，尚未续出。但这本书是中国社会科学界所非常迫切需要的，因此，我现在愿意继续翻译这一著作。为避免工作重复起见，第一分册我就不再翻译了。"①他计划每一季度出一个分册，两年内将 3 卷《资本论》出齐。但后因叛徒告密，潘冬舟被捕入狱。1935 年，蒋介石亲自下令将其处决。《资本论》的翻译进程再次陷入停滞。

---

① 马克思：《资本论》，潘冬舟译，北平东亚书局 1932 年版，第 1 页。

（2）历经磨难首卷出

20世纪20年代起,两名"海归"大学生——侯外庐、王思华就关注着《资本论》的翻译出版情况。二人甚至在留学期间就不约而同地从事着《资本论》的翻译工作。1932年,侯外庐、王思华开始合作,经过4年的努力,终于将《资本论》第1卷中译本呈现在中国读者面前。

李大钊曾多次对年轻的侯外庐提及没有中译本《资本论》的缺憾。对此,侯外庐铭记在心。1927年,侯外庐赴法国巴黎留学,开始学习德语。1928年,他依照《资本论》德文第4版开始正式动笔翻译。1930年归国前夕,侯外庐已经译完《资本论》第1卷前20章,并把译稿交给在柏林的成仿吾。后经中共北平负责人之一李白余的努力,通过组织渠道将译稿寄回国内。对于这段经历,侯外庐回忆道:"翻译《资本论》这部科学巨著,对我来说实在是艰难……若没有巨大的神圣动力,一个从德文字母学起的人,简直是无法坚持下来的。"①

1932年,经陈翰笙介绍,侯外庐、王思华结识,两人决定在初稿基础上重新翻译《资本论》。新版仍选取德文第4版为翻译底本,同时参考英、法、日等译本,计划将第1卷分译成上中下3册出版。

1932年9月,北京国际学社②出版了侯外庐、王思华翻译的《资本论》第1卷上册。不久,侯外庐、王思华均被国民党当局逮捕入狱。侯外庐出狱后被迫返回山西老家避难。王思华出狱后奔赴延安。1936年6月,世界名著译社出版了署名为玉枢(侯外庐)、右铭(王思华)翻译的《资本论》第1卷中、下册。至此,《资本论》第1卷中译本3册终于问世了。

后来,据侯外庐回忆,他在七七事变之前就将《资本论》第2、3卷基本翻译完了,但是大部分译稿已经在战乱中遗失,仅剩下第2卷的部分内容现收藏于国家图书馆。

---

① 中央编译局马恩室编:《马克思恩格斯著作在中国的传播》,人民出版社1983年版,第284页。
② 迫于当时反动势力打压,"北京国际学社"是虚构的出版机构名称,实为北平新华印刷厂。

几乎与此同时,在北平社会调查所工作的吴半农、千家驹也着手翻译了《资本论》。吴半农以1928年英译本为底本,译成第1册,交由千家驹校对,再交由胡适转呈商务印书馆印刷。吴半农等人等了许久仍未见出版,便让千家驹询问胡适。胡适答复说稿子早已交给商务印书馆印刷了。实际上,商务印书馆迫于国民党反动当局压力,迟迟不敢出版。不久,译者各奔东西——吴半农去了美国,千家驹因工作原因迁往南京,翻译工作只能作罢。到了1934年,商务印书馆仅出版了吴半农译、千家驹校的《资本论》第1卷第1册。

由于该译本翻译时间较早但出版时间较晚,译本质量也没有超出前人,故影响较小。甚至作为译者之一的千家驹都不知道此书已经出版。直到1982年,中央编译局为了纪念马克思逝世100周年向他征文时,他才获知此事。目前,这一译本的存世孤本收藏在中央编译局图书馆。

3. 三卷巨著终问世

《资本论》问世71年之后,中国的两位青年才俊——郭大力、王亚南在战火纷飞中完成了《资本论》3卷的全部翻译任务。这是《资本论》传播史上里程碑式的事件,谱写了马克思主义在中国传播史的光辉一页。

(1) 峥嵘岁月始译成

1927年大革命失败后,郭大力、王亚南在杭州西子湖畔的大佛寺邂逅。两位志同道合、忧国忧民的热血青年决定合译《资本论》。二人决定以苏联马列学院1932—1934年出版的德文版《资本论》(底本为《资本论》德文第4版)为蓝本翻译。郭大力负责翻译第1卷的序、跋以及第1至4篇,第2卷的第2、3篇以及第3卷的绝大部分。王亚南则负责第1卷的第5篇至第1卷终,第2卷的序和第1篇,第3卷第6篇的部分内容(第37至40章)。后来,由于王亚南忙于其他事务,郭大力承担了全书统稿的工作。

西安事变后,政治氛围稍有缓和,为《资本论》出版提供了难得的机遇。1937年初,由李公朴、艾思奇、柳湜、郑易里等人创办的进步出版社——上海读书生活出版社承担了出版《资本论》中文全译本的任务。

全面抗日战争爆发后,郭大力在江西老家、王亚南在重庆开始了翻译《资本论》的伟业。在这兵荒马乱的岁月里,他们先各自翻译,再用挂号信把译稿陆续寄到上海,由出版社的艾思奇、郑易里负责编辑发行。不久,艾思奇去了延安,就由郑易里一人负责。由于时间紧任务重,郑易里约郭大力到上海,在出版社继续翻译,以加速出版工作。郭大力夜以继日工作,一面赶译余下部分,一面校勘清样。经过一年零九个月的紧张工作,终于在1938年8月31日出版了《资本论》中译本第1卷。紧接着,9月15日出版了第2卷,9月30日出版了第3卷。至此,《资本论》三大卷的中译本全部出齐。

郭大力、王亚南与他们翻译的《资本论》

郭大力、王亚南在翻译《资本论》过程中可谓困难重重。二人不仅在生活上非常拮据,要靠做兼职谋生,还时常遭遇经济学、哲学等方面的知识窘境。因此,在正式翻译《资本论》前,他们耗费大量精力研读古典政治经济学著作,还翻阅大量古今中外的文、史、哲著作。此外,翻译工作的外部环境也不容乐观。国民党实行反动的文化高压政策,使他们的翻译工作不得不秘密进行,甚至几度中辍。然而,这些困难都没能阻挡他们前进的步伐!

《资本论》出版后,受到国内各界乃至海外华侨的热烈欢迎,纷纷订购。虽然国民党反动势力横加阻挠、暗中破坏,但经过各方努力,《资本论》的发行还是取得重大胜利,很快便销售一空。后又在重庆、上海等地重印了万余套。

在如此艰苦的环境下,译者来不及对《资本论》进行全面修订。1940年,郭大力、彭迪先暂且编译出版了《〈资本论〉补遗勘误》一书。1949年6月开始,郭大力又经过多年的努力,译完了《资本论》的第4卷《剩余价值学说史》。此后,他开始谋划《资本论》的修订工作,分别于1948—1953年、1961—1968年开展了两轮修订。修订后的《资本论》中译本翻译更加准确、规范,为后来的译本提供了重要参考。

(2)前赴后继求真理

1956年底,中央编译局开始了《资本论》的翻译工作。由于德语翻译人才紧缺,中央编译局不得不主要依据俄译本转译《资本论》第1卷。为了译好《资本论》,中央编译局还事先邀请苏联专家来华讲授《资本论》的内容。经过一段时间的努力,译出了《资本论》第1卷。

1964年2月,人民出版社出版了中央编译局翻译的《马克思〈资本论〉第1卷提纲》,其中包括《卡·马克思〈资本论〉第1卷提纲》以及恩格斯关于《资本论》第1卷的9篇书评。"文化大革命"期间,翻译工作受到冲击,《资本论》翻译工作也几乎没有进展。

到20世纪70年代初,在周恩来总理的关怀下,这一工作才得以重新启动。1972年,由中央编译局编译的《马克思恩格斯全集》第23卷和第24卷即《资本论》第1卷和第2卷出版;1974年底又出版了《马克思恩格斯全集》第25卷即《资本论》第3卷。为方便读者学习研究《资本论》、进一步普及经典著作,人民出版社于1975年出版了《资本论》3卷单行本。同年,《资本论》第4卷以《剩余价值理论》为名出版,并分上中下3册作为《马克思恩格斯全集》的第26卷。

中央编译局在翻译《资本论》的过程中,充分发挥集体智慧,建立了科学规范的工作流程:先后经过翻译、互校、初定稿、定稿、最后校审等多道工序。一些重要章节采取逐字逐句讨论译文、集体定稿的办法。比如在翻译《资本论》第1卷的过程中,多次拜访郭大力先生。碰到一些晦涩的术语和专业技术问题,译者就向全国各个领域的专家学者、专业技术工人请教。比如为了弄清楚毛纺织业的机械名称和工序,译者曾 3 次去北京清河制呢厂向老工人请教;为了了解造纸的各道工序和技术设备,译者又访问了北京造纸总厂,相关译文还经过这两个厂的工程师审阅,以最大限度地保证译文的准确性、可读性。

此外,一批重要的《资本论》手稿中译本相继问世。"1857—1858 年经济学手稿""1861—1863 年经济学手稿"于 1979—1980 年分别收入《马克思恩格斯全集》第 46 卷(上下册)、第 47 卷。这样,有关《资本论》的文献就更加完整地呈现在我国读者面前,为人们学习和研究《资本论》奠定了良好的文献基础。

21 世纪以来,中央编译局参照国际《马克思恩格斯全集》历史考证版(MEGA^2)、《马克思恩格斯全集》德文版再次重新翻译了《资本论》,于 2001 年、2003 年收入《马克思恩格斯全集》中文第 2 版第 44、45、46 卷,并于 2004 年出版了全新的单行本。

《资本论》在中国的百年传播史,凝结着一代代翻译家、出版家的艰辛和汗水,有的为此献出了生命。正是他们的不懈奋斗,让马克思的科学发现原原本本地按照他自己的叙述传给后世,为中国人民照亮了研读经典、追求真理的道路!

4. 科学理论惊天地

俗话说"酒香不怕巷子深"。《资本论》的"香"就在于它的理论魅力。这部著作漂洋过海传入中国,深刻地改变了中国社会,影响了中华民族的历史进程。

(1)真理力量抵万军

谈及《资本论》在中国的影响,有人曾经说:"当年中共起家,得力于艾思奇《大众哲学》与郭大力、王亚南所译的《资本论》两部书,六十岁以上的读者,或尚能忆起这两部书流传之广,影响之大,不亚于数十万赤色大军。"①可见,真理力量之无穷!

《资本论》影响了无数进步青年和无产阶级革命家。他们中的很多人受过封建文化熏陶,熟悉孔孟之道,后又受到孙中山的三民主义影响,但通过阅读《共产党宣言》《资本论》等著作转向了信仰共产主义。如方志敏自幼喜爱读书,当读西洋史时,他想做拿破仑;当读中国史时,又想做岳飞。后来,读了《共产党宣言》《资本论》等书,他决心投身于革命实践,最终成为伟大的共产主义战士。1939 年,郭大力、王亚南版《资本论》运抵延安后,张闻天便组织了《资本论》学习小组,为广大干部授课。其中的很多人后来成为我国革命、建设和改革事业的中坚力量。

（2）工人圣经遍开花

《资本论》被誉为"工人阶级的圣经"。在中华大地上,除了各种版本的汉语译本,还流传着戏剧、少数民族语言等形式的版本。

1949 年 4 月,上海社会科学研究社出版了费明君翻译的《戏剧资本论》。这部戏剧出自日本知名剧作家阪本胜之手。可惜的是,这部剧并未在中国登上舞台。可喜的是,2010 年,由喻荣军编剧、徐峥主演的《资本论》舞台剧在上海话剧艺术中心上演,将这部经典中蕴含的科学理论以大众喜闻乐见的形式展现了出来,开创了《资本论》传播史上的崭新形式。

为了方便我国少数民族同胞阅读《资本论》,中国民族语文翻译局把《资本论》翻译为多种少数民族语文版,目前已经出版的有:蒙古文、哈萨克文、朝鲜文、彝文、壮文版的《资本论》3 卷本和藏文、维吾尔文版的《资本论》第 1、2 卷。

《资本论》在中国港台地区也广为传播。台湾地区曾一度查禁马克思主义相关书籍,这一情况到 1987 年才有所改善。20 世纪 90 年代前后,台湾时代出版社、时报出版社分别出版了《资本论》3 卷本,一时间成为畅销书。2004 年,台湾左翼理论家何青(即许登源)组织"台湾《资本论》研

---

① 宋原放主编:《中国出版史料》(二卷现代部分),山东教育出版社 2011 年版,第 608 页。

究会",吸引了很多青年学生参加。香港地区在 20 世纪 70 年代末,受各种激进思潮影响,大学校园曾有过一阵比较活跃的马克思主义研读风气。在 20 世纪 80 年代以前,香港的左翼书店一直都有包括《资本论》在内的马克思主义经典著作销售。

（3）思想武器不过时

有人错误地认为《资本论》诞生于 19 世纪的欧洲,对今天的中国来说没有现实意义。然而,环顾今天的世界可知,这种说法是缺乏根据的。

2016 年,习近平总书记在哲学社会科学工作座谈会上分析道:"从国际金融危机看,许多西方国家经济持续低迷、两极分化加剧、社会矛盾加深,说明资本主义固有的生产社会化和生产资料私人占有之间的矛盾依然存在,但表现形式、存在特点有所不同。国际金融危机发生后,不少西方学者也在重新研究马克思主义政治经济学、研究《资本论》,借以反思资本主义的弊端。"[①]不仅在经济方面,在分析社会、生态、国际关系等现实问题时,很多学者也从《资本论》中汲取了养分。

《资本论》作为最重要的马克思主义经典著作之一,经受了时间和实践的检验,始终闪耀着真理的光芒,今天仍然是观察当代中国乃至世界的锐利思想武器。

---

① 习近平:《在哲学社会科学工作座谈会上的讲话》,人民出版社 2016 年版,第 14—15 页。

八、延河之滨

　　1937 年 1 月,中共中央进驻延安,以延安革命根据地为中心,继续领导全国人民进行抗日战争。在全面抗战的艰苦岁月里,通过翻译出版马克思主义经典著作、开展整风运动,延安不仅成为党领导人民抗击日寇的中心,也成为传播和发展马克思主义的中心,在这里实现了马克思主义中国化的第一次飞跃。

1. 马列学院立奇功

　　延安时期,中国共产党人更加重视对马克思主义著作的翻译、学习和运用。在这里,马克思列宁学院(简称"马列学院")等专门教研、翻译机构相继成立,出版了一大批马克思主义经典著作,为马克思主义传播和普及立下了汗马功劳。

(1) 马列传播新阵地

　　抗日战争期间,面对复杂多变的国内外形势,党内很多同志越来越感到"本领恐慌",认识到学习和运用马克思列宁主义理论的重要性、紧迫性。

　　1938 年,毛泽东在党的六届六中全会上深刻地指出:"普遍地深入地研究马克思列宁主义的理论的任务,对于我们,是一个亟待解决并须着重地致力才能解决的大问题……如果我们党有一百个至二百个系统地而不是零碎地、实际地而不是空洞地学会了马克思列宁主义的同志,就会大大地提高我们党的战斗力量,并加速我们战胜日本帝国主义的

90

工作。"①为适应理论学习和研究工作的需要,党中央在延安恢复和创办了一批学校。马列学院正是在这一背景下建立起来的。

张闻天与延安马列学院

1938 年 5 月 5 日,正值马克思诞辰 120 周年纪念日,马列学院正式成立。中央书记处书记、中央宣传部部长张闻天担任首任院长。学院校址设在位于延安城北的蓝家坪,校舍就是一排窑洞。

马列学院成立之初共设教研、翻译两个部。教研部下设马列主义、中国问题、中国历史等 6 个教研室。很多中央领导都在马列学院授课。如毛泽东作过《论持久战》《新民主主义论》等内容的讲演;刘少奇曾作《论共产党员的修养》的演讲;周恩来、朱德、邓小平、陈云、董必武等领导同志都曾在学院演讲授课。马列学院还云集了一大批我们党的理论家担任讲师。如艾思奇主讲哲学,王学文主讲政治经济学,吴亮平主讲马列主义基本问题。学院还不时就一些重大现实问题举办研讨、座谈会,大家畅所欲言、各抒己见,取得了良好效果。

除了开展马克思列宁主义的教学研究工作,马列学院还成立了一个专门的翻译部,以加大对马列主义经典著作的翻译力度。这是我们党的历史上第一个编译马列主义经典著作的专门机构,使经典著作的翻译与传播进入有组织、有计划、成规模的发展阶段。

1941 年 5 月改组前,马列学院共招收过 5 期学员,共约八九百人。

---

① 《毛泽东选集》第二卷,人民出版社 1991 年版,第 533 页。

其中既有参加革命战争多年的老干部、红军指战员和地下党领导人,又有从全国各地来的知识青年。通过学习,学员们提高了思想理论水平,加强了党性锻炼和修养。特别是对于那些从全国各地奔赴延安参加革命的青年学生来说,马列主义基础知识的系统学习,使他们确立了无产阶级的世界观,坚定了共产主义信仰,后来成为中国革命的中坚力量。

(2) 理论联系实际高要求

1941 年 5 月,马列学院改组为马列研究院。在当年 7 月 17 日的马列研究院成立大会上,毛泽东作了题为《实事求是》的报告,指出马克思列宁主义的普遍真理,必须和中国革命的具体实践结合起来,才能将革命事业推向前进。他希望研究院一定要以马克思列宁主义为指导,以研究中国革命实际问题为中心。不久,马列研究院又更名为中央研究院,1945年 5 月并入中共中央党校。

依据调查研究的重点问题,中央研究院下设中国政治研究室、中国文化思想研究室、中国历史研究室、中国教育研究室、国际问题研究室、俄语研究室等 9 个研究室。由各学科的党内专家担任室主任,直接指导研究工作。

这些研究室制定了明确的研究计划,组织调查研究,并就一些问题开展讨论。如 1942 年 1 月,张闻天亲自率领调查团,先后到陕北、晋西北等地开展了历时 400 余天的调查研究工作。在调研过程中,他同各个阶级、阶层的人物谈话;主持调查会;收集有关地租、商业、高利贷等经济账簿;查阅大量的契约、分家单、碑记等历史材料;最后还撰写出一批调查报告,为研究中国经济史提供了珍贵的历史文献。又如 1942 年 2 月,中国教育研究室先后召开了陶行知教育思想讨论会、乡村建设派问题讨论会。这些调查和研讨活动正是马克思列宁主义理论与中国实际问题相结合的生动体现。

党中央在强化调查研究工作的同时,也未放松经典著作的翻译出版工作。毛泽东在回应对翻译工作的质疑时指出:马列学院同志们翻译的这些文献每一个字都有用,离开翻译工作者,我们就是瞎子。他还曾在致信中鼓励从事翻译工作的同志:学个唐三藏及鲁迅,实是功德无量的。1942 年,毛泽东在给中央宣传部有关同志的信中提出设立大编译部门的想法。中央宣传部下设的中央编译校阅委员会很快便成立了。延安时期,经典著作编译工作取得了丰硕成果。

2. 大批经典编译成

延安时期,以马列学院为代表的编译机构取得了不俗成绩。其中,"两大丛书"和"两大选集",即"马克思恩格斯丛书"和"抗日战争参考丛书"、《列宁选集》和《斯大林选集》最能代表这一时期马克思主义经典著作翻译的成就和水平。此外,还出版了军事、文学艺术等方面的专题书籍。这些著作在全国广为流传,甚至远销海外,书写出马克思主义传播史上的光辉篇章。

(1)"两大丛书""两大选集"争涌现

从 1938 年开始,马列学院编译部等机构在 4 年时间里陆续编译出版了"马克思恩格斯丛书"。到 1942 年 7 月,共出版了 12 部,分别为:《马恩列斯思想方法论》《马克思恩格斯论中国》《社会主义从空想到科学的发展》《共产党宣言》《法兰西内战》《政治经济学论丛》《马恩通信选集》《德国的革命与反革命》《〈资本论〉提纲》《哥达纲领批判》《拿破仑第三政变记》《法兰西阶级斗争》。其中,前两部为马列学院等机构的专家们编译而成。如《马恩列斯思想方法论》,是毛泽东提议、艾思奇具体主持编辑的,目的就是要让大家学会把马克思主义作为分析问题和解决问题的方法;《马克思恩格斯论中国》摘录了马克思恩格斯关于古代东方和中国的论述,是为了让人们了解马克思恩格斯对中国人民近代以来遭受侵略的同情和支持,对中国前途命运的关心,以增强革命信心。其余 10 部著作均为经典著作的翻译本。

抗日战争时期,除了马列学院、中央编译校阅委员会外,还有一个特殊编译机构——中央军委编译处。中央军委为了提高部队的军事理论水平,于1938年10月建立了编译处,专门从事马列军事著作翻译工作。军委编译处最早译出的恩格斯的军事论文《冲锋》发表在八路军总政治部机关刊物《八路军军政杂志》上。后来,中央军委编译处翻译的《马列主义论战争与军队》《恩格斯军事论文选集》《暴力在历史上的作用》《普法战争》以及《列宁读〈战争论〉的笔记》等著作被收入八路军抗日战争研究会主编的"抗日战争参考丛书"中。其中,《恩格斯军事论文选集》主要收入了恩格斯的《军队》《步兵》《炮兵》《骑兵》和《欧洲军队》等军事名篇,是我国出版的首部恩格斯军事论文集。

马列学院编译部等机构在编译"马克思恩格斯丛书"和"抗日战争参考丛书"这"两大丛书"的同时,还组织翻译了列宁斯大林的"两大选集"。

延安时期出版的《列宁选集》是我国最早出版的列宁著作多卷集,主要是根据联共(布)中央马列研究院《列宁选集》(6卷本)俄文版编译的。少数几卷是由《列宁选集》的英文版(12卷本)转译。由于俄文版《选集》的单本篇幅较长,中文版计划分为20册出版。从1938年开始,经过近十年的努力,《列宁选集》仅出版到第18卷(一说出版到第16卷,第17册)。据何锡麟回忆,《列宁选集》的全20卷已经译出,并付排打印好纸型,但未及时印出,由时任中宣部出版科副科长的张仲实经手,将纸型埋在瓦窑堡永坪,后来被国民党军队挖出付之一炬,最终未能全部出版,实属一大憾事!

1939年1月,在物质条件极为艰苦的情况下,5卷本的《斯大林选集》问世。《斯大林选集》"辑译了斯大林重要著作59篇,全书共1768页,这一选集后来多次翻印流传,全国人民得以比较有系统地学习斯大林的学说"①。

"两大丛书""两大选集"是这一时期马克思主义经典著作翻译传播的代表性成就,对于在党内普及马克思列宁主义哲学、经济学、军事学等理论具有重大现实意义,也为延安整风提供了丰富的学习材料。

---

① 张静庐:《中国现代出版史料·丙编》,中华书局1956年版,第241页。

（2）筚路蓝缕创奇迹

为了科学认识中国社会的基本国情，服务于革命形势发展的需要，当时翻译出版了大量马克思、恩格斯、列宁和斯大林论述殖民地、半殖民地问题及中国革命问题的著作，比如《列宁斯大林第三国际论中国》《斯大林论中国》及《论弱小民族》等。

为给文艺发展提供马克思主义理论指导，延安时期翻译了不少经典作家论文艺的著作。1940年6月，鲁迅艺术学院文学院出版了由曹葆华和兰天译、周扬编校的《马克思恩格斯列宁论文艺》。1944年5月，周扬编译的另一本马克思主义文艺论著《马克思主义与文艺》出版，被认为是新民主主义革命时期马克思主义文艺理论在中国传播和发展的集大成。此外，还有戈宝权译的《党的组织与党的文学》等。这些译著有力地推动了马克思主义文艺理论在革命根据地的传播，对确立马克思主义在中国文艺领域的指导地位、促进无产阶级革命文艺事业的发展发挥了重要作用。

据不完全统计，从1937年到1945年间翻译出版的马克思、恩格斯、列宁和斯大林的著作至少有192种，且数量和质量都胜过以往各个历史时期。在印刷设备和出版环境如此恶劣的条件下，这些著作经过多次翻印，不仅在解放区广泛流传，还传到了国统区甚至远销海外，产生了广泛影响。

3. 理论武装呈高潮

延安整风运动掀起了译理论、学理论、用理论的高潮。由此，科学的革命理论转化为人民群众的强大思想武器，使全党思想达到了空前的团结和统一，实现了马克思主义中国化第一次理论飞跃，为中国革命胜利奠定了坚实的思想基础。

（1）马列学习掀热潮

在红军到达延安之前，由于连年征战、长途跋涉，加之反动势力围追堵截和文化压制,党内很多同志根本没有机会阅读书籍,更遑论系统地学习马克思主义理论知识。正如毛泽东所说,此时党的"理论水平还是很低的"。

到了延安时期,形势发生了很大变化。我们党领导的陕北革命根据地相对稳定地发展起来,一大批马克思主义经典著作得以翻译出版。于是,党中央一手抓抗日战争和根据地建设,一手抓理论学习,在延安掀起了学习、研究和运用马列主义的热潮。

毛泽东十分重视马克思主义理论学习。1939年5月,毛泽东于延安在职干部教育动员大会上号召:要把全党变成一个大学校。1939年2月17日,党中央专门成立了中央干部教育部(后并入中央宣传部),其任务就是负责领导、规划全党的学习运动。1942年5月21日,党中央又专门成立了总学习委员会,毛泽东任主任委员。他号召大家要发扬"攻读"的精神,在工作、生产之余"挤"时间学习,"钻"进去研究。于是,全党开展起轰轰烈烈的学习竞赛,读经典蔚然成风。在延河岸边、土窑洞里、露天操场等地方都可见到捧书而读的身影。

除了自学之外,每个人还可以参加各种学习小组、研究会,进行集体学习研讨。毛泽东亲自组织了一个哲学学习小组,每周三晚上,在毛泽东所住的窑洞学习讨论哲学问题,参加者有艾思奇、吴亮平、萧劲光等人。张闻天组织了《资本论》学习小组,参加者有何锡麟、邓力群、王思华等10多人,花了一年多的时间啃下《资本论》第1卷这根硬骨头。还有中国古代哲学研究会、自然辩证法讨论会、自然科学研究会等专业性的研究会,如雨后春笋般在延安大地成立起来。

1940年3月24日,党中央发布《关于在职干部教育的指示》,规定全党在职干部必须保证平均每日有两小时的学习时间;凡是环境许可的地方都要成立学习小组,每月举办一次讨论会;决定当年马克思诞辰122周年纪念日即5月5日为首届"五五学习节",以总结每年的经验并举行奖励。这些措施极大地鼓舞了全党同志的学习劲头。

这一时期,在宝塔山下、延河之滨,党中央先后创办了中国人民抗日军政大学、陕北公学、中央党校、鲁迅艺术学院等30多所学校。在理论学习热潮的推动下,抗战期间的延安变成了一座大学城,成为全国进步青年向往之地。大批青年从国统区或日伪区涌向这里,投身进步事业。这些学校还为我国兴办干部培训机构、高等院校积累了丰富经验。如中国人民大学、中国农业大学、北京理工大学、中央美术学院、中央音乐学院等知名高校的诞生均可追溯到延安时期。

延安中国抗日军政大学大门

延安陕北公学开学典礼当天大门

(2) 延安整风树新标

随着马克思主义学习运动如火如荼地推进,党中央发现学习运动中存在教条主义问题,即把书本上的马克思主义教条化,不能熟练运用马克思主义的立场观点方法分析解决中国的实际问题,甚至出现把共产国际的指示当"圣旨"等情况。事实上,这一问题自大革命失败以来就一直困扰着我们党。

为从思想上彻底纠正教条主义错误,进一步增强全党同志运用科学理论分析和解决实际问题的能力,毛泽东和党中央决定在全党进行一次整风运动。这实际上是在全党更加深入地开展马克思主义教育运动,其本质是要解决如何把马克思主义基本原理与中国革命的具体实际相结合的问题,也就是如何实现马克思主义中国化的问题。

1941年5月,毛泽东在延安干部会上作了《改造我们的学习》的整风动员报告。1942年2月1日,他在中共中央党校举行的开学典礼上作了《整顿党的作风》的报告,提出整顿"三风",即反对主观主义以整顿学风、反对宗派主义以整顿党风、反对党八股以整顿文风。当月8日,毛泽东又作了《反对党八股》的报告,明确了整风运动的任务和方针。自此,历时3年多的整风运动从延安到各个根据地,乃至全党上下都普遍开展起来。

延安马列学院作为翻译、传播和研究马列主义的重要阵地,在这次整风运动中一直走在前列。

1942年3月18日,中央研究院召开整风动员大会,按照党中央的统一部署,深入学习、讨论和贯彻中央《关于增强党性的决定》和《关于调查研究的决定》,以改造文风、学风和党风。为了把运动引向深入,研究院的领导同志联系本单位的实际,提出了3个参考题目:(1)党性在理论工作上如何具体表现;(2)党的理论工作者应具备什么样的作风,我们现在的工作、学习、生活有哪些值得警惕的地方;(3)如何在理论工作中完成党中央交给我们的任务。

针对本单位工作内容的特点,中央研究院还特别组织理论工作者学习毛泽东所作的《整顿党的作风》和《反对党八股》报告。结合研究院实际的工作情况,针对当时延安一些青年知识分子中出现的极端民主化、绝对平均主义等错误思潮开展批评与自我批评;对于思想出现偏向的同志,秉持着"惩前毖后,治病救人"的原则进行检查、批评、纠正。1942年6月

11日,李维汉在中央研究院整风座谈会上作了总结发言。随后,整风运动进入了党风学习总结的阶段。中央研究院的同志们在学习文件的基础上,开展批评与自我批评,自觉进行全面的、历史的检查,并撰写思想自传。

1944年5月到1945年4月,党的六届七中全会在延安召开,通过了《关于若干历史问题的决议》,标志着延安整风运动的胜利结束。经过延安整风,全党接受了一次普遍的马克思主义教育,深化了对马克思主义理论的认识,提高了运用马克思主义分析问题和解决问题的能力,特别是认识到毛泽东在创造性地运用马克思主义理论、解决中国革命问题方面作出的伟大贡献。这就为召开党的第七次全国代表大会统一了认识,也为抗日战争、解放战争的胜利打下了坚实的思想基础。

4. 马克思主义中国化首飞跃

中国共产党自成立之初,就把马克思主义作为指导思想,以努力探求中国革命的道路,救中华民族和中国人民于水火之中。然而,革命的道路却不是一帆风顺的。特别是在我们党的幼年时期,党的思想理论水平总体上还较低,灵活运用马克思主义分析和解决问题的能力也较差。1927年大革命失败前后,我们党犯下多次"左"右倾错误,使革命事业遭受严重损失。

毛泽东比较早地认识到这个问题。早在1930年5月,他为反对当时革命队伍里的教条主义思想,写作了《反对本本主义》,提出把马列主义普遍原理同中国革命具体实际相结合的原则。但由于种种原因,这一思想并未真正被全党同志所认识。1935年1月,中共中央政治局在长征途中召开的遵义会议,纠正了王明、博古等人在军事指挥上的错误领导,确立了以毛泽东同志为主要代表的新中央的正确领导。这是中国共产党独立自主地解决中国革命问题的开端,但对党内存在的思想路线错误仍认识不足。

1937年7月和8月,毛泽东先后写作了《实践论》《矛盾论》两部重要哲学著作,紧密联系中国革命的实际,阐明了马克思主义的实践观和矛盾观,并强调要准确地把握、灵活运用马克思主义的认识论和辩证法思想。

1937 年 11 月底,王明从苏联回国。他仍然教条主义地贯彻共产国际指示,提出"一切通过统一战线,一切服从统一战线"的投降主义主张,严重脱离中国革命的实际,将抗日民族统一战线置于危险的境地。1938 年 7 月底,王稼祥从苏联回国,带回共产国际执行委员会总书记季米特洛夫的指示,并在 9 月 14 日召开的中央政治局会议上进行了传达:充分肯定了一年来中国共产党建立抗日民族统一战线路线的正确性;明确中共中央领导机关要以毛泽东为首解决统一领导问题;领导机关要有亲密团结的空气。直到这时,很多同志才开始意识到毛泽东强调灵活运用马列主义思想的真正用意。

延安时期的毛泽东

1938 年 9 月 29 日至 11 月 6 日,中共扩大的六届六中全会在延安桥儿沟召开。10 月 12 日下午,毛泽东代表中央政治局向大会作了《抗日民族战争与抗日民族统一战线发展的新阶段》(后称《新阶段》)的报告。报告提出:"没有抽象的马克思主义,只有具体的马克思主义。所谓具体的马克思主义,就是通过民族形式的马克思主义,就是把马克思主义应用到中国具体环境的具体斗争中去,而不是抽象地应用它。""离开中国特点来谈马克思主义,只是抽象的空洞的马克思主义。因此,马克思主义的中国化,使之在其每一表现中带着中国的特性,即是说,按照中国的特点去应用它,成为全党亟待了解并亟须解决的问题。"①

1940 年,毛泽东写作了《新民主主义论》,从正反两个方面对中国革命的历史经验进行了系统分析和哲学概括,创造性地提出了新民主主义革命和新民主主义社会的概念,阐明了新民主主义革命的性质、特点、阶段、道路、发展趋势等,全面阐述了新民主主义社会的政治、经济、文化纲领。这部著作标志着毛泽东关于新民主主义革命思想的成熟。

延安时期毛泽东写的主要著作

《实践论》《矛盾论》《新民主主义论》三部著作成功地把马克思主义基本原理与中国革命的具体实践相结合,不仅形成了具有鲜明中国特点的马克思主义哲学认识论和辩证法,提出了十分明确的中国新民主主义革命的纲领、路线和方针政策,还指出了中国革命的道路,为中国的未来描绘了美好蓝图,标志着中国化马克思主义基本形成。

除上述著作外,毛泽东在延安时期还写作了《抗日游击战争的战略问题》《战争和战略问题》《论持久战》《论联合政府》等一系列重要著作,形成了完整的新民主主义革命理论。

---

① 中央档案馆编:《中共中央文件选集》第 11 册,中共中央党校出版社 1991 年版,第658—659 页。

"宝剑锋从磨砺出,梅花香自苦寒来"。1945 年初夏,中国共产党第七次全国代表大会在延安召开。会议正式将毛泽东思想确立为中国共产党的指导思想。毛泽东思想是以毛泽东同志为主要代表的中国共产党人集体智慧的结晶,是党带领全国人民开展革命实践的理论升华,也是马克思列宁主义在中华大地传播所结出的丰硕果实,其形成标志着马克思主义中国化实现了第一次历史性飞跃。

九、迎接新中国

从 1945 年抗日战争结束到 1949 年中华人民共和国成立,是波澜壮阔的解放战争时期。在国内外形势异常严峻复杂的情况下,以毛泽东同志为主要代表的中国共产党人仍然十分重视马克思主义理论的传播、学习和运用,特别是注重把马克思主义理论与当时紧张进行的解放战争和筹备建立新中国的实际相结合,采取各种切实有效的措施普及革命理论,广泛而深入地促进了马克思主义在党员干部和人民大众中的传播,为新民主主义革命的胜利和中华人民共和国的建立奠定了坚实的思想理论基础。

1. 毛泽东文选初问世

（1）毛泽东思想入党章

抗日战争期间,以毛泽东同志为主要代表的中国共产党人通过把马克思主义与中国实际紧密结合,克服了对马克思主义的教条主义理解,实现了马克思主义中国化的第一次历史性飞跃。特别是在抗战后期,通过开展延安整风,人们真正懂得了马克思主义理论的精髓即实事求是,中国化的马克思主义最好地体现了这一理论精髓。由此,全党思想达到了空前统一。"毛泽东同志的思想""毛泽东思想""毛泽东同志的旗帜"等提法应运而生。1945 年,党的七大将毛泽东思想写入党章,作为中国共产党的指导思想。刘少奇明确提出:"现在的重要任务,就是动员全党来学习毛泽东思想,宣传毛泽东思想,用毛泽东思想来武装我们的党员和革命的人民,使毛泽东思想变为实际的不可抗御的力量。为此目的,一切党校

党的七大会址

和训练班,必须用毛泽东同志的著作作为基本教材;一切干部,必须系统
地研究毛泽东同志的著作;一切党报,必须系统地宣传毛泽东思想;为了
适应一般党员的水准,党的宣传部门,应将毛泽东同志的重要著作,编为
通俗读物。"①为了推进毛泽东思想的学习和宣传,中国共产党领导的革
命根据地和解放区编辑出版了多种版本的毛泽东著作。

(2) 毛泽东著作初流传

这一时期,各地编辑出版的毛泽东著作大致可以分为5个系列。

第一个系列是晋察冀日报社编辑出版的《毛泽东选集》,这也是编印
最早的《毛泽东选集》。为了系统宣传毛泽东思想,配合延安整风运动,
加强对人们的思想教育,1944年初,晋察冀中央分局决定出版《毛泽东选
集》。这部《毛泽东选集》共分5卷,收录了从《湖南农民运动考察报告》
到《在延安文艺座谈会上的讲话》共29篇文章。《毛泽东选集》出版后很
快销售一空。1947年,该版本内容又有所补充,被编成《毛泽东选集》6
卷本。第一个系列的《毛泽东选集》从1944年到1947年历经多次补充和

---

① 《刘少奇选集》上卷,人民出版社1981年版,第337页。

修订再版,影响很大。

第二个系列是苏中出版社出版的《毛泽东选集》第一卷。这是1945年由位于江苏中部新四军根据地的苏中出版社编辑出版的,本打算出版4卷,但由于种种原因,后3卷未能出版。该版卷首有代序"论毛泽东思想",收录了朱德、周恩来、刘少奇等人论述毛泽东思想的内容。全卷收录11篇毛泽东著作,其中6篇与晋察冀日报社版《毛泽东选集》相同,新收录的5篇为《关于"一党专政"的问题》《在延安纪念孙中山逝世十三周年及追悼抗敌阵亡将士大会上的演讲》《在延安各界国民精神总动员及"五一"劳动节大会的演讲》《五四运动》《与世界学联代表团的谈话》。需要说明的是,该版本收集文献有不准确的情况。

第三个系列是《毛泽东文选》版本。1947年,山东新华书店出版的《毛泽东文选》收录了《中国革命与中国共产党》《新民主主义论》《论联合政府》《目前形势和我们的任务》,附录《中国人民解放军宣言》《中国人民解放军口号》《中央关于公布中国土地法大纲的决议》《中国土地法大纲》等。1948年8月,渤海新华书店出版的版本与之大致相同。

第四个系列是1948年3月晋冀鲁豫中央局出版的《毛泽东选集》(上下册)。这是新中国成立前出版的《毛泽东选集》中收入著作最多、篇幅最大的一部。全书共收录毛泽东著作44篇、附录17篇,共计61篇。正如扉页所印"党内文件干部必读",此书是作为党内高级干部的学习文件而编辑出版的。其中61篇著作按大革命时期、内战时期、抗战以来3个时期编排。

第五个系列是1948年5月东北书店出版的6卷合订本《毛泽东选集》。这一版本在篇目选收上与晋察冀中央局6卷本《毛泽东选集》及续编本大体一致。不同之处在于:一是内容上新增8篇,即《目前的形势和我们的任务》《统一战线中的独立自主问题》《战争和战略问题》《上海太原失陷以后抗日民族革命战争的形势与任务》《第二次帝国主义战争讲演提纲》《与中央社记者刘先生、扫荡报记者耿先生、新民报记者张先生的谈话》《苏联利益与人类利益的一致》《目前抗日统一战线的策略问题》。二是《给林彪同志的一封信》未收入东北书店版,晋察冀中央局

《毛泽东选集》续编本中的 5 篇著作分别插入东北书店版不同卷次。三是东北书店版没有附录。四是以卷为单位按时间顺序排列。东北书店版《毛泽东选集》是中华人民共和国成立前装帧最好、发行量最大的《毛泽东选集》版本。

除上述 5 个系列的版本外,1946 年至 1949 年香港新民主出版社也出版了《毛泽东选集》。由于当时形势复杂,工作繁忙,这些著作的出版都没有经过毛泽东本人审查,中共中央对毛泽东著作的编辑出版也缺乏统一管理,这些著作集都或多或少存在问题。如体例比较杂乱、印刷文字不一、文中常有错误,更主要的是一些重要著作没有收录。

除出版毛泽东著作的选集外,各地还纷纷出版发行毛泽东的单篇著作。解放战争时期各出版社不仅出版了毛泽东在解放战争之前写的重要著作,还出版了毛泽东在解放战争时期新写的若干著作。如晋察冀新华书店、晋绥新华书店、太岳新华书店、苏南新华书店、太行群众书店等都出版了毛泽东的单篇著作《湖南农民运动考察报告》。据《毛泽东著作版本述录与考订》一书考证,在整个解放战争时期,约有 36 家机构出版了这篇著作。随着这些著作的出版,全党掀起了学习毛泽东著作、学习毛泽东思想的热潮。

(3) 推动革命新武器

毛泽东著作的出版影响是深远的。1945 年 6 月,太岳教育工作会议上,全体教育工作者一起学习毛泽东《论联合政府》的报告。通过学习,大家增强了必胜的信心,表示"只要遵照毛主席的指示,全国人民团结起来……新中国一定要建立。蒋介石反动派要打内战也不顶事"。还有代表发言说:"毛主席'论联合政府'是本'天书',大家好好照着做去,就可以打败日本,制止内战,建立新中国。"[①]1948 年 1 月初,晋冀鲁豫中央局宣传部电告各区党政军民干部认真组织学习毛泽东《目前形势和我们的任务》这一重要文献。同月 6 日,晋冀鲁豫中央局又召开了高级干部会

---

① 《教育工作座谈会一连四日紧张学习"论联合政府"》,《新华日报·太岳版》1949 年 6 月 19 日。

议,专门就毛泽东的这一报告加以逐字逐段的钻研,反复讨论。会议指出
"毛主席报告即是目前干部学习的中心",并号召每个干部,结合自己的
工作,精心研究,把文件的精神贯彻到各项工作中去。正如日本广岛女子
大学校长今堀诚二教授评论的那样:"1944 年版《毛泽东选集》和后来出
版的各种版本,对历史所做的贡献是不可磨灭的。""毛泽东的胜利,固然
因为他的革命路线胜利,但是不能否认,各个时期出版的《毛泽东选集》
发挥了超凡的威力,帮助他取得了胜利。"①解放战争时期毛泽东著作的
出版发行成为推动新民主主义革命的强大思想武器。

2. 理论教育更全面

(1) 经典出版新成就

学习和掌握马克思主义,首要的还是要加强马克思主义经典著作的翻
译研究和编辑出版工作。1945 年 4 月至 6 月党的七大召开期间,毛泽东两
次谈到马克思主义经典著作的翻译工作。他说:"作翻译工作的同志很
重要,不要认为翻译工作不好。我们现在需要大翻译家。我是一个土包
子,要懂一点国外的事还是要靠翻译。我们党内能直接看外国书的人很
少,凡能直接看外国书的人,首先要翻译马、恩、列、斯的著作,翻译苏联先
进的东西和各国马克思主义者的东西。"②他鼓励翻译工作者努力工作,
进一步扩大理论视野,提高译文质量。在毛泽东等中央领导同志的高度
重视下,在延安的解放社、马列学院以及一批生活在国统区的翻译工作者
翻译了大量马恩列斯经典著作,取得了显著的成绩。

解放战争时期,各解放区以及其他地区陆续出版发行了一批马克思
恩格斯的经典著作。如恩格斯的《从猿到人》(即《自然辩证法》的一部
分),由曹葆华、于光远译,1948 年 9 月在解放社出版;马克思恩格斯等著

① 刘金田、吴晓梅编:《〈毛泽东选集〉出版的前前后后》,中共党史出版社 1993 年版,第
102 页。

② 《毛泽东文集》第三卷,人民出版社 1996 年版,第 342 页。

的文献集《关于学习〈拿破仑第三政变记〉的参考材料》,由马列学院编译,1949 年 5 月在解放社出版;马克思的《剩余价值学说史》,由考茨基编、郭大力译,1949 年 7 月在上海民间出版社出版;马克思的《哲学的贫困》,由何思敬译,1949 年 9 月在解放社出版;等等。①

解放战争时期也是列宁著作翻译出版的黄金时期。这一时期翻译出版的列宁文章合集《列宁文选》,是莫斯科外国文书籍出版局于 1947 年初出版的两卷集中文版,解放社根据这一版本分 6 册进行翻印,并于 1947 年出版发行。山东新华书店等出版社还再版了延安解放社 20 世纪 40 年代初曾出版过的《列宁选集》。除此之外,各地还出版了多种列宁著作单行本。如 1947 年 10 月晋察冀新华书店出版的《唯物论与经验批判论》;1948 年 12 月棠棣出版社出版的《俄国资本主义发展》;1949 年解放社出版的《论国家》《黑格尔"逻辑学"一书摘要》《共产主义运动中的"左派"幼稚病》等。除列宁著作中译文单行本之外,据粗略统计,在这一时期,上海、北京、天津、大连、汉口、广州等地报刊发表的列宁著作中译文有 20 多种。而且这一时期,苏联外国文书籍出版局出版的列宁著作中文本数量显著增加,达 19 种之多。

解放战争时期还出版了诸多马克思、恩格斯、列宁和斯大林相关文献合编的著作。如 1947 年 7 月晋察冀新华书店出版的《马恩列斯毛论农民土地问题》;1948 年 5 月山东新华书店总店出版的《马恩列文献》;1948 年 8 月香港新民出版社出版的《马恩列斯论经济问题》;1949 年 3 月新华书店出版的《马恩列斯论妇女解放》;等等。

据 1956 年出版的《中国现代出版史料·丙编》统计,1945 年至 1949 年期间,中国编译出版的马克思恩格斯著作有 6 本,列宁著作有 66 本,斯大林著作有 98 本,马恩列斯相关文献合编约 16 种。

（2）经典学习谱新篇

马恩列斯经典著作的翻译出版为全党的理论学习提供了重要的思想

---

① 胡为雄:《马克思主义著作在中国的百年翻译与传播》,《中国延安干部学院学报》2013 年第 2 期。

资源。1949年3月,毛泽东亲自审定12种"干部必读书目",经中共七届二中全会审批后,向全党推广。全党迅速掀起了阅读"干部必读书目"的热潮。这12本书包括《社会发展简史》《政治经济学》《共产党宣言》《社会主义从空想到科学的发展》《帝国主义论》《国家与革命》《共产主义运动中的"左派"幼稚病》《论列宁主义基础》《苏联共产党(布)历史简要读本》《列宁、斯大林论社会主义经济建设》《列宁、斯大林论中国》《马恩列斯思想方法论》。

中共七届二中全会确定的12种"干部必读书目"部分图书

1949年4月,报经毛泽东批准,中共中央决定出版《干部必读》合集。中央出版委员会高度重视这一项出版任务,把12种马列主义著作编成8卷,25开本,直排,版面宽阔,行疏字大。每卷印3万册。到1949年10月底,共计印行数百万册。

毛泽东《在中共七届二中全会上的总结》中曾讲道:"我们比较缺乏的是马、恩、列、斯的理论,我们党的理论水平低,虽然也翻译了很多书,可是实际上没有对马、恩、列、斯著作做很好的宣传。所以现在应当在全中国全世界很好地宣传马、恩、列、斯关于唯物主义、关于党和国家的学说,宣传他们的政治经济学等等"[1]。马克思、恩格斯、列宁和斯大林经典著

---

① 《毛泽东文集》第五卷,人民出版社1996年版,第260页。

作的编译出版为提高全党的理论水平创造了良好的条件。广大党员干部和人民群众通过学习研究马恩列斯经典著作,增强了马克思主义理论修养,为解放战争的最终胜利奠定了思想理论基础。

3. "飞入寻常百姓家"

解放战争时期,围绕着马克思列宁主义、毛泽东思想的宣传和普及,我们党做了大量创造性工作,特别是在编辑出版理论通俗读物和加强报刊宣传工作方面取得了巨大成就。

(1) 通俗读物促进大众化

为加强党对革命根据地和解放区出版事业的统一领导,充分发挥马克思主义理论对革命事业的指导作用,中共中央宣传部在 1946 年 12 月 22 日召开的出版发行会议上,明确提出今后"出版的每种书刊,必须明确地去宣传毛泽东思想"的方针。

根据中共中央宣传部要求,边区各大出版社在出版毛泽东著作的基础上,相继出版了各种毛泽东思想学习读本和相关的通俗读物。这些著作的出版增进了人民群众对毛泽东生平和事迹的了解,推动了毛泽东思想的传播。

随着解放战争局势的发展,特别是随着我们党领导的解放区的不断扩大和建设发展,各大解放区十分重视毛泽东思想的宣传普及和运用工作。1948 年 1 月,晋冀鲁豫中央局宣传部颁布统一出版条例,提出:"出版局(委员会)之主要工作,在于培育与奖励宣传毛泽东思想与提高劳动人民阶级觉悟的著作与读物,并克服目前出版工作中的投降主义、自由主义、单纯营业观点等。"[①]在此原则指导下,边区各大出版社加大出版通俗理论读物的力度。与广泛开展的学习毛泽东思想的活动相配合,不少通俗读物一出版就被大家争相抢购,很多著作不得不多次再版。这些通俗

---

① 《晋冀鲁豫统一出版条例》,《人民日报》1948 年 1 月 21 日。

读物的出版发行,有力地宣传了毛泽东思想,为革命理论走入普通群众中,实现马克思主义大众化奠定了基础。

（2）党的报刊大发展

解放战争时期,中国共产党的新闻事业在解放区蓬勃发展,创办的各类报刊对推进马克思主义大众化发挥了重要作用,极大促进了党的思想理论传播和各项工作的开展。

例如创刊于 1946 年 9 月的《东北日报》,是中国共产党在东北解放区创办的第一张大区报纸。在与国民党争夺东北的过程中,中国共产党提出的口号是"两万干部十万兵、一张报纸夺东北"。这里的"一张报纸"就是指《东北日报》。由此可见《东北日报》在当时地位之重要。在中共中央东北局的领导下,《东北日报》为引导社会舆论做了大量工作。如揭露蒋介石反动集团勾结美国,妄图挑起内战的实质;揭露国民党内部的政治腐败,妄图出卖国家、出卖民族利益的罪恶事实。同时,该报还注重正面宣传党的路线、方针、政策。当时正值国共两党在东北战场上进行激烈军事对抗的时期,该报注重对每一次重大战斗作宣传报道。报道内容不仅有军事分析、胜利捷报等,还有功臣英雄介绍、人民踊跃参军支前、拥军爱民等内容。例如,《东北日报》系统介绍了杨子荣活捉座山雕、董存瑞舍身炸碉堡等英雄人物事迹。这些报道在革命军队和人民群众中产生了深远的影响。在该报《解放军人》专刊中还经常请被解放和转化的国民党军官或士兵现身说法,揭露国民党军队的黑暗腐败。

解放战争时期的各类报刊在解读党的科学理论、宣传土地改革政策、唤起人民的苦难记忆、宣传无产阶级观念、瓦解旧的封建秩序等方面,都起到了重要作用。为在广大人民群众中传播马克思主义的立场观点方法,为建立美好的没有剥削和压迫的新中国奠定了坚实的思想舆论基础。

（3）革命文艺成新潮

1942 年,毛泽东在延安文艺座谈会上的讲话中指出:"我们的文学艺术都是为人民大众的,首先是为工农兵的,为工农兵而创作,为工农兵所利用的。"①在延安文艺座谈会之后,革命文艺界掀起了为工农兵创作的新高潮,产生了一系列优秀文艺作品。

解放战争时期,革命文风在文艺界得到更好的传播和普及。1947年5月,《中共晋察冀中央局关于文艺工作的三个决定》提倡文艺应该反映战争、鼓励士气、歌颂人民,应反映人民的生产、拥军、优抗和一切为了取得胜利的行动与爱国热忱,边区要执行"穷人乐"的文艺运动方向,提倡形式多样的文艺活动。在这一方针的指引下,广大文学艺术工作者创作了诸多反映解放战争时期群众生活的作品。

总体来看,各种群众喜闻乐见的文艺形式已经成为发动群众组织群众的有力武器。群众不仅热情观看演出,而且还被这些演出节目激发出强烈的文艺热情,加之各级领导和文艺工作者积极发动,人民群众积极参加到各种形式的文艺活动中来。各地各村纷纷组建秧歌队和农民剧团,演出各种剧目来支援解放战争、支援土地改革。仅在晋绥地区,群众创办的剧团就曾经达到200多个,群众的觉悟大大提高。这些群众性的剧团不仅在自己村庄中演出,还跟随军队转战南北,巡回演出。

在解放战争时期,无论是理论程度较高的党员、新闻记者、文艺工作者,还是普通的农民,每类群体都以自己的方式成了马克思主义理论的宣传家和鼓动家,这就形成了声势浩大的马克思主义传播源,形成巨大的舆论宣传氛围。这种形势不仅有力地支持了解放战争和土地改革的顺利进行,也为新中国的建立奠定了重要的思想基础和组织基础。

(4)群众教育大开展

密切联系群众是中国共产党的优良传统。解放战争时期,中央大力鼓励干部深入群众,"一切可能下乡的干部要统统到农村中去,并确定以

---

① 《毛泽东选集》第三卷,人民出版社1991年版,第863页。

能否深入农民群众为考察共产党员品格的尺度。凡能深入农村者给以鼓励,不愿到农村去的给以批评"①。在这些干部的领导下,解放战争时期群众教育也如火如荼地开展起来。

农村的群众教育主要沿用了抗日战争时期已经形成的并被实践证明行之有效的各种业余学校教育形式,如办冬学、夜校等;同时还动员农村中的积极分子广泛开展炕头会、小组会、集会、庙会、村民大会,再配合以板报、标语、广播、演出等方式。以晋冀鲁豫解放区为例,这里广泛地采取灵活多样的、群众喜闻乐见的方式进行群众教育。边区各大宣传队充分利用全区大大小小的几千块大众黑板,再将图画与文字相结合,宣传党的理论和政策,受到人民群众普遍欢迎。广播是解决许多同志不识字问题的很好的教育方式。边区的广播台得到了群众的真心拥护。有个老汉说:"现在广播真好呀!我不识一个字,看不懂报也能知道收复了那里,消灭蒋军多少。"②贴标语、刷墙画也是加强群众教育的重要手段,当时晋冀鲁豫边区村庄和军营的墙壁上都刷满了歌颂共产党和毛主席的口号,收到了很好的教育效果。

伴随城市的解放,加强城市工人教育也成为群众教育的重要一环。1949年2月20日,中共东北局政委会发布了《关于加强工人群众中政治文化教育工作的指示》,指出"如何组织工人群众,提高工人阶级的阶级觉悟与政治文化技术水平是目前刻不容缓的,具有重大意义的工作","要有计划地在三五年内把工人阶级的文化水平确实提高一步,从工人群众中,培养出成千成万有高度阶级觉悟与相当文化水平的干部"。文件还规定要积极开办工人补习学校、业务技术补习班、识字班;组织讲演会、晚会及歌咏比赛会;组建歌咏队、剧团、秧歌队、各种球队,吸引工人群众参加;还要开办工人政治大学,招收具有相当文化程度、思想进步的产业工人入学。

---

① 《陈云文选》第一卷,人民出版社1995年版,第312页。
② 《坐在门口知天下 故县广播台人人拥护》,《新华日报·太行版》1947年6月5日。

4. 进京赶考底气足

（1）学校教育大发展

随着解放战争形势的发展,接管政权的迫切需要使得加强对干部的教育培训成为迫切任务。1948 年 12 月 16 日,《中共中央对东北局〈建党工作发言大纲〉的修改意见》中明确指出:"如果不把我们的各级干部,特别是高级干部的理论水平普遍地提高到应有的高度,提高到能够运用马列主义的立场、观点与方法去随时总结工作经验,使它带上条理性综合性,然后又用来指导工作,就将不能适应全国胜利的局面和建设新中国的历史要求"。[①] 在这种形势下,中共中央和各级党组织都加大了对干部的培训和教育力度。

除抗日战争期间已有的各革命学校继续承担教育任务之外,各地还创办了各类军政干部学校和培养专门人才的学校。如在华北解放区,创办了华北大学、华北军政大学、华北医科大学、华北职工大学、白求恩医科学校、内蒙古自治学院以及行政、农林、纺织、商业、邮政、卫生、艺术、师范等各种专业学校。[②] 这些学校旨在为当下局势发展、为未来新中国建设培养各种急需的专门人才。这种办学目的决定了各学校非常注重对学员的思想政治教育工作,注重学员马克思主义及其中国化理论素质的培养。除了这些军政大学和专门学校之外,中国共产党在各地还创办了各级党校。1948 年,为了规范"所有各局、各分局及各区党委所办县级及县级以上干部的中级党校"的学习,中央专门颁发了《关于党校教学材料的规定》。规定各地各级党校必须进行"马列主义基本理论""中国革命基本问题与中国共产党""时局与任务""国际形势""土地改革与整党工作"

---

① 中央档案馆编:《中共中央文件选集》第 17 册,中共中央党校出版社 1992 年版,第 581—582 页。

② 参见陈占安主编:《马克思主义大众化的历史经验》,北京古籍出版社 2012 年版,第 104 页。

"职工运动与城市政策""新区工作政策""对外国和外侨政策"8个部分内容的学习。

（2）在职学习显神通

与学校教育相配套，解放战争时期我们党还积极开展干部的在职学习，即让干部在不脱离现有工作的条件下边工作边学习。学习内容主要是政治理论、时事与政策，文化水平低的干部还必须学习文化。1948 年 11 月，中共中央华北局发布《关于在职干部教育的决定》，文件指出："一切有阅读能力的党员和干部均必须学习理论知识，必须以马克思列宁主义的基本知识，中国革命基本问题的知识，新民主主义国家建设理论的知识来武装自己。"[1]阅读马列主义经典文献是干部在职学习的一种主要方式。1948 年 9 月，毛泽东《在中共中央政治局会议上的报告》要求中央委员、政治局委员主要读 5 本书，如果不够，可以选 10 本，包括《联共（布）党史》《列宁主义概论》《帝国主义论》《政治经济学》等。1949 年 3 月，毛泽东在党的七届二中全会报告中进一步提出了干部要读 12 本马列著作的要求，并确定为"干部必读书目"。

经过干部教育，党内各级干部成长很快，而这些成长起来的干部又变成了马克思主义的宣传者和教育家。毛泽东曾说："一切有相当研究能力的共产党员，都要研究马克思、恩格斯、列宁、斯大林的理论，都要研究我们民族的历史，都要研究当前运动的情况和趋势；并经过他们去教育那些文化水准较低的党员。"[2]解放战争时期的干部教育和培训工作极大推动了马克思主义大众化的进程，也让中国共产党人"进京赶考"、接管全国政权具备了充足的底气。

毛泽东曾经说过："马克思列宁主义来到中国之所以发生这样大的作用，是因为中国的社会条件有了这种需要，是因为同中国人民革命的实践发生了联系，是因为被中国人民所掌握了。"[3]解放战争时期，有了马克

---

① 《华北局关于在职干部教育的决定》，《北岳日报》1948 年 12 月 3 日。
② 《毛泽东选集》第二卷，人民出版社 1991 年版，第 532—533 页。
③ 《毛泽东选集》第四卷，人民出版社 1991 年版，第 1515 页。

西柏坡中共中央旧址

思列宁主义，有了马克思主义中国化的理论成果——毛泽东思想，再经过中国共产党领导各界人民群众进行的广泛而深刻的社会革命实践，马克思主义的大众化获得了史无前例的发展，并对中国革命进程产生了无比巨大的力量。正如马克思所说，"理论一经掌握群众，也会变成物质力量"①。解放战争时期无处不在的马克思主义大众化及其实践为中国革命的胜利积攒了强大的力量，推翻压在中国人民头上的帝国主义、封建主义和官僚资本主义"三座大山"，建立一个崭新的中华人民共和国就成为历史的必然。

① 《马克思恩格斯选集》第1卷，人民出版社2012年版，第9页。

十、新中国"三大全集"

新中国成立后,和平稳定的国内环境为大规模的经济建设提供了可能性。与此同时,为了加强理论指导,党中央把马克思主义的研究和教育提上重要日程,其中一个关键性的举措就是成立专门的经典著作的翻译机构中央编译局和与之相配合的出版机构人民出版社。马克思主义经典著作的翻译与出版进入一个有系统、有计划、大规模的翻译出版阶段。以《马克思恩格斯全集》中文第1版、《列宁全集》中文第1版和《斯大林全集》中文版为代表的经典著作翻译与出版相继完成,为后来翻译、编选与出版更完善更完整的经典版本奠定了坚实基础。

1. 经典编译建机构

(1) 中央编译局

新中国成立后,中共中央决定成立翻译马列主义经典著作的专门机构,以促进经典著作的翻译、出版和传播。

1953年1月29日,毛泽东亲自批示,决定成立中共中央马克思恩格斯列宁斯大林著作编译局,即中央编译局。成立决定指出:"中央决定将中央俄文编译局与中央宣传部斯大林全集翻译室合并,并以此二单位为基础成立马恩列斯著作编译局,其任务是有系统地有计划地翻译马克思、恩格斯、列宁、斯大林的全部著作。"①

---

① 中央档案馆、中共中央文献研究室编:《中共中央文件选集(1949年10月—1966年5月)》第11册,人民出版社2013年版,第85页。

中央编译局 1953 年的院落

　　中央编译局不是附属于中国共产党中央某一机构的下属单位,而是中央直属机构,这充分表明党对马列著作编译事业的高度重视。中央编译局的成立,是加强党的马克思主义经典著作编译和马克思主义理论研究与教育的一个重要举措,也是中国马克思主义传播史上的重要里程碑,它标志着党长期领导和不断推进的马列主义经典著作编译事业进入了一个全新阶段。专门机构的设立,专业编译队伍的建立,为经典著作编译工作创造了前所未有的条件。

　　中央编译局可谓大师云集。担任首任局长的师哲是我国著名的俄文翻译家,曾长期在苏联工作。1940 年春,他随周恩来、任弼时从苏联回国,先后在中央办公厅、中央社会部、中央书记处等部门工作,并长期兼任毛泽东、周恩来、刘少奇、朱德等中央领导同志的俄文翻译。他还在 1949 年主持创建北京俄文专修学校和外文出版社,并担任首任校长和社长。师哲主持经典著作编译工作时指出,不懂马克思主义理论,就不能做好马克思主义翻译工作,因此提出翻译与研究并重的工作原则,这也成为中央编译局代代传承的一个传统。担任副局长的姜椿芳是我国著名的翻译家和编辑出版家。他是上海俄文专科学校,即后来的上海外国语大学的创办者,还是中国现代百科全书事业的奠基人。他还经常被毛泽东、刘少奇、周恩来点名做俄语口译工作。师哲评价他犹如"沙漠中负重的骆驼"。同时进入中央编译局领导班子的,还有担任副局长的著名革命家陈昌浩。他与担任局校审主任的谢唯真都是从苏联回国的老资格的革命翻译家。在苏联期间,他们曾在苏联外国文书籍出版局中文编译部从事翻译工作。1954年12月,曾留学苏联、回国后做生活书店的总经理、后来又到延安任马列学院编译部主任的张仲实被调到中央编译局,担任副局长。

中央编译局成立之后,为开展好马列主义经典著作的编译工作作了一系列努力。比如,制定了统一的干部培养计划,帮助工作人员学理论、学历史、学语言、学翻译工作经验,还开办了俄语、德语、英语、法语、拉丁语等语种的培训班,逐步形成一支实力雄厚的翻译专业队伍;着手收集中外文马列主义经典著作和有关论著以及翻译必备的参考书刊等图书资料,逐渐发展成为我国重要的马列经典著作典藏中心;在翻译马列经典著作过程中,还制作和积累了大量的卡片资料,对于统一译名、译法等起到重要的作用;为保证译文质量,还制定了多项规章制度,对编译工作关键环节的质量标准和要求都作出具体规定。

(2) 人民出版社

中央编译局翻译的经典著作的出版有其专属的出版社,这就是人民出版社。人民出版社有着悠久的革命历史,为马克思主义在中国的传播作出了重要贡献。早在中国共产党成立之初的1921年9月1日,人民出版社就在上海成立。在《新青年》杂志第9卷第5号同时发表的人民出版社"通告"中列举计划出版"马克思全书"15种、"列宁全书"14种、"康民尼斯特"(共产主义者)丛书11种、"其他"理论书籍9种。但由于环境恶劣,实际上计划未能全部实现。1923年,人民出版社与新青年社合并。这一时期的人民出版社虽然只存在了两年,但对于党传播马克思主义理论,进行宣传教育工作,起了重要作用。在后来的整个民主革命时期,尽管我们党的出版社名称不断变化,但都是人民出版社事业的延续。

毛泽东题写的"人民出版社"

新中国成立后,人民出版社于 1950 年 12 月 1 日重建,毛泽东亲笔题写了"人民出版社"的社名。人民出版社继承了自己的光荣革命传统,以其特殊的定位,始终肩负着出版马列主义经典著作这一崇高的历史使命。100 多年来,出版马列主义经典著作始终是人民出版社的核心业务,出版了马克思主义经典著作全系列图书:《马克思恩格斯全集》中文第 1 版以及目前仍然在陆续出版的中文第 2 版、《马克思恩格斯选集》3 版、《马克思恩格斯文集》《资本论》以及各种单行本、选编本、摘编本;《列宁全集》中文第 1 版和第 2 版以及第 2 版增订版、《列宁选集》3 版、《列宁专题文集》《列宁文稿》以及各种单行本、选编本、摘编本;《斯大林全集》《斯大林选集》《斯大林文集》,以及马克思主义经典著作的各种选读本。

中央编译局承担翻译经典著作这一光荣任务,通过人民出版社的出版发行,使马克思主义传播在新的历史时期达到前所未有的深度和广度。两家单位也形成了长期的友好顺畅的合作关系,使我国的马克思主义经典著作成为翻译和出版的精品。

除了中央编译局和人民出版社以外,随着社会主义现代化建设的推进,人民群众对马克思主义理论的需求越来越强烈。党中央响应人民群众的需求,先后组建了中共中央毛泽东选集出版委员会、中共中央文献编辑委员会等,编辑出版中国化马克思主义著作。同时增设中共中央编译局中央文献翻译部,对外翻译中国化马克思主义著作。马克思主义著作编辑、翻译机构的增设与调整,为中国化马克思主义著作的传播奠定了基础。

2. 马恩全集系统编

中央编译局成立后最初设两个翻译室,其中第一翻译室专门负责主持马列经典著作的翻译工作;1953 年 12 月,经机构调整,分别设立马克思恩格斯著作翻译室(10 余人)、列宁著作翻译室(30 人)和斯大林著作翻译室(15 人),分别负责相对应的经典作家著作的翻译工作。

1955 年,在《马克思恩格斯全集》俄文第 2 版陆续问世之际,根据中共中央的决定,《马克思恩格斯全集》中文第 1 版的编译工作正式启动。截止到 1965 年 6 月,《马克思恩格斯全集》中文第 1 版的第一部分,即著作卷部分,除《资本论》《剩余价值理论》以及《反杜林论》和《自然辩证法》的相关卷次外,已全部出版。

1966 年开始的"文化大革命"使马列经典著作的编译工作中断,直到 1970 年,中央编译局没有出过一本马列的书,但在局内部于 1969 年逐渐开始恢复业务工作,也就是在这一年,《马克思恩格斯全集》书信卷的翻译工作全面展开。与此同时,《资本论》的翻译工作也在前期基础上继续进行。

1970 年 12 月和次年 3 月,毛泽东作出关于"认真看书学习,弄通马克思主义"和"这几年应当特别注意宣传马、列"的指示。① 1971 年 3—7 月,全国出版工作座谈会召开。周恩来总理在会上多次讲话,着重强调了经典著作和毛主席著作的出版工作。他指出,坚持以毛泽东思想为指导,还要加上马克思主义、列宁主义,并说:"水有源,树有根,毛泽东思想是继承了马克思主义,又发展了马克思主义。马克思是根,不能割断根嘛!"②周总理特别指示,要尽快重编出版《马克思恩格斯选集》和《列宁选集》两个 4 卷本,并陆续出齐《马克思恩格斯全集》。

1971 年 3 月,《马克思恩格斯全集》中文第 1 版第 20 卷(《反杜林论》

---

① 《建国以来毛泽东文稿》第 13 册,中央文献出版社 1998 年版,第 193、216 页。
② 张惠卿:《周总理和 1971 年全国出版会议》,《出版发行研究》1998 年第 3 期。

和《自然辩证法》)出版;1972年,第23卷和第24卷(《资本论》第1卷和第2卷)先后出版;1974年,第25卷(《资本论》第3卷)出版;1972—1974年,第26卷第1、2、3册(《剩余价值理论》)先后出版;1971—1974年,13卷书信卷全部出版。至此,《马克思恩格斯全集》中文第1版正卷39卷全部出齐。

《马克思恩格斯全集》中文第1版是随着俄文第2版的编辑出版而推进的。1955—1966年,俄文第2版出齐39卷后,又于1968—1980年将陆续收集到的马克思恩格斯的新文献编成11卷补卷出版。补卷的内容主要包括:马克思恩格斯的早期著作、新发现的著作和书信、没有编入《马克思恩格斯全集》第1—39卷的著作以及马克思的经济学手稿。1985年12月,《马克思恩格斯全集》中文第1版最后一卷著作出版,标志着《马克思恩格斯全集》中文第1版全部出齐。算起来,《马克思恩格斯全集》中文第1版编译出版工作从1955年开始,至1985年结束,前后历时30年。

《马克思恩格斯全集》中文第1版

《马克思恩格斯全集》中文第1版共50卷(53册),总字数达3200万字,划分为3个部分。第一部分为著作卷,包括第1—26卷,收入马克思恩格斯在各个时期写的哲学、经济学、科学社会主义、历史、军事等方面的著作和各类政论文章。这一部分集中了马克思主义思想的精华。第二部分为书信卷,包括第27—39卷,收入思想丰富、内容广泛、有许多精辟论述和深刻见解的书信。第三部分为补卷,包括第40—50卷。第40—45

卷和第 50 卷的一部分,收入马克思恩格斯的早期著作和一部分原来没有编入和后来陆续发现而来不及编入前 39 卷的一些著作和书信。第 46—49 卷和第 50 卷的一部分,集中发表马克思写作《资本论》的各种手稿。整版全集共收入马克思恩格斯的 2000 多篇文章和 4000 多封书信。此外,还收入了 400 多篇其他相关文献,其中包括马克思家庭成员的一些书信、其他人给马克思恩格斯的部分书信、马克思恩格斯的部分演说和谈话记录,以及他们参与起草的各种会议决议、文件等。

《马克思恩格斯全集》中文第 1 版问世是在中国比较完整地展现马克思恩格斯著作全貌的第一次尝试,是新中国成立以来思想理论战线上和出版事业中的一件大事,它极大地丰富了中国马克思主义的理论宝库,为中国共产党的理论建设和社会主义实践提供了坚实的马克思主义文本依据,在马克思主义中国传播史上谱写了新的光辉篇章。

3. 列宁著作出完整

中央编译局成立后,于 1953 年下半年开始启动《列宁全集》中文第 1 版的编译出版工作。

在苏联,《列宁全集》共出过 5 版。苏联《列宁全集》第 1 版的出版工作于列宁在世时即已开始,是为了给列宁诞辰 50 周年献礼,整版在 1920—1926 年间完成,共 20 卷 26 册,收录文献 1536 篇。第 2、3 版开始启动则是为了纪念列宁逝世,整个工作在 1924—1932 年间完成,共 30 卷,第 1—27 卷是著作卷,第 28—29 卷是书信卷,收录文献 2780 篇,其中有 1265 篇文献(包括 500 多封书信)是第 1 版没有的。同第 2、3 版一道,1931 年和 1934 年分别单独出版了两卷列宁家书集,约 300 篇文献。第 4 版是斯大林时期的编辑成果,整个工作在 1946—1950 年间完成,共 35 卷,第 1—33 卷是著作卷,第 34、35 两卷是书信卷,共收录文献 2927 篇,其中 500 多篇是新收载的,这 500 多篇中又有 81 篇是第 4 版首次发表的。后来第 4 版于 1957—1967 年又出了 10 卷补卷即第 36—45 卷。第 5 版是赫鲁晓夫时期的产物,整个工作在 1958—1965 年完成,共 55 卷,第

1—45 卷是著作卷,第 46—55 卷是书信卷,收录文献近 9000 篇,有近 1100 篇文献是第一次发表。

《列宁全集》中文第 1 版

　　《列宁全集》中文第 1 版以俄文第 4 版为蓝本,总计 39 卷,基本上按写作时间或发表时间排列。《列宁全集》中文第 1 版的翻译工作自 1953 年下半年启动后进展较为缓慢。1956 年,中央指示加快马列经典著作的翻译工作。中央编译局为此制订 1956—1960 年五年计划,预计在 5 年之内完成 23 卷的翻译工作;到 1962 年完成全部 38 卷(当时俄文版第 39 卷尚未出版)的翻译工作。为加强译校力量,当年列宁室和斯大林室合并为列宁斯大林著作翻译室。1958 年 5 月,中国共产党第八次全国代表大会第二次全体会议通过社会主义建设的总路线,社会各界出现了学习马列著作的热潮。据中央编译局老同志回忆,党内和国内对《列宁全集》出版的呼声甚高。一些六七十岁的老同志给编译局提意见说,我们革命了一辈子,如果连《列宁全集》都看不到,真是遗憾。为此,编译局领导班子经过多次认真研究,再次修改计划,提出"出齐《列宁全集》,向国庆十周年献礼"的宏伟目标,也就是将原有计划提前 3 年完成,而此时离国庆只剩下一年半的时间,尚未出版的全集还有 31 卷。在这种情况下,不得不实施全"局"一盘棋战略,调动一切可以调动的力量来完成这个几乎不可能完成的任务。经过全局同志日夜苦战,最终在新中国成立十周年之际基本完成了全部卷次的翻译出版,为国庆献上了一份厚礼,实现了我国翻译出版史上的一个创举。

《列宁全集》中文第 1 版基本上是照译俄文第 4 版,但中文编译者在某种程度上也作出了自己的努力。如在编译中文版第 14 卷,即编译《唯物主义和经验批判主义》的一卷时,中文版并没有完全采纳俄文第 4 版第 14 卷的做法。首先,中文版收载了俄文第 2、3 版第 13 卷"附录"中所载而俄文第 4 版第 14 卷未载的涅夫斯基的论文《辩证唯物主义和僵死的反动派的哲学》作为该卷的"附录"。其次,中文版还特意选译了俄文第 2、3 版第 13 卷的一部分注释、人名索引、书报索引,编为"附册",供参考和使用。此外,中文第 1 版共有 15 个卷次的卷末附有"译后记",主要记载列宁著作在中国的译校情况,有的还对以往流行译法的改译作了简要说明,如对名篇《怎么办?》这一篇名的译法的说明。第 5 卷"译后记"说:这一"标题,过去的译文都译作'做什么?'。但是从文章的内容来看,列宁写这一著作是为了解决怎么做的问题。同时,'怎么办?'的问题也是 19 世纪末俄国社会的中心问题。革命民主主义作家车尔尼雪夫斯基曾经写过一部小说,题名'怎么办?'。列宁则采用了这个标题。根据以上两点,我们把'做什么?'改为'怎么办?',更加切合文章的内容和当时的历史背景"。这一方面体现了译者对前人劳动成果的尊重以及在重新译校时的创新,另一方面也反映了列宁著作在中国的传播简况。

《列宁全集》的翻译出版无疑具有重大的理论意义和政治意义,对在我国传播、学习和研究马克思列宁主义起了巨大的作用。从解决我国有无列宁全集的这个角度来说,其社会影响也是巨大的。据编译局的老同志回忆,中苏交恶年代,在中苏两党的一次会谈期间,当苏方代表奚落我方,说我们连《列宁全集》都没有,还侈谈什么列宁主义的时候,我方代表随即把《列宁全集》整整齐齐地摆上桌面,令苏方代表无言以对。《列宁全集》中文第 1 版的翻译出版及时满足了新中国成立伊始社会主义建设高潮的思想建设需要,具有重要的历史意义,在一个较长时期内,成为学习和研究列宁思想的重要文献。

4. 斯大林全集出齐全

《斯大林全集》中文版是根据苏共中央马列主义研究院编辑的《斯大林全集》俄文版翻译的,实际上是中央编译局成立后启动编译的首部著作。《斯大林全集》俄文版 1946 年开始出版,计划出版 16 卷,但最终只出了 13 卷。斯大林本人亲自参与过编辑工作,并为第 1 卷撰写了著者序言,为一些文章略作过文字修改。

《斯大林全集》中文版第 1 卷是"三大全集"中文版的开篇之作,无论在探索经验,还是在培养人才队伍方面,对于中央编译局来说都具有特殊的重要意义。为了打响第一炮,编译局制定了严密的工作程序,对每一个环节都作了明确要求,同时由局长和副局长亲自挂帅。当时规定,翻译室负责初译,编审室负责校订、定稿、付排;参加人员包括主译、副译、校审员、助理校审员、资料员、修辞员;分工负责,密切配合。《斯大林全集》第 1 卷的译文初稿是苏联外国文书籍出版局已准备付排的稿本,1952 年由刘少奇访苏回国时带回,其中一部分经中宣部斯大林全集翻译室重新校订过。但此稿交给新成立的中央编译局后,仍作为译文初稿由编审室按规定的工序进行校审。当时校审的主要工序是初校、二校、最后定稿、付排,每道主要工序中又有一些小工序。译文初稿完成后,分别由副局长兼第一翻译室主任姜椿芳、编审室副主任陈山、第二翻译室主任何匡等审校,然后彼此互校。苏联汉学专家李必新、安东诺夫、郭朗秋各自根据俄文对全卷译文校阅一遍,提出修改意见。译稿经过这样几道修改后,形成初校稿,再由编审室修辞组对初校稿进行中文润色,卡片组进行译名、引文和技术规格的统一后,交给副局长兼编审室主任陈昌浩,再次进行校改,形成二校稿。二校稿分送国内著名汉语学者叶圣陶、吕淑湘、朱文叔、陆志韦、王力等,从汉语修辞角度进行加工。当时叶圣陶是出版总署署长,在百忙之中对全卷译文逐字逐句推敲,不单对遣词造句提出意见,甚至连标点符号也不放过。最后送局长师哲审定,形成定稿。定稿还分送中央分管理论工作的领导和马列学院(中央党校前身)、人民出版社理论研究室(当时还未成立中国社会科学院)等研究单位征求意见。定稿付排前夕,苏联专家又根据俄文核对一遍,卡片组和修辞组再次对译名、引文、技术规格和语法修辞进行复查,最后由局长签字付排。在以上各个工作环节中,始终贯穿着集体协作的精神,遇到重大和疑难问题,通常都提交业务会集体讨论解决,重要篇章和段落则由局长主持召开的业务讨论会逐字逐句集体定稿。在6个月的时间里,总共召开业务讨论会28次。一卷书经过集体如此反复译校,在我国经典著作翻译史上可以说是空前的。第1卷的翻译实践在建立集体译校制度、规定翻译工作流程、确立翻译标准、在职培养人才等方面都取得了宝贵经验,为《斯大林全集》其他卷次的翻译和陆续启动的"三大全集"的编译工程打下了扎实的基础。

《斯大林全集》中文版第1卷出版后,受到社会各界的广泛好评,1953年10月25日,《人民日报》专门刊发社论,并以整版篇幅介绍该卷的翻译和出版情况;同时刊载了我党著名理论家胡绳同志的长文,介绍该卷所涉斯大林革命生涯发端时期所写文章的内容。1953年11月,《斯大林全集》中文版第2卷出版。从1954年至1956年,每年出版3卷,1957年和1958年分别出版1卷,至此全部出版完毕。

《斯大林全集》中文版部分图书

《斯大林全集》中文版所载的文献截至1934年1月,远远不能涵盖斯大林整个活动时期,因此,1962年8月,中央编译局将1934年以后斯大林的部分著作编成《斯大林文选》上下册出版,内部发行,共收入斯大林文献103篇,约46万字。1985年又对《斯大林文选》作了增补,重新编译斯大林在1934—1952年间的著述113篇,约50万字,编成一卷本《斯大林文集》正式出版。至此,斯大林著作除收文并不全的"全集"外,再配合文集,则可大致窥其全貌。

在新中国成立初期"三大全集"的编译出版工作取得开创性成就的

同时,大量马克思主义著作的单行本、专题选编本等也陆续出版,形成了蔚为大观的马克思主义典藏。这些马克思主义经典著作的编译出版,在忠实原文的基础上对原著的历史背景、思想精髓、理论内涵进行了深入的考察,汇入了中国元素,为马克思主义与中国的实际结合提供了具有中国民族特色、准确可靠的文本依据,为之后马克思主义中国化的不断创新奠定了重要的文献基础。

十一、学理论渐成风尚

新中国成立后,为适应人民群众对马克思主义理论日益增长的需要,我国不仅编译出版了"三大全集",而且编译出版了一批马克思、恩格斯、列宁等经典作家著作的普及读本,包括选集版、单行本、线装本、大字本、民族语言本,编辑出版了《毛泽东选集》《毛泽东著作选读》等中国化马克思主义著作,为推进马克思主义传播、理论教育与普及奠定了基础。同时,我们党十分重视大中小学校的马克思主义理论教育,注重推进马克思主义大众化,在社会上兴起了学习马列主义和毛泽东思想的热潮。

1. 马列经典大普及

(1) 马列著作重印与新译

新中国成立之初,受时间紧、翻译人才缺乏等限制,马列著作主要以重印为主。这一时期,我国重印了大量之前出版的马列著作。其中有博古校译的《共产党宣言》《社会主义从空想到科学的发展》,何思敬译的《哲学的贫困》,何思敬、徐冰译的《哥达纲领批判》,沈志远译的《雇佣劳动与资本》等。郭大力、王亚南合译的《资本论》在新中国成立之后重印过8次。郭大力译的《剩余价值学说史》于1951年、1957年重新印刷。

这一时期,中共中央还组织新译了一批马列著作。《新建设》从1949年10月出版的第1卷第4期开始到1956年出版的11月号止,发表了马克思和恩格斯的著作、文章(包括言论辑录)和书信共36篇。《中国青年》《学习》《新华月报》《文史哲》《经济周报》《史学译丛》《民族问题译从《译文》等刊物也相继登载了第一次译成中文的马克思和恩格斯的著作。人民出版社新出版了季羡林和曹葆华译的《马克思论印度》、何思敬译的《国民经济学批判大纲》等单行本。1950年1月,上海时代书局出版了张古梅译的《追忆马克思》。1950年9月,三联书店出版了郑易里译的《自然辩证法》。

（2）马列著作选集版

在翻译马列单篇著作的基础上,1955年中央编译局开始翻译《马克思恩格斯全集》第1卷。为适应不同领域不同读者的不同需求,编译工作者在全力编译马列主义经典作家著作全集的同时,还配套编选了选集作为普及本。选集是马列主义经典作家重要著作的精选版本,力求用精选出来的著作比较系统地反映经典作家博大精深的理论体系。选集规模适中,内容精炼,适合广大干部群众学习,因此流传更广,影响更为深远。

1960年,为纪念列宁诞辰90周年,中央编译局以《列宁全集》中文第1版为基础,选编出版了《列宁选集》中文第1版,受到广大读者的热烈欢迎。《列宁选集》第1版分为4卷,收入列宁的主要著作205篇,约258万字。

"文化大革命"使马列经典著作的编译工作一度中断。1970年12月,毛泽东发出"认真看书学习,弄通马克思主义"的指示。[①] 周恩来抓住这个时机,决定先从整顿和恢复图书出版入手,改变当时的局面。在周恩来亲自领导下,1971年3—7月,国务院主持召开全国出版工作座谈会。周恩来指示:要尽快重编出版《马克思恩格斯选集》和《列宁选集》两个4卷本,并陆续出齐50卷的《马克思恩格斯全集》。

根据周恩来的批示,1972年,在《列宁选集》中文第1版的基础上调整了部分篇目,重校了译文,编成《列宁选集》中文第2版,收入列宁的重要著作178篇,共4卷,并调整了注释的编写,增加了人名索引。

《马克思恩格斯选集》的编辑和出版工作也经历了一些波折。

---

① 《毛泽东年谱(1949—1976年)》第6卷,中央文献出版社2013年版,第363页。

1965—1966 年,《马克思恩格斯选集》4 卷本完成了编选工作,并且已经印制成书,但由于"文化大革命"的影响被封存而未能正式面世。根据 1971 年全国出版工作座谈会会议的精神,经过重新编辑,1972 年 5 月,《马克思恩格斯选集》中文第 1 版正式出版。这一版分为 4 卷,收入马克思恩格斯各个时期的重要著作 89 篇、书信 96 封,总计 211 万字。《马克思恩格斯选集》第 1 版多次重印,发行量巨大,有力地推动了马克思主义理论的学习和传播。

此外,1962 年编成《斯大林文选》(上下册),收入《斯大林全集》中文版之外的 103 篇文献,共 46 万字。1977 年,人民出版社按马克思主义的三个组成部分编辑出版了《马列著作选读》3 册,收入马恩列斯著作 59 篇,53 万字,共印 384 万部。

(3) 马列专题言论集和单行本

新中国成立后,人民出版社和有关专业出版社编辑出版了一大批马列著作的专题言论集和单行本。单行本能够以简易的方式有效地满足读者多方面的需要,因而影响广泛、深受各界读者欢迎。

专题言论集主要有《马克思恩格斯论宗教》《马克思恩格斯反对机会主义》《马克思恩格斯列宁斯大林论不断革命》《马克思恩格斯列宁斯大林论共产主义社会》《马克思主义经典作家论历史科学》《马克思主义经典作家论历史人物评价问题》《马克思恩格斯列宁斯大林论巴黎公社》《马克思恩格斯论殖民主义》《马克思恩格斯列宁斯大林论经济危机》《马克思恩格斯列宁论无产阶级专政》《马克思恩格斯列宁斯大林论科学技术和科学技术史》《马克思恩格斯列宁斯大林论科学技术》等。

单行本主要有《共产党宣言》《资本论》《法兰西内战》《哥达纲领批判》《反杜林论》《社会主义从空想到科学的发展》《路德维希·费尔巴哈和德国古典哲学的终结》《家庭、私有制和国家的起源》《谈谈辩证法问题》《唯物主义和经验批判主义》《黑格尔〈逻辑学〉一书摘要》《国家与革命》《无产阶级革命和叛徒考茨基》《共产主义运动中的"左派"幼稚病》《社会主义经济问题》等。这些单行本发行量很大,产生了广泛的社会影响。

（4）大字本和线装本

1963 年 5 月,党中央要求高级干部要学马列著作 30 本。1964 年 2 月,毛泽东指示,"三十本书"要尽快出版大字线装本(四号字)。这一指示很快落实,32 开大字本仅用一年时间全部印完出版。后来,恩格斯的《家庭、私有制和国家的起源》1966 年出版了 16 开大字本,分印 2 册。1968 年 5 月,《资本论》第 1、2、3 卷分别出 16 开大字本。1971 年 3 月,《马克思恩格斯列宁斯大林论巴黎公社》出 16 开大字本。1963 年至 1973 年间我国出版马列著作 16 开大字本和 12 开线装直排大字本。从此,马列著作在中国出版的历史中有了新的品种。

相关部门在出版大字本的同时,出版了一批大字线装本。马克思恩格斯的线装本著作有《共产党宣言》《哥达纲领批判》《社会主义从空想到科学的发展》《路德维希·费尔巴哈和德国古典哲学的终结》等。列宁斯大林的线装本著作主要有《论列宁主义基础》《苏联社会主义经济问题》《共产主义运动中的"左派"幼稚病》等。

这些普及读物的出版,延续了马列著作的翻译出版传统,给人们提供了马克思主义学习的著作资料,在某种程度上为纠正当时的思想风气起到了有益的作用。

（5）民族语言本

1953 年民族出版社成立,这是一家以出版政治书刊为主的国家综合性出版社。从 20 世纪 50 年代初到"文化大革命"前,民族出版社用蒙、藏、维、哈、朝 5 种少数民族文字翻译出版的马恩著作有《共产党宣言》《哥达纲领批判》《法兰西内战》《工资、价格和利润》《雇佣劳动与资本》《反杜林论》《共产主义原理》等。

为了适应少数民族人民学习马克思主义的需要,加快马克思主义经典著作的翻译出版,1974 年中央批准成立中央民族语文翻译局,用蒙、藏、维、哈、朝 5 种民族文字翻译《马克思恩格斯选集》《列宁选集》等经典著作。出版工作仍由民族出版社承担。从 1953 年到 20 世纪 70 年代末，用蒙、藏、维、哈、朝 5 种文字累计翻译出版了马克思恩格斯列宁斯大林著作选集 9 本、选读本 5 种、单行本 78 种。5 种文版共印刷 760 多万册。这些著作被源源不断地输送到边疆各少数民族地区，对少数民族地区的干部群众学习、研究和各类学校进行马克思主义理论的教学工作发挥了很大作用。

此外，为满足部分特殊群体学习马列主义著作的需要，盲文出版社出版了盲文版的《共产党宣言》《反杜林论》等著作。

（6）马列著作辅导读本

20 世纪 50—60 年代，在借鉴苏联学者成果的基础上，我国学者编写了许多马列经典著作的辅导读本。以《共产党宣言》注释读本为例，有柯柏年撰写的《介绍"共产党宣言"》（1951 年由《学习》杂志出版社出版）、范若愚撰写的《"共产党宣言"名词解释》（1952 年由青年出版社出版）、李林编写的《马克思恩格斯的"共产党宣言"》（1956 年由中国青年出版社出版）。这些读本影响很大，对《宣言》的研究、教学和普及发挥了重要作用。1970 年，在毛泽东的指示下，全党掀起了学习马克思主义经典著作的高潮。为帮助人们学习，各地组织编写了《学习马列六本书（名词解释）》《学习马列六本书（参考资料）》《学习马列六本书（辅导材料）》等。在这 6 本书中，第一本就是《共产党宣言》，此外，还有马克思的《法兰西内战》（选读）、《哥达纲领批判》，恩格斯的《反杜林论》（选读），列宁的《唯物主义和经验批判主义》（选读）、《国家与革命》（选读）。这些读本通俗易懂、联系实际，反映了当时工农大众学习革命理论的时代特色。

2. 毛泽东著作广传播

（1）《毛泽东选集》

新中国成立后，为了进一步提高全党的马克思列宁主义理论水平，适应广大干部群众学习的需要,中共中央陆续编辑出版了《毛泽东选集》第一至四卷。

1949年底至1950年2月毛泽东访苏期间,斯大林提出要翻译毛泽东著作。毛泽东访苏归国后,中共中央成立了"中共中央毛泽东选集出版委员会"。随后,委员会立即开展《毛泽东选集》的编辑出版工作,拟将毛泽东在新民主主义时期的主要著作编为四卷,经毛泽东本人审定后,陆续出版。

由于新中国成立初期事务繁忙,毛泽东一直没有完整地进行审定工作,只在选稿和确定篇目上提出了自己的一些意见。抗美援朝第三次战役结束后,朝鲜战局基本稳定下来,毛泽东这才腾出时间,审定已经排印好的100多万字的《毛泽东选集》清样稿。毛泽东亲自参与文字修改,撰写题解和注释。

1951年10月,《毛泽东选集》第一卷由人民出版社正式出版。1952年3月,《毛泽东选集》第二卷出版。1953年2月,《毛泽东选集》第三卷出版。

《毛泽东选集》

《毛泽东选集》前三卷出版后,毛泽东非常重视第四卷的编辑工作。他对所有入选文章都要通读定稿。因为国事繁忙,毛泽东没有时间审定第四卷的相关篇目,所以第四卷一直到1960年才出版。

《毛泽东选集》四卷本的正式出版,是当时中国政治生活中的一件大事和喜事。第一卷出版时,各行各业纷纷团体定购,作为单位学习和奖励馈赠之用。党内外干部群众也怀着喜悦和崇敬的心情,纷纷排队购买,作为家庭珍藏和个人学习之用。北京王府井大街新华书店门口的一个摊贩看到人们争相排队购买《毛泽东选集》的盛况,感慨道:"我做了一辈子买卖,还没有见过买书有这样的"①。与此同时,广大干部、知识分子、青年学生和人民群众很快掀起学习毛泽东著作的热潮,纷纷举办报告会、座谈会、演讲会,撰写学习体会,畅谈学习心得。

《毛泽东选集》第一至四卷为大 32 开本,竖排,分平装、精装两种装帧。1952 年 8 月出版了《毛泽东选集》第一卷第 2 版普及本。与第一卷不同的是,《毛泽东选集》第二至四卷在出版平装本、精装本的同时均出版了普及本。1964 年 4 月,人民出版社出版了《毛泽东选集》(四卷合订本),竖排。此后,1966 年至 1970 年分别由人民出版社、中国人民解放军战士出版社出版过多种版本的《毛泽东选集》一至四卷本、合订一卷本,横排,有精装本、平装本。

(2)《毛泽东著作选读》

党中央之所以出版《毛泽东著作选读》,是因为《毛泽东选集》只收录毛泽东在新中国成立以前的著作,而且篇幅较大,内容太多,不适合一般干部和群众学习。《毛泽东著作选读》是《毛泽东选集》的特殊表现形式,实质是若干篇毛泽东文章的精简版。《毛泽东著作选读》版本很多。有1961 年 8 月、1962 年 3 月、1964 年 1 月、1965 年 3 月、1966 年 3 月和1967年 8 月中国人民解放军战士出版社出版的《毛泽东著作选读》,有 1964 年6 月和 1965 年 4 月人民出版社出版的《毛泽东著作选读(甲种本)》,有1964 年和 1965 年中国青年出版社出版的《毛泽东著作选读(乙种本)》,有 1986 年 8 月人民出版社出版的《毛泽东著作选读(上下册)》等。

《毛泽东著作选读(甲种本)》是为了满足一般干部学习毛泽东著作而编辑出版的。1964 年 6 月版包含毛泽东著作 37 篇,其中上册 16 篇,下册 21 篇,收录了新中国成立以后的 5 篇文章:《关于农业合作化问题》《〈中国农村的社会主义高潮〉按语选》《关于正确处理人民内部矛盾的问题》《在中国共产党全国宣传工作会议上的讲话》《介绍一个合作社》。

---

① 刘金田、吴晓梅:《尘封:〈毛泽东选集〉出版的前前后后》,台海出版社 2012 年版,第130 页。

1965 年 4 月版在篇目上增加了《中国社会各阶级的分析》《人的正确思想是从哪里来的?》,共 39 篇,出版说明作了相应调整。

《毛泽东著作选读（乙种本）》是为了适应工农群众和青年学习毛泽东著作需要而编辑出版的。《毛泽东著作选读（乙种本）》共一册,收选毛泽东著作 37 篇,以《中国社会各阶级的分析》开篇,以《人的正确思想是从哪里来的?》为结束。

1986 年,中央文献研究室重新编辑出版两卷本的《毛泽东著作选读》,选编毛泽东1921 年至 1965 年间的著作 68 篇。这一版本,为广大干部群众完整、准确地把握毛泽东思想,提供了一个普及读本。

（3）毛泽东著作的单行本及其他版本

新中国成立后出版过若干毛泽东著作的单行本。这些单行本主要分两类:一类是为了配合《毛泽东选集》的出版,经作者和毛泽东选集出版委员会审定后,先在《人民日报》发表,再出版单行本（又分汉文版、少数民族语言版、盲文版和外文版的单行本）,共 128 篇,最后收录进 1951 年至 1960 年版《毛泽东选集》;另一类是直接出版发行的单行本,共 28 篇,部分被收录进《毛泽东著作选读》以及 1991 年版《毛泽东选集》。

这一时期的毛泽东著作版本丰富。除了上述版本的盲文本、注音本、民族语言本、不同文字对照本、谱曲本、字帖印谱本,还有毛主席语录汇编本等。值得一提的是,1964 年 5 月中国人民解放军总政治部编印的《毛主席语录》,经过多次再版重印,成为全国几乎人手一本的"红宝书"。这一时期各地编印了《最高指示》《最新指示》《毛主席最新指示》《毛主席语录六十条》《毛主席语录一百条》等多种语录汇编本。这些出版物推动了在社会大众中广泛开展毛泽东思想的宣传和普及。

（4）《毛泽东文集》

《毛泽东文集》是继《毛泽东选集》第一至四卷出版之后的又一部体现毛泽东思想科学体系的综合性的多卷本毛泽东著作集。这部《文集》由中央文献研究室编辑,人民出版社 1993 年 12 月至 1999 年 6 月陆续出版,共 8 卷,233 万字。《文集》选稿 803 篇,其中民主革命时期 504 篇,社会主义时期 299 篇。第一至五卷为民主革命时期的著作,第六至八卷为社会主义时期的著作。《毛泽东文集》比较全面和充分地反映了毛泽东思想的科学体系及其形成发展的过程,既展示了毛泽东在民主革命时期的思想,也展示了毛泽东在中华人民共和国成立后对社会主义建设道路的新探索,对学习和研究毛泽东思想具有重要的科学价值。

3. 经典教育进学校

党和人民政府非常重视大中学校的马克思主义理论教育。新中国成立前夕,为满足人民群众尤其是大中学生对马克思主义理论的需求,华北解放区率先在大中学生中开展马克思主义理论教育。1949 年 8 月,华北高等教育委员会常务委员会第三次会议决定将辩证唯物论与历史唯物论、新民主主义论和政治经济学作为大学的公共必修课。10 月 8 日,华北高等教育委员会颁布了《华北专科以上学校一九四九年度公共必修课过渡时期实施暂行办法》,规定三门公共必修课的课时和学分。10 月 11日,华北高教会颁布了《各大学专科学校文法学院各系课程暂行规定》。

新中国成立后,1950 年 7 月 24 日至 8 月 25 日,教育部在北京召开全国大学政治课教学讨论会,明确了政治课教学的方针与任务。1951 年,教育部将辩证唯物论和历史唯物论、新民主主义论、政治经济学分别设立为独立的学科,同时改政治课教学委员会为辩证唯物论和历史唯物论教学研究指导组、新民主主义论教学研究指导组、政治经济学教学研究指导组。1952 年,教育部颁布《关于全国高等学校马克思列宁主义、毛泽东思想课程的指示》,对各类院校马列主义、毛泽东思想课程的开设门数、时间、顺序、课时等均作了详细的规定。1953 年,教育部增设"马克思列宁主义基础"课程。1955 年,教育部颁发《高等学校思想教育工作要点》。1956 年 9 月,高等教育部颁布了《关于高等学校政治理论课程的规定(试行方案)》,标志着我国高校形成了覆盖不同类型院校、不同类型学科、不同类型学制的思想政治理论课教学体系,为在大中学生中开展马克思主义理论教育打下了坚实的基础。

这一时期,为了配合大中学校开展马克思主义理论教育,编写了一系列新教材。到1956年,当时非常著名的《中国现代革命史讲义》教学大纲、《马克思列宁主义基础》教学大纲、《辩证唯物主义与历史唯物主义》教学大纲、《政治经济学》教学大纲等,在全国出版发行,发挥了极其重要的奠基性的作用。教育部还指定了一批参考书,如社会发展史的参考书为斯大林的《辩证唯物主义与历史唯物主义》和艾思奇的《历史唯物论——社会发展史讲授提纲(修正本)》,政治经济学参考书目为苏联奥斯特罗维强诺夫的《政治经济学讲授提纲》和《政治经济学教程各分册》,新民主主义论的参考书为毛泽东的《新民主主义论》和胡华的《中国新民主主义革命史》。各地教师根据参考书目自编讲义开展教学。

抓好马克思主义理论教育,教师队伍是关键。1951年2月,中央政治局扩大会议讨论了团结广大知识分子并进行教育的问题。同年秋,教育部成立京津地区高等学校教师学习委员会,领导京津地区20所高等学校3000多名教师开展以改造思想、改革高等教育为目的的学习运动。9月29日,周恩来在京津高校教师学习报告会上作了题为《关于知识分子改造问题》的报告。10月23日,毛泽东在全国政协一届三次会议开幕词中高度赞扬了知识分子自我教育和自我改造运动。10月25日,教育部向全国通报京津高校教师学习情况和初步经验。11月30日,中共中央发出《关于在学校中进行思想改造和组织清理工作的指示》,要求全国学校教职员普遍开展这一学习运动。马克思主义理论课教师在学习活动中基本掌握了马克思主义的立场观点方法,为开好马克思主义理论课奠定了基础。

1957年12月,高等教育部、教育部联合颁发《关于在全国高等学校开设社会主义教育课程的指示》,要求普遍开设"社会主义教育"课程,内容以毛泽东的《关于正确处理人民内部矛盾的问题》为中心教材,学习时间为一学年。1961年4月,中宣部和教育部根据国内形势制定《改进高等学校共同政治理论课程教学的意见》,将高校共同政治理论课划分为两类:马列主义基础理论和时事政策报告。1964年10月,中共中央批转的《关于改进高等学校、中等学校政治理论课的意见》将高校政治理论课划分为"形势与任务""中共党史""哲学""政治经济学"4个基本组成部分。从1964年起,全国开展了一场轰轰烈烈的社会主义教育运动。政治理论课与国内外政治形势相适应,在教学内容中加入了社会主义教育和反修防修等内容。

"文化大革命"之初,部分学校半天上课,半天劳动,马克思主义课程勉强维持。随着"文化大革命"的深入,大中学校纷纷停课闹革命,马克思主义课程事实上陷入停顿。

4. 理论武装入民间

新中国成立前夕,毛泽东提出干部要学习12本书,称为"干部必读书目"。1949年6月至1950年上半年,人民出版社出版了这套干部必读书,印数达到300多万册。

当时,恩格斯的《劳动在从猿到人转变过程中的作用》,以及艾思奇的《大众哲学》、沈志远的《社会形态发展史》、华岗的《社会发展史纲》、马特的《哲学初级研究提纲》等都是大家特别喜爱的热门书。人们的学习热情十分高涨,甚至在公共汽车上或在休息的场所,都能听到人们之间关于猴子变人的学习讨论。

新中国成立之初,在党和政府的领导下,广大理论工作者立足新的国情,向党员干部和各界民众宣传讲解马列主义、毛泽东思想。例如,结合三年整风整党运动、没收官僚资本和三大改造工作,在党内外初步进行了马克思主义基本理论的宣传和普及工作;在"三反""五反"运动中,开展了反对资产阶级思想腐蚀的宣传和教育工作;在朝鲜战争期间,开展了爱国主义和国际主义教育;在全民文化扫盲过程中,开展马克思主义理论的学习和宣传工作。各种理论通俗读物纷纷问世。各大报纸和刊物发表了大量解读马克思列宁主义、毛泽东思想等经典著作的研究成果和学习心得。各地出版社出版了大量马列主义经典著作的辅导读本和通俗读物。

1957 年之后一直到 20 世纪 70 年代中期,全国范围内形成了学习毛泽东思想的热潮。从中央到地方,编辑出版了多种版本的《毛主席语录》《毛泽东思想万岁》等书籍,各地民众广泛开展学习毛主席语录、制作毛主席雕像、佩戴毛主席像章等活动。各地还通过开门办学、创建农民学习班、办好政治夜校等方式,广泛宣传和普及了毛泽东思想。

这一时期,马克思列宁主义、毛泽东思想的宣传普及与各种文学艺术紧密结合起来,创造了群众喜闻乐见的各种文艺形式。其中有红色歌曲,如《东方红》《咱们的领袖毛泽东》《太阳最红毛主席最亲》《我爱北京天安门》《没有共产党就没有新中国》《黄河大合唱》《北京的金山上》《大海航行靠舵手》《我的祖国》等;有现代京剧,如《智取威虎山》《红灯记》《沙家浜》《杜鹃山》等;有芭蕾舞剧,如《红色娘子军》《白毛女》等。通过这些歌曲、戏剧、舞蹈、电影和样板戏等,毛泽东思想在民间得到了广泛普及,几乎家喻户晓。

十二、新时期经典出新版

改革开放后，马克思主义经典著作的编译出版事业进入了新时期。这一时期，为一以贯之地推进马克思主义中国化、建设中国特色社会主义伟大事业、推进党的建设伟大工程，根据时代的需要，马列经典著作编译和研究薪火相传，持续接力，硕果累累。全部出齐《马克思恩格斯全集》中文第 1 版 50 卷，陆续编译出版《马克思恩格斯全集》中文第 2 版、《列宁全集》中文第 2 版，以及《马克思恩格斯选集》新版，为我国改革开放和社会主义现代化建设提供了丰富的思想资源，也使中国成为当今世界上出版马克思主义经典著作最多、最全的国家。

1. 与时俱进新规划

20 世纪 70 年代末，中国进入了改革开放新时期，世界形势也发生了一系列深刻变化。特别是 20 世纪 90 年代苏东剧变之后，国际共产主义运动遭遇重大挫折，历史终结论、马克思主义过时论甚嚣尘上，全世界马克思主义研究和社会主义实践都面临着异常复杂的历史命运。

在这个特殊历史时期，要不要坚持马克思主义、怎样坚持马克思主义、坚持什么样的马克思主义，成为摆在中国共产党人面前的严峻课题。中国共产党人从世界历史发展的高度特别是从中国革命、建设和改革的成功中得出结论：马克思主义是人类文明的宝贵财富，是马克思主义政党的精神支柱和强大思想武器；马克思主义作为科学体系并没有过时，仍然具有强大生命力；无论时代如何发展，无论国际风云如何变幻，坚持以马克思主义为指导始终是我们党不可动摇的基本原则。为了在新的历史条件下持续推进马克思主义中国化历史进程,提高全党马克思主义理论水平,进一步巩固马克思主义在意识形态领域的指导地位,推进中国特色社会主义伟大事业,必须大力加强马克思主义理论研究和建设,必须编译好、学习好、研究好、运用好马克思主义经典著作,推动理论研究不断走向深入。

在党中央的正确领导下,中央编译局等经典著作编译、研究机构,继续坚持不懈地推进马克思列宁主义经典文献的编译和研究事业,使得马列经典著作编译事业进入了基础更雄厚、成果更丰硕的新时期。

进入20世纪80年代后,党中央先后作出重大决策,决定编译出版《列宁全集》和《马克思恩格斯全集》中文第2版,以及相关的专题文集。于是,在马克思主义经典著作编译方面,新的规划不断完善,新的成果逐步推出,各项工作实现了与时俱进。

为做好新时期马克思主义经典著作的编译工作,中央编译局从1978年开始出版《马列著作编译资料》,1982年改为《马列主义研究资料》,至1989年,共出版58辑。该刊以译文为主,发表了大量当时世界各国研究马列主义基本理论的新成果和有关西方马克思主义的新资料。1981—1986年出版《国际共运史研究资料》18辑,1987—1989年出版《国际共运史研究》丛刊7辑。编印内部刊物《马克思恩格斯研究》《列宁研究》《斯大林研究》数十期。这些都为做好经典著作编译和研究工作提供了思想资源。

为适应新时期党和国家建设的需要,中央编译局在做好马列经典著作编译工作的同时,不断加强马列主义理论研究工作。1979年,中央编译局将原国际共运史资料室改为国际共运史研究室,工作重点由以编译资料为主转向以理论研究为主。1985年,又将国际共运史研究室改为国际共运史研究所,工作重点由研究国际共运史转向研究当代国际共运的历史与现状、理论与实践。1984年,成立马列主义研究室,研究马克思主义基本理论及其在当代的发展,结合我国社会主义初级阶段理论研究和经济体制改革,开展各国经济社会体制的比较研究。1988年,马列主义研究室改为当代马克思主义研究所,旨在加强理论联系实际,更直接地为我国社会主义现代化建设和改革开放服务。

为了促进理论研究工作，中央编译局还创办了多种刊物。1980年，创办《当代世界与社会主义》杂志，广泛研究世界社会主义和中国特色社会主义发展中的重大理论和实践问题。1985年，创办《经济社会体制比较》杂志，通过对世界各国、各地区各种经济和社会体制的理论进行比较研究，为坚持和发展马克思主义提供有益素材。1990年，创办《马克思主义与现实》杂志，针对国内国际出现的新情况和热点问题探讨马克思主义发展中的重大理论和现实问题，提供学习和研究马克思主义的新材料，评介西方马克思主义新思潮，介绍国内外研究马克思主义的动态和成果。1991年，创办《国外理论动态》杂志，译介国外学者对世界发展新趋势、新特征的研究，为理论宣传部门和学术界提供重要理论信息和参考资料。

这样，在马克思主义经典著作编译和研究方面，新的规划不断完善，新的成果逐步推出，各项工作实现了与时俱进。

2. 马恩全集出新版

1985年，《马克思恩格斯全集》中文第1版全部出齐。在中国马克思主义传播史上，《马克思恩格斯全集》中文第1版是一座里程碑。它第一次比较完整地向中国读者展示了马克思恩格斯著作的全貌，为社会主义建设探索时期的马克思主义理论研究提供了比较扎实的文本依据，也为后来推出更高质量的编译成果奠定了牢固的基础。但由于历史条件的限制，它还存在一些不足之处：比如全集不全，个别收文有误，译文质量需要进一步提高，有些资料还不够翔实等。

为了更加全面、完整地反映马克思恩格斯的科学理论体系，准确、忠实地传达原文的思想和意蕴，为马克思主义中国化提供系统、完整、坚实的文本基础，1986年5月，经充分酝酿，中央编译局向中央提交了《关于重新编译出版〈马恩全集〉中文版的请示报告》，同年7月，中央批复，决定编译《马克思恩格斯全集》中文第2版。

《马克思恩格斯全集》中文第2版全书总计70卷，按内容划分为4个

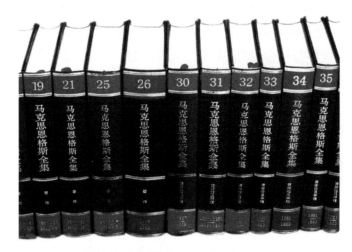

《马克思恩格斯全集》中文第 2 版部分图书

部分:第一部分为著作卷,共 29 卷(第 1—29 卷),收入马克思恩格斯生前所有公开发表的著作以及手稿、草稿、提纲等(《资本论》及其手稿除外),在附录中还收入在马克思恩格斯帮助下或经他们修改过的由别人撰写的文章和资料。第二部分为《资本论》及其手稿卷,共 17 卷(第 30—46 卷),收入《资本论》3 卷及其直接有关的著作和准备材料,收入 1857—1858 年、1861—1863 年以及 1863 年以后的各种经济学手稿。其中《资本论》第 1 卷除收入恩格斯生前最后负责审定并于 1890 年出版的、世界各国通用的德文第 4 版外,还收入德文第 1 版、第 2 版和法文版。第三部分为书信卷,共 14 卷(第 47—60 卷),收入马克思恩格斯的全部书信。第四部分为笔记卷,共 10 卷(第 61—70 卷),收入各类笔记,内容涵盖哲学、经济学、历史、政治、数学、自然科学等各个方面,包括札记、摘录、批注等。

《马克思恩格斯全集》中文第 2 版以第 1 版为基础,以《马克思恩格斯全集》历史考证版第 2 版(即 MEGA²)为蓝本,并参考德文、英文、俄文等版本重新进行编辑和译校。

MEGA²是完整收录并按原貌展示马克思恩格斯著作及其写作过程的考证性版本,在马克思恩格斯著作出版史上第一次将存世的马克思和恩格斯的全部文献完整地呈现出来,其中,有许多是首次面世的文献。它最大的特点就是根据马克思恩格斯写作和发表时所使用的文字(其中有德文、英文、法文等)来编译和校订每一篇文献,以保证准确反映经典著作的原意和风格。所有著作都用马克思恩格斯原著文字发表,力求以原始和完整形式保留文献的所有历史形态,显示每篇著作从手稿到成文的改动和演变以及经作者亲自审定的版本的修改过程,呈现文本形成的全貌。

《马克思恩格斯全集》中文第 2 版在充分借鉴、吸收 $MEGA^2$ 研究成果的同时,在编辑原则、体系结构、资料取舍等方面充分考虑中国读者的需要,形成自己的风格。例如,在收文的选择上,$MEGA^2$ 的编辑原则是优先选取马克思恩格斯第一次发表的文本,对后来版本的修改情况则通过异文对照表体现出来,对于一些前后不同版本变动比较大的著作,采取几个版本都收录的原则。《马克思恩格斯全集》中文第 2 版的版本定位是供党的各级干部、广大群众和理论工作者全面系统地学习和研究马克思主义理论,收文原则是选取马克思恩格斯亲自校订过并发表的最后版本,也就是最成熟的版本,而将此前文本中若干重要修改之处在正文脚注中适当加以反映。对 $MEGA^2$ 丰富的背景资料,中文版也是仔细地甄别、有选择地使用,而不是不加分辨地全盘照搬。因此,《马克思恩格斯全集》中文第 2 版是一个全新、自主的版本,有着显著的中国特色。

《马克思恩格斯全集》中文第 2 版改进了第 1 版的不足之处,具有收录文献更全面、版本依据更可靠、译文质量更高、结构更合理、资料更充实等特点,充分反映了国内外马克思恩格斯著作研究和编辑的最新成果。

《马克思恩格斯全集》中文第 2 版是一项跨世纪的宏伟工程。1995 年 6 月出版了第 1、11、30 卷。至 2008 年,由人民出版社出版共 19 卷。党的十八大以来,继续以每年 2 卷左右的速度在出版。至 2017 年 10 月底,完成编译及出版《马克思恩格斯全集》中文第 2 版 7 卷,按出版时间先后来看,其分别为第 35、14、26、36、49、42、43 卷。据 2021 年 3 月 18 日《光明日报》报道,《马克思恩格斯全集》中文第 2 版第 29 卷由人民出版社正式出版,至此,自 20 世纪 90 年代开始编译的《马克思恩格斯全集》中文第 2 版已经出版了 32 卷。

任尔东西南北风,咬定青山不放松。100多年来,中国共产党人始终坚持以马克思主义为理论武器,坚持为人民谋幸福,为民族谋复兴,为人类作贡献,求真理,悟大道,坚守信仰,初心不改,持续致力于推进马克思主义中国化时代化大众化。《马克思恩格斯全集》中文第1版和第2版的编译出版就是光辉典范。

3. 列宁全集更齐全

20世纪60年代初,《列宁全集》中文第1版全部出齐,共39卷。1977—1990年,中央编译局还以《列宁文集》俄文版为基础,陆续编译出版了《列宁文稿》共17卷,这为编译《列宁全集》中文第2版作了充分准备。

《列宁全集》中文第2版

1982年5月,党中央作出编译《列宁全集》中文第2版的决定。中央编译局立即组织力量开展这项工作。《列宁全集》中文第2版不是简单地依据俄文版翻译,而是在进行了大量的校订、勘误和增删的基础上自行编辑的。编译工作者核对了俄文《列宁全集》第4版和第5版文本的异同,对每一个字母和标点符号都不放过。调查了英、法、德、日等各种版本。对《全集》所涉及的人名、地名、报刊名、组织机构名都作了调查。人名一直查到笔名、化名、绰号,例如,仅列宁的名字即达148个之多,这些调查成果都被吸收到中文第2版中。除了著作正文根据俄文版校译外,其余的前言、注释、人名索引、主题索引、年表都是自己编写的。仅在翻译《列宁全集》中文第2版时,为了翻译的规范和统一,制作的译名卡片就多达20万张。此外,翻译人员还对列宁著作中出现的2万多个专有名词和大量译名、引用过的各种历史典故和文学典故作了考证,统一译法,编写出版了140多万字的《列宁著作资料汇编》和约50万字的《列宁著作典故》,并先后编发了近100期的《译名通报》。

1984年10月,《列宁全集》中文第2版首批4卷出版。此后,新版全集编译工作以每年发排8—11卷的速度推进。为保质保量、按期完成任务,中央编译局先后有近百人投入此项工作,另有全国12所高校和研究单位的近50位专家学者参与其中。在共同奋斗的日日夜夜里,大家殚精竭虑、含辛茹苦、默默耕耘,顶住了在此期间出现的各种错误思潮的冲击,不为马克思列宁主义"过时论""无用论"的喧嚣所动摇,坚守职责,把自己的全部智慧和心血倾注于这项伟大的事业当中。

1990年12月,《列宁全集》中文第2版全书60卷全部出齐。1991年4月26日,由中宣部和新闻出版署在北京人民大会堂联合召开庆祝《列宁全集》中文第2版60卷出版发行座谈会。李瑞环在座谈会上指出:"这是马列经典著作编译出版的一大成果,也是中国共产党人对传播马列主义的一大贡献。它的出版,对于我们更好地坚持和发展马克思主义,推动国内各项工作,实现第二步战略目标,具有非常重要的意义。"①

1991年7月1日,江泽民在庆祝中国共产党成立70周年大会上的讲话中指出,《列宁全集》中文第2版的出版发行"是我国政治生活和党的建设中的大事"②。

---

① 《人民日报》1991年4月27日。
② 《人民日报》1991年7月2日。

《列宁全集》中文第 2 版以 1958—1965 年的《列宁全集》俄文第 5 版为主要参照蓝本,并从《列宁文集》第 1—40 卷中选收 550 余篇文献,总计收入列宁文献 9289 篇。同中文第 1 版相比,以卷数计,增加 21 卷;以篇数计,增加 5009 篇;正文篇幅增加三分之一以上。此外,译文根据最新原文重新校订,质量明显提高。参考资料丰富完备,全集各卷资料包括前言、注释、年表、人名索引和文献索引,资料总量比中文第 1 版增加 5 倍。

《列宁全集》中文第 2 版,从着手准备,到进行校译、开始出版,再到全部出齐,历时 15 年之久。如果再加上 1996 年完成的 3 卷索引和 1 卷补遗,则前后长达 21 年。

从 2010 年开始,中央编译局对《列宁全集》中文第 2 版进行修订,2014 年由人民出版社出版《列宁全集》中文第 2 版增订版第 1—7 卷,2017 年出版第 8—60 卷。该增订版补充了新发现的文献,并对译文作了重新校订,是目前世界上收集列宁文献最多的版本。

3. "三大选集"添新篇

改革开放后,为适应马克思主义中国化时代化大众化事业不断推进的形势,中央编译局对《马克思恩格斯选集》第 1 版、《列宁选集》第 2 版进行全面修订,于 1995 年 6 月推出《马克思恩格斯选集》第 2 版和《列宁选集》第 3 版,于 2012 年 9 月推出《马克思恩格斯选集》第 3 版和《列宁选集》第 3 版修订版。1979 年编辑出版《斯大林选集》。新版"三大选集"为进一步学习和研究马克思主义基本理论,深化对中国特色社会主义理论的理解,在新的伟大实践中坚持和发展马克思主义提供了科学的理论资源。

(1)《马克思恩格斯选集》第 2 版

《马克思恩格斯选集》第 1 版是在 1972 年出版的。受历史条件的限制,这个版本在文献选录、译文、资料等方面显露出一些不足之处。针对第 1 版的不足,第 2 版对第 1 版篇目作了较大幅度的调整,力求更加全面、完整地反映马克思恩格斯创立的科学理论体系。

在文献选录方面,马克思主义理论的三个组成部分在《选集》第 1 版中的比例很不平衡。科学社会主义方面的内容,特别是有关阶级斗争和工人阶级内部思想斗争的文献所占的比重过大(约占全部篇幅的 70% 以上),哲学方面的内容不够充分(约占 20%),政治经济学方面的内容则显得相当单薄(约占 10%)。因此,《选集》第 2 版编目的总原则是从马克思和恩格斯的全部著作、手稿和书信中选编或节录各个时期最具有代表性的文献,适当地充实哲学方面的内容,保留科学社会主义方面具有代表性的文献,删去一些观点重复的文章和书信,增补少量具有重大意义而第 1 版没有采用的著作,并以较多的篇幅增补政治经济学方面的著述,从而弥补了第 1 版在总体结构方面畸轻畸重的缺陷,比较全面地反映了马克思主义三个组成部分的理论观点。

《选集》第 2 版分为 4 卷。第 1 卷选编了马克思和恩格斯 1843—1859 年的著作。第 2 卷选编了马克思和恩格斯 1857—1871 年的经济学著作,节录了《资本论》第 1、2、3 卷的重要内容。第 3 卷选编了马克思和恩格斯 1871—1883 年的著作。第 4 卷由两个部分组成。第一部分选编了恩格斯 1884—1895 年的著作和《自然辩证法》。第二部分选编了马克思和恩格斯 1842—1895 年的书信。与第 1 版相比,第 1 卷增补了 4 篇著作,删去了《反克利盖的通告》等 11 篇文章。第 2 卷删去了《总委员会关于继承权的报告》等 5 篇文章。第 3 卷增补了 4 篇著作,删去了《桑维耳耶代表大会和国际》等 5 篇文章。第 4 卷第一部分增补了 6 篇文章,删去了《给〈前进报〉编辑部的信》等两篇文章;第二部分增补了 26 封书信,删去了 25 封观点重复的信件。

在译文版本方面,《选集》第 2 版的校订工作所依据的外文版本主要是 1975 年开始陆续出版的《马克思恩格斯全集》历史考证版,此外还有《马克思恩格斯全集》德文版、英文版以及个别著作的单行本,改变了《选集》第 1 版主要依据《马克思恩格斯全集》俄文版转译的情况,更准确地表达了马克思恩格斯原著的思想内容。

（2）《马克思恩格斯选集》第3版

2012年,中央编译局充分利用10卷本《马克思恩格斯文集》的编译和研究成果,编辑出版《马克思恩格斯选集》第3版。《选集》第3版集中涵盖马克思主义哲学、政治经济学和科学社会主义,以及马克思和恩格斯在政治、法学、史学、教育、科学技术、文学艺术、军事、民族、宗教等方面的重要论述,力求完整准确地反映马克思和恩格斯创立的科学理论体系,并体现马克思主义理论体系形成和发展的历史进程。

《马克思恩格斯选集》中文第3版

《选集》第3版吸收了第2版的编辑成果,同时对整体结构作了必要的调整,对各卷篇目作了适当的增删。《选集》第3版仍编为4卷,所收的著作按编年与专题相结合的方式编排。第1卷选辑马克思和恩格斯1843—1859年的著作,其中论述中国问题的10篇文章和论述印度问题的2篇文章分别集中编排。与第2版相比,第1卷增加了恩格斯的《国民经济学批判大纲》和《英国工人阶级状况》(节选),删去了恩格斯的《英国状况。十八世纪》。

第2卷为马克思主义政治经济学专卷,内容包括马克思《资本论》节选和经济学手稿摘选,同时收录了马克思和恩格斯的4篇经济学论文;与第2版相比,第2卷充实了《资本论》节选的内容,增加了马克思经济学手稿摘选,并将经济学著作以外的其他文献调整到第3卷。

第3卷选辑马克思和恩格斯1864—1883年的著作。与第2版相比,第3卷增加了马克思的《法国工人党纲领导言(草案)》以及《给维·伊·查苏利奇的复信》第三稿。原收入第2版第4卷的恩格斯的《自然辩证法》(节选),按写作年代编入第3卷,并增补了一些内容。

第4卷选辑恩格斯1884—1895年的著作,以及马克思和恩格斯

1842—1895 年写的 102 封书信。第 4 卷增加了恩格斯的《纪念巴黎公社十五周年》以及他为《〈人民国家报〉国际问题论文集(1871—1875)》撰写的序言;在这一卷的书信部分,增收了马克思和恩格斯的 4 封书信。

(3)《列宁选集》第 3 版

《列宁选集》中文第 3 版是继 1960 年第 1 版和 1972 年第 2 版之后的新版本,共 4 卷,约 320 万字,于 1995 年 6 月出版。为什么要编辑出版《列宁选集》第 3 版呢? 主要原因是《列宁选集》中文第 1 版和第 2 版在选材上有不少问题,如有关社会主义经济建设的文献选得偏少,列宁的有些重要著作没有收入,有些文献从内容上看显得有点重复,或者过多地涉及某一历史时期的某些具体细节,还有个别选收的著作经考证不是列宁的著作。

《列宁选集》中文第 3 版译文全部采用《列宁全集》中文第 2 版的译文,在内容编排上适应我国建设中国特色社会主义和改革开放的需要,在选材上作了较大调整。全书内容着重增选反映列宁在理论和实践上创造性地探索社会主义建设规律和无产阶级政党建设规律的文献,全面反映他的主要理论观点和策略思想的变化,同时还精选列宁在各个历史时期关于马克思主义立场观点方法的著述。为了适应研究和探索中国特色社会主义的需要,适当增加了列宁晚期有关社会主义建设理论的著作和书信,其中包括利用商品货币关系和市场机制、改革经济政治体制、借鉴和利用资本主义、发展科技事业、完善法制等内容。为了帮助读者掌握马克思主义的精髓、提高实际运用马克思主义的能力,还酌量增收了列宁有关马克思主义方法论的论述。同时,《列宁选集》中文第 3 版压缩了部分著作的篇幅,删去了某些内容重复、主要与俄国社会民主工党党内斗争史或俄国某一历史时期的一些具体事件有关的论述,更换了原来误收的不是列宁的著作。

此外,在资料方面,《列宁选集》中文第 3 版在每一卷卷首都增加了由编者撰写的《说明》,扼要介绍本卷著作写作的历史背景,提示本卷著作的主要理论内容,说明列宁对马克思主义所作的贡献和他的思想发展的脉络。在第4卷的最后,增加了全书的《主题索引》,这是以往选集所没有的,是一个新的尝试。

(4)《列宁选集》第3版修订版

1995年出版的《列宁选集》第3版结构严谨,编目合理,但也存在一些需要解决的问题:一是选集各卷出现的马恩著作引文必须与《马克思恩格斯文集》的最新译文统一;二是涉及重要理论问题的译名必须根据最新研究成果进行复核和勘正;三是各种相关资料必须充实和完善。因此,在2009年出版的10卷本《马克思恩格斯文集》、5卷本《列宁专题文集》的基础上,2012年出版了《列宁选集》第3版修订版。

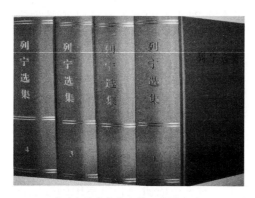

《列宁选集》中文第3版修订版

新版《列宁选集》呈现出鲜明的特色。一是各卷译文更加完善。对理论界长期关注和讨论的一些重要理论概念及其译名逐一进行了考证和研究,并根据《马克思恩格斯文集》的最新译文,对选集中出现的马恩著作引文进行了统一。二是各卷说明更加充实。以准确简练的语言阐明列宁著作的时代背景、理论要旨、历史地位和指导意义,帮助读者理解列宁思想的精髓及其对世界社会主义运动的理论贡献。三是各卷资料更加详备。根据最新研究成果对各类注释和人名索引进行了审订,并全面修订了名目索引,增补了列宁生平大事年表。

(5)《斯大林选集》

1979年,《斯大林选集》中文版(上下卷)出版,收入1901—1952年间斯大林的重要著作58篇,总计102万字。上卷包括1901—1927年间的著作,如《无产者阶级和无产者政党》《论列宁》《论列宁主义基础》等。下卷包括1928—1952年间的著作,如《论联共(布)党内的右倾》《论辩证唯物主义和历史唯物主义》《马克思主义和语言学问题》《苏联社会主义经济问题》等。该套选集相比于《斯大林全集》来说,收载的是斯大林整个生平活动时期的著作,能够大致反映斯大林著作的全貌,但由于是选集,收录文献数量有限,只收入了那些最重要的代表性著作。

十三、新时期理论新飞跃

在马克思主义与中国实际相结合的伟大历程中,产生了中国化的马克思主义,先后形成了毛泽东思想、中国特色社会主义理论体系和习近平新时代中国特色社会主义思想。这是马克思主义在中国百年传播的伟大成果。

1. 邓小平理论谱新篇

邓小平理论是我国改革开放新时期形成的马克思主义中国化的重大理论成果,是中国特色社会主义理论体系的开篇之作。其形成标志着中国特色社会主义道路的开辟。

(1) 马克思主义中国化新飞跃

党的十一届三中全会以后,以邓小平同志为主要代表的中国共产党人坚持把马克思主义基本原理与我国社会主义现代化建设实际相结合,系统总结新中国成立以来的历史经验,科学评价毛泽东同志的历史地位和毛泽东思想的科学体系,根据新的实际和发展要求确立中国社会主义现代化建设的正确道路,紧紧抓住"什么是社会主义、怎样建设社会主义"这个基本问题,响亮提出"走自己的道路,建设有中国特色的社会主义"伟大号召,领导人民在新中国成立以来革命和建设实践的基础上,成功走出了一条中国特色社会主义道路。

邓小平强调必须坚持以经济建设为中心,坚持四项基本原则,坚持改革开放,领导我们党制定了在社会主义初级阶段的基本路线;指导我们党正确认识我国所处的发展阶段和根本任务,制定了现代化建设"三步走"发展战略;强调"改革是中国的第二次革命",领导我们党有步骤地展开各方面体制改革,勇敢打开对外开放的大门;强调"两手抓、两手都要硬",必须抓好社会主义物质文明建设、精神文明建设以及相应的民主法制建设,实现社会全面进步;创造性提出"一国两制"科学构想,指导我们实现香港、澳门平稳过渡和顺利回归,推动海峡两岸关系打开新局面;明确提出和平与发展是当代世界的两大问题,领导我们党及时调整各方面政策,为改革开放和社会主义现代化建设创造了难得历史机遇和良好外部环境;强调加强党的领导必须改善党的领导,必须聚精会神抓党的建设,使党的建设充满新的生机活力。正是这一系列重大思想理论和实践,使 20 世纪的中国又一次发生了天翻地覆的变化。

邓小平理论继承和发展了马克思列宁主义、毛泽东思想,是中国特色社会主义理论体系的开篇之作。正如习近平总书记指出的:"坚持和发展中国特色社会主义是一篇大文章,邓小平同志为它确定了基本思路和基本原则"①。

邓小平理论经过改革开放和现代化建设实践的检验,已经被证明是指导中国人民建设中国特色社会主义、保证中国在改革开放中实现国家繁荣富强和人民共同富裕的系统的科学理论。邓小平理论是中国共产党和中国人民宝贵的精神财富,是改革开放和社会主义现代化建设的科学指南,是党和国家必须长期坚持的指导思想。

(2)《邓小平文选》面世

作为邓小平理论的重要载体,邓小平著作的出版一直广受关注。据不完全统计,从 1980 年到 1989 年,在党中央领导下,中共中央文献研究室、人民出版社和相关部门编辑出版的邓小平著作达 25 种,发行总量达 1 亿多册。② 从 1992 年 10 月党的十四大召开至 1998 年 6 年间又

---

① 《习近平著作选读》第一卷,人民出版社 2023 年版,第 80 页。
② 中国出版工作者协会、中国出版科学研究所编:《中国出版年鉴 1990—1991》,中国书籍出版社 1993 年版,第 114 页。

出版 24 种。①

《邓小平文选》

邓小平著作出版历程中最重要的事件要属《邓小平文选》的编辑出版。《邓小平文选》的编辑出版经历了 3 个重要阶段,凝结了无数人的心血。

1981 年,党中央决定着手编辑《邓小平文选》。1983 年 7 月,由中共中央文献编辑委员会编辑的《邓小平文选》(1975—1982 年)由人民出版社出版。该文选收入邓小平从 1975 年至 1982 年这段时间内的讲话、谈话共 47 篇,其中 39 篇为第一次公开发表。这次出版的《邓小平文选》后来更名为《邓小平文选》第二卷。

此后中共中央文献编辑委员会再接再厉,又编辑了《邓小平文选》(1938—1965 年),并在 1989 年公开出版。这部文选编选了邓小平在 1938—1965 年这 28 年时间里的重要文章和讲话,共计 39 篇,其中 30 篇属于首次发表。这次出版的《邓小平文选》后来更名为《邓小平文选》第 1 卷。

1992 年,邓小平视察南方并发表了激动人心的重要讲话。同年 10 月,中国共产党第十四次全国代表大会提出用邓小平建设有中国特色的社会主义理论武装全党,党内外干部和群众翘首以盼《邓小平文选》第三卷的问世。在中共中央文献编辑委员会和相关部门的努力下,《邓小平文选》第三卷于 1993 年正式出版。本卷收入的是邓小平从 1982 年 9 月至 1992 年 2 月这段时间的讲话、谈话,共计 119 篇,很大一部分是第一次公开发表,邓小平亲自审定了其中的每一篇文稿。

《邓小平文选》3 卷本经过增补修订,从形式和内容上都更为完整,成

---

① 上海市社会科学界联合会编,奚洁人、余源培(卷)主编:《二十世纪中国社会科学·马克思主义卷》,上海人民出版社 2005 年版,第 506 页。

为广大干部群众学习邓小平理论的经典文献。

还有 3 本较为重要的邓小平著作选集也在这一时期陆续出版。《建设有中国特色的社会主义》是自 1982 年中共十二大以来邓小平的重要讲话和谈话集,于 1984 年 12 月第一次出版。《邓小平著作选读》(青年读本)精选了邓小平著作中一部分既具代表性又适合青年特点的篇目,于 1994 年 5 月出版。中央文献出版社还于 1992 年出版了《邓小平关于建设有中国特色社会主义的论述专题摘编》。

1989 年之后,邓小平著作的专题论著也陆续出版。如《邓小平同志论坚持四项基本原则反对资产阶级自由化》《邓小平同志论教育》《邓小平同志谈端正党风问题》《邓小平同志论改革开放》等,这些专题论著集中反映了邓小平的教育、军事、统一战线、党的建设等思想。

这些著作共同构成了邓小平著作体系,系统展现了邓小平理论的全貌。正是在邓小平理论基础上,中国共产党人继续进行不懈探索,使得中国特色社会主义理论体系不断丰富和发展,推动党和国家事业不断取得新成就。

2. 创新理论大发展

(1)"三个代表"重要思想

20 世纪 90 年代,苏东剧变、冷战结束,国际共产主义运动遭受到巨大挫折。但是世界多极化的空前发展也为我国社会主义建设带来了一个难得的相对稳定和平的外部环境。为了更好更快发展,迎头赶上世界潮流,在日趋激烈的国际竞争中立于不败之地,必须进一步增强党的执政能力,提高党的领导水平,提高拒腐防变和抵御风险的能力。随着新世纪到来,我国进入全面建设小康社会、加快推进社会主义现代化建设新的发展阶段,众多必须研究解决的紧迫而重大的问题摆在中国共产党人面前。"三个代表"重要思想就是在这样的时代背景和实践呼唤中提出来的。

《江泽民文选》

"三个代表"重要思想是我们党在理论和实践中不断探索和开拓的结果。党的十四大系统论述了加强党的建设和改善党的领导问题。在党的十五大上,江泽民将新时期党的建设新的伟大工程的总目标,高度概括为:"把党建设成为用邓小平理论武装起来、全心全意为人民服务、思想上政治上组织上完全巩固、能够经受住各种风险、始终走在时代前列、领导全国人民建设有中国特色社会主义的马克思主义政党。"①2000 年 2 月 25 日,江泽民在广东考察工作时,首次对"三个代表"重要思想进行了比较全面的阐述。2001 年 7 月 1 日,江泽民在庆祝中国共产党成立 80 周年大会上的讲话中阐述了"三个代表"重要思想的科学内涵和基本内容。党的十六大报告全面系统阐述了"三个代表"重要思想形成的时代背景、历史地位、精神实质和指导意义。党的十六大将"三个代表"重要思想与马克思列宁主义、毛泽东思想和邓小平理论一道确立为党必须长期坚持的指导思想,并写入党章。

"中国共产党必须始终代表中国先进生产力的发展要求,代表中国先进文化的前进方向,代表中国最广大人民的根本利益。"这是对"三个代表"重要思想的集中概括。"三个代表"重要思想的主要内容还包括:发展是执政兴国的第一要务;建立社会主义市场经济体制;全面建设小康

---

① 《江泽民文选》第二卷,人民出版社 2006 年版,第 43 页。

社会;建设社会主义政治文明;推进党的建设新的伟大工程等。

"三个代表"重要思想紧密结合世纪之交国内外发展的新形势,进一步把理论和实践、继承和发展结合起来,坚持以我国改革开放和现代化建设的实际问题、以我们正在做的事情为中心,着眼于马克思主义理论的运用,着眼于对实际问题的理论思考,着眼于新的实践和新的发展,回应我国广大人民群众的新要求,创造性地运用马克思列宁主义、毛泽东思想特别是邓小平理论,形成了富有独创性的新的理论成果,是中国特色社会主义理论体系的重要组成部分。

"三个代表"重要思想是加强和改进党的建设,推进中国特色社会主义事业的强大理论武器。

（2）科学发展观

进入 21 世纪,经过新中国成立以来特别是改革开放以来的不懈努力,我国经济社会发展取得了举世瞩目的成就。但是我国仍处于并将长期处于社会主义初级阶段的基本国情没有变,同时我国进入发展关键期、改革攻坚期和矛盾凸显期。新的发展阶段呼唤理论的创新发展,科学发展观由此应运而生。

《胡锦涛文选》

科学发展观是在抗击非典疫情和探索完善社会主义市场经济体制的过程中逐步形成的。2003年10月，党的十六届三中全会上，胡锦涛明确指出："树立和落实全面发展、协调发展、可持续发展的科学发展观，对于我们更好坚持发展才是硬道理的战略思想具有重大意义。树立和落实科学发展观，这是二十多年改革开放实践的经验总结，是战胜非典疫情给我们的重要启示，也是推进全面建设小康社会的迫切要求。"①这是党的文件中第一次提出科学发展观。2004年3月，胡锦涛在中央人口资源环境座谈会上发表重要讲话，深刻阐明了科学发展观提出的背景、意义，明确界定了"以人为本""全面发展""协调发展""可持续发展"的深刻内涵和基本要求，并对如何树立和落实科学发展观提出了明确的要求，标志着科学发展观的形成。

以党的十七大为标志，科学发展观趋于成熟。2007年，党的十七大对科学发展观的理论定位、理论依据、理论内涵作了全面阐述。十七大报告提出了"中国特色社会主义理论体系"的科学概念，把科学发展观与邓小平理论、"三个代表"重要思想一道作为中国特色社会主义理论体系的重要组成部分并写入党章，成为党必须长期坚持的指导思想。

党的十七大后，来自国际国内经济政治以及自然界的严重困难和挑战接连不断，这些挑战和困难既考验着我们党领导科学发展的能力，又推动着科学发展观不断发展完善。这一进程最显著的成果，是提出加快转变经济发展方式的战略思想以及实施举措。

科学发展观可以集中概括为：第一要义是发展，核心立场是以人为本，基本要求是全面、协调、可持续，根本方法是统筹兼顾。科学发展观的主要内容还包括加快转变经济发展方式；发展社会主义民主政治；推进社会主义文化强国建设；构建社会主义和谐社会；推进生态文明建设；全面提高党的建设科学化水平；等等。

科学发展观是中国共产党坚持把马克思主义基本原理同当代中国实际和时代特征相结合，在新中国成立以来特别是改革开放以来不懈探索

---

① 《胡锦涛文选》第三卷，人民出版社2016年版，第104页。

的基础上,继续拓展中国特色社会主义实践、探索中国特色社会主义规律的必然结果,是中国特色社会主义理论体系的重要组成部分。

实践昭示我们,科学发展观不仅是指导我国经济建设的理论,而且是指导各方面建设的理论;不仅是指导实践、推动工作的有力武器,而且是帮助人们认识和把握社会发展规律的世界观、方法论,是指导我国全面建成小康社会、发展中国特色社会主义的正确理论。

3. 理论教育更深入

实践告诉我们,要想把马克思主义理论真正深入到人民群众中去,教育教学工作的落实必不可少。

(1) 大学教育新发展

党的十一届三中全会以后,马克思主义理论教育机构逐步恢复,并在党中央的推动下迈上了快速发展之路。1977年恢复高考之后,随着"七七、七八级"大学生进入高校,中国高等教育战线立即呈现出春回大地、生机盎然的景象。高校马克思主义理论教育也进入一个新的发展阶段。"85方案"的设立是高校马克思主义理论教育发展新阶段的标志性大事。

随着高等学校招生规模迅猛扩大,如何更好地对高校大学生进行马克思主义理论教育,如何科学设置高校马克思主义理论课程,成为当时迫在眉睫的重大问题。为此,1985年中共中央发布《关于改革学校思想品德和政治理论课程教学的通知》,这被视为高校思政课改革的"85方案"。

1986年党中央下发了《关于加强和改进高等学校马克思主义理论课和思想品德课的意见》。这份历史性的文件强调了高等学校马克思主义理论课和思想品德课即"两课"在高校中的地位和作用,强调马克思主义理论教育是社会主义大学与资本主义大学的根本区别,是高等学校思想政治工作的主阵地和主渠道。文件还阐述了"两课"教育的指导思想和教学原则,并对"两课"的课程设置、课时、教学内容、教学方法和教材建设等作了具体规定,对"两课"教师与学生的比例、教师队伍建设以及组织机构提出了明确要求。根据该文件,马克思主义理论课由原来的"老三门"变为"新三门"。"老三门"指全国高校本科原本开设的"中共党史""政治经济学""哲学"三门课程;"新三门"为"马克思主义原理""中国社会主义建设""中国革命史"。有条件的院校要开设"世界政治经济和国际关系"。这就是著名的"85方案"的具体举措。自此,高校马克思主义理论教育工作有了新的遵循。

在"85方案"的推动下,高校马克思主义理论教育研究工作不断加强。明确规定高校马克思主义理论课程的学时保障了学生的学习质量,各种形式的培训工作为马克思主义理论教育工作培养了新的人才。这一切都为大专院校思想政治理论课建设打下了坚实的基础。

1997年党的十五大将邓小平理论确立为党的指导思想。为了让邓小平理论走进高校马克思主义理论教育的课堂,武装大学生思想,1998年中共中央宣传部和教育部联合发出《关于普通高等学校开设"邓小平理论概论"课的通知》,并下发了《关于普通高等学校"两课"课程设置的规定及其实施工作的意见》,这就是"98方案"。

"98方案"对从专科到本科再到研究生各阶段的课程设置和学时进行了更精细的布置,要求各高校须为本科生开设"马克思主义哲学原理""马克思主义政治经济学原理""毛泽东思想概论""邓小平理论概论""当代世界经济与政治""思想道德修养""法律基础"7门课;为硕士研究生开设"科学社会主义的理论与实践"、"自然辩证法概论"(理工科)、"马克思主义经典著作选读"(文科);为博士研究生开设"现代科学技术革命与马克思主义"(理工科)、"马克思主义与当代社会思潮"(文科)。"98方案"还要求为各层次各科类学生都加开"形势与政策"课。在"98方案"的推动下,高校马克思主义理论课程的教材得到统一,师资力量得到了有效加强,教学内容和教学方法不断革新。由此,高校马克思主义理论课程教育得到了长足的发展。

(2) 党校教育再出发

党校教育也在党的十一届三中全会之后逐步迈上正规。1980年2

月 25 日,中央宣传部、中央组织部颁发了《关于加强干部教育工作的意见》,强调马克思主义教育的重要性,提出要大力加强干部培训,承担这一工作的就是迅速恢复办学的各级党校。

1977 年 10 月 5 日,中共中央作出《关于办好各级党校的决定》,全国各级党校陆续恢复办学。据 1988 年中共中央组织部统计,全国恢复和新建各级党校 2838 所、干部学校 2245 所、管理干部学院 234 所。党校和干部学校的恢复为全国广泛开展干部教育创造了良好条件。随后,党中央又连续出台多个文件,有力地促进了改革开放新时期我国党校和干部学校的建设和发展。

(3) 学术机构、研究团体不断涌现

随着高校和党校教育的飞速发展,改革开放新时期我国各类研究机构和学术团体如雨后春笋般地涌现出来。

研究机构方面,中国社会科学院马克思列宁主义毛泽东思想研究所、中国人民大学马列主义发展史研究所、北京大学马克思列宁主义毛泽东思想研究所、中共中央党校马克思主义研究所等相继设立。学术团体方面,中国恩格斯研究会(后更名为中国马克思恩格斯研究会)、中国马克思列宁主义毛泽东思想研究会、中国国际共产主义运动史研究会、中国科学社会主义学会(下设中国科学社会主义学会当代世界社会主义专业委员会)、中国毛泽东思想理论与实践研究会等陆续成立。众多研究机构和学术团体的成立推动马克思主义研究蓬勃发展,也促使马克思主义理论的推广普及工作取得良好效果。

依托马克思主义理论研究机构和学术团体的建立,各种马克思主义研究专业期刊、哲学社会科学综合性理论期刊以及一大批群众性刊物逐步创立。

据统计,20 世纪 80—90 年代创刊的马克思主义研究期刊共计 16 家,其中《马克思主义研究》《中共党史研究》《马克思主义与现实》等期刊入围 2012 年 6 月国家社科基金学术期刊第一批资助期刊,得到了学术界的广泛肯定。

各个哲学社会科学综合性理论期刊也纷纷开辟马克思主义理论研究专栏,如"学术专栏""党的建设""经济体制改革"等,这些专栏积极服务于我国改革开放和社会主义现代化建设事业,服务于广大理论工作者、各级领导干部和高校教学人员,极大促进了马克思主义理论研究的发展、教育和普及。

与此同时,一大批群众性刊物相继创刊,精心解读党的理论和方针政策,评说社会思潮。其中较有代表性的是《半月谈》,它于 1980 年创刊,2009 年入选中国世界纪录协会中国发行量最大的时政期刊。很多马克思主义基本理论以及相关的最新理论成果随着《半月谈》走入千家万户。

4. 理论普及天地宽

党中央历来高度重视马克思主义理论在广大干部群众中的普及工作,改革开放以来,多次明确要求党政机关干部、企事业单位员工等,要加强对马克思主义理论、党的创新理论的学习。

（1）干部教育新要求

邓小平多次在重要场合强调干部学习马克思主义理论的重要性。1985 年 9 月 23 日,邓小平在中国共产党全国代表会议上强调党的各级领导干部必须学习马克思主义理论,他说:"马克思主义理论从来不是教条,而是行动的指南。它要求人们根据它的基本原则和基本方法,不断结合变化着的实际,探索解决新问题的答案,从而也发展马克思主义理论本身……既把我们的事业和马克思主义理论本身推向前进,也防止一些同志,特别是一些新上来的中青年同志在日益复杂的斗争中迷失方向。"[①]江泽民1990 年在全国党校校长座谈会上指出:"最重要的一条是提高广大干部的马列主义、毛泽东思想的理论素养。""干部真正具备了较高的马克思主义理论素养,才能够牢牢把握当今世界发展的大趋势,坚定社会

---

① 《邓小平文选》第二卷,人民出版社 1993 年版,第 146—147 页。

主义方向和共产主义理想"。① 2011 年 7 月 1 日,胡锦涛在庆祝中国共产党成立 90 周年大会上强调,我们必须按照建设马克思主义学习型政党的要求,抓紧学习人类社会创造的一切科学的新思想新知识。

随着学习型政党建设的不断推进,广大党员、干部深入学习和掌握马克思列宁主义、毛泽东思想和中国特色社会主义理论体系的自觉性不断提高,理论水平不断提升,学以立德、学以增智、学以创业的目标不断实现。

(2) 各类媒体齐上阵

为了让理论普及工作更好地深入到人民当中,党在思想政治工作方面进行了广泛探索。1981 年,中共中央作出《关于当前报刊新闻广播宣传方针的决定》,明确了报刊、新闻、广播、电视是党的思想政治工作的重要武器,要求各级党委要调整和充实报刊、新闻、广播、电视队伍,努力提高他们的马克思主义理论水平和宣传党的路线、方针、政策的自觉性。

20 世纪 90 年代,看电视日益成为群众日常生活的重要组成部分,党的思想政治工作也因此不断与时俱进。把理论普及与电视艺术相结合成为新的思想工作方式。例如,1998 年在《共产党宣言》发表 150 周年之际,中央编译局与中央电视台联合创作了电视文献纪录片《共产党宣言》,该片展现了《共产党宣言》的传播历程和巨大影响,在广大群众中引起了热烈反响。2011 年,为庆祝中国共产党成立 90 周年,中央编译局创作了《思想的历程——马克思主义在中国的百年传播》8 集电视文献纪录片,在中央电视台播出,反响强烈。除纪录片之外,各类专题片、影视剧、电视节目等都积极参与到思想政治工作中来,极大地促进了马克思主义的教育和普及工作。

进入 21 世纪后,网络和新媒体逐渐普及,成为马克思主义理论大众化的重要阵地。中共中央党校、中国社会科学院、中央编译局、人民出版社等理论研究和出版机构先后建立了马克思主义研究网站,诸多高校也

---

① 《江泽民思想年编(1989—2008)》,中央文献出版社 2010 年版,第 35 页。

纷纷建立了自己的学院网站和教学交流平台。以北京大学、清华大学为代表的高校很快也都在各自的校园网及局域网开辟专区,及时发布理论信息,宣传党的理论和路线方针政策。一时间,马克思主义理论大众化在网络上蔚为大观,不断深入。

在不断的探索中,各种类型的"党建"网站和"宣讲家"网站也建立起来。这些都成为网络和新媒体时代宣传马克思主义的重要平台。

第一家在互联网上建立官方党建网站的是中共北京市委组织部于2000年7月1日创办的"北京党建"。此后,从中央到地方,规模不等的党建网站如雨后春笋般不断涌现。人民网、光明网、新华网分别是《人民日报》《光明日报》和新华社建立的网上信息发布平台,新浪、搜狐、网易等大型门户网站也都开辟了各种理论教育专栏。

"宣讲家"网站是互联网时代马克思主义理论大众化的另一个重要代表。"宣讲家"网站创办于2006年10月,是中共北京市委宣传部主管、市委讲师团主办的第一家专业理论网站,收录并发布我国各个领域顶级专家的视频报告及讲稿。它依托北京市委讲师团的独有资源,邀请在京的多个领域权威专家,对党的科学理论与重大方针政策进行宣讲解读,并实时"直播"。网站日浏览量峰值达3300多万次。每天有10多万独立IP同时在线学习收看,页面总点击量达25亿多次。其影响之大,可见一斑。

(3) 民族同胞不能忘

党和政府在马克思主义传播方面一直将少数民族同胞放在心上。

早在20世纪70年代,中国民族语文翻译中心就翻译出版了蒙古文、藏文、维吾尔文、哈萨克文、朝鲜文5种少数民族语言版本的马克思、恩格斯、列宁、斯大林的主要著作。进入80年代后,中国民族语文翻译局加大了对马恩经典著作的翻译和出版力度,彝文和壮文版本的马恩经典著作加入印刷出版行列中来。随着时代的发展,毛泽东及老一辈革命家的著作、党和国家重要领导人的著作及讲话以及党和国家重要文件、重要文献及党代会文件也都逐渐纳入翻译出版的范畴。一大批优秀的翻译专家为少数民族语言版本的马克思主义理论著作翻译作出了巨大贡献。

　　除了翻译出版少数民族语言版本的马克思主义理论著作,培养马克思主义民族干部也是马克思主义传播在少数民族地区的重点工作。1979后,中共中央以及国务院陆续下发文件制定了一系列旨在加强少数民族干部工作的重要政策,为马克思主义在少数民族地区的传播提供了坚实的组织保证。

十四、世纪工程

历史的车轮滚滚向前。进入 21 世纪,我国快速发展的社会主义市场经济、迅速提高的人民生活水平以及国内外各种新思潮的涌动,都对马克思主义传播提出了新的要求。党中央顺应时代要求,2004 年开始实施马克思主义理论研究和建设工程,这是在新的时代背景下展开的推动马克思主义新发展的一项重大理论创新工程,堪称马克思主义传播史上的"世纪工程"。

1. 理论工程开新局

2001—2002 年间,江泽民多次强调繁荣发展我国哲学社会科学。2002 年 11 月,党的十六大报告中明确提出:"坚持社会科学和自然科学并重,充分发挥哲学社会科学在经济和社会发展中的重要作用";同时强调,"党在思想理论上的提高,是党和国家事业不断发展的思想保证。必须把党的思想理论建设摆在更加突出的位置"。①

在这样的大背景下,为了促进哲学社会科学的新发展,为了党的思想理论建设的新突破,中共中央有关部门迅速组织研究,展开部署。2004 年 1 月,中共中央发布《关于进一步繁荣发展哲学社会科学的意见》。《意见》正式提出实施马克思主义理论研究和建设工程,通过加强马克思主义研究繁荣发展哲学社会科学的目标。在这一目标下,《意见》为工程设置了 4 个方面的重要任务,即加强马克思主义基础理论研究、加强中国

---

① 《江泽民文选》第三卷,人民出版社 2006 年版,第 561、569 页。

化马克思主义研究、组织编写全面反映中国化马克思主义的哲学社会科学教材以及培养马克思主义理论教学骨干的任务。

很快,中共中央办公厅转发《中央宣传思想工作领导小组关于实施马克思主义理论研究和建设工程的意见》,为工程作出具体部署。各方迅速行动起来,为贯彻落实好中央指示精神,推进马克思主义理论研究和建设工程而奋斗。

2004年4月27日至28日,中央实施马克思主义理论研究和建设工程工作会议在北京召开。胡锦涛在人民大会堂会见了出席会议的全体代表,并对工程提出了殷切期望。这次会议标志着马克思主义理论研究和建设工程这一"世纪工程"正式启动。

这次会议把马克思主义理论研究和建设工程的主要目标确定为:把邓小平理论、"三个代表"重要思想和科学发展观作为研究重点,以重大现实问题为主攻方向,把马克思主义在中国发展的最新理论成果贯穿到哲学社会科学的学科建设、教材建设中,进一步加强马克思主义理论队伍建设。会议还确定了工程的具体工作分为5个方面:一是加强对马克思主义中国化理论创新成果和重大现实问题的研究;二是加强对马克思主义经典著作的编译和研究;三是建设具有时代特征的马克思主义基础理论和哲学社会科学学科体系;四是编写体现当代中国马克思主义最新理论成果的哲学、政治经济学、科学社会主义、政治学、社会学、法学、史学、新闻学和文学等重点学科教材,形成哲学社会科学教材体系;五是建设一支老中青三结合的马克思主义理论研究和教学骨干队伍。

会议确定了组建24个主要课题组与基地课题组,遴选了国内相关领域的顶级学者担任首席专家。

此后,马克思主义理论研究和建设工程开始紧锣密鼓地实施。中共中央、国务院高度重视工程的各项工作,中央政治局常委会、中央政治局多次专门研究理论工程的相关问题,听取工程进展的汇报,并作出指示和批示。中共中央、国务院以及中宣部、教育部等对工程寄予厚望,多次下发文件,指导工程的实施。

长风破浪会有时,直挂云帆济沧海。在各方的努力下,马克思主义理论学科体系和教材体系建设很快取得了成果。2005年5月11日,中央宣传部、教育部提出,在一级学科中设立马克思主义理论学科,在马克思主义理论学科下面,设立5个二级学科。这样,马克思主义理论一级学科、二级学科和其他专业中与马克思主义有关的学科,就共同组成了一个系统的学科群。随后,中央党校、中国社科院与各大高校的马克思主义教学研究机构陆续成立,为马克思主义理论学科建设提供了组织保障。

"马克思主义理论研究和建设工程"重点教材

2006年,首部"马克思主义理论研究和建设工程"重点教材《思想道德修养与法律基础》出版。随后,《毛泽东思想和中国特色社会主义理论体系概论》等教材也陆续面世。2010年,工程还按照研究生思政课改革方案编写了《中国特色社会主义理论与实践研究》《中国马克思主义与当代》等教材并逐步投入使用。新的教材成为学校传播马克思主义理论的重要载体。

除了学科体系和教材体系建设之外,马克思主义理论研究和建设工程的其他方面也取得了不俗的成绩。从2004年工程启动到2012年党的十八大召开前夕,工程共成立了160个课题组,3000多名专家学者直接参与,数万名专家学者间接参与,共出版了130多种教材,发表了4000多篇重要的理论文章,培养了7万多名教学科研骨干。

马克思主义理论研究和建设工程的重要工作之一是马克思主义经典著作编译和基本观点研究工作。工程专门成立了马克思主义经典作家重点著作译文审核和修订课题组,集中各方力量,展开学术攻关。2009年底,10卷本《马克思恩格斯文集》和5卷本《列宁专题文集》两部皇皇巨著出版。

2009 年出版的《马克思恩格斯文集》10 卷本 　　2009 年出版的
　　　　　　　　　　　　　　　　　　　　　　　　　《列宁专题文集》5 卷本

工程在马克思主义基本观点研究方面的成果也不遑多让。在马克思主义经典著作基本观点研究课题组的领导下,工程以庖丁解牛的精神,把马克思主义经典作家的基本观点大致分为18个方面,分别成立了18个子课题组。全国200多位顶尖专家汇聚在一起,对经典著作基本观点展开深入的研究。这些研究成果在教材编写、理论宣传、重大课题研究以及理论武装和教学科研等工作中被广泛应用,为马克思主义传播夯实了根基,特别是为阐明"四个分清"(即分清哪些是必须长期坚持的马克思主义基本原理,哪些是需要结合新的实际加以丰富发展的理论判断,哪些是必须破除的对马克思主义错误的、教条式的理解,哪些是必须澄清的附加在马克思主义名下的错误观点)作出了重大贡献。

除了在理论上建树颇丰之外,工程还在实践中大展身手。进入新千年,我国经济社会发展愈加迅速,但各种问题也在发展中频频暴露。这些时代之问需要科学理论来回答。为此,从 2004 年工程启动到 2012 年党的十八大召开,工程组织专家队伍深入考察中国特色社会主义建设实践,确立了一大批重点课题,在关乎国计民生的重点领域展开研究,取得了一系列成果。中共中央、国务院的众多重要政策背后都有着工程专家的汗水和心血。

理论研究既要深入,也要普及。为此,工程专家们一边潜心研究,一边不断向干部群众传播最新的研究成果。针对干部群众关心的理论和现实问题,工程编写了一系列通俗理论读物,力图对这些问题进行生动活泼、深入浅出的解答。2005 年,工程连续组织编写出版了《干部群众关心的 25 个理论问题》《理论热点 18 题》《理论热点面对面·2005》等系列通俗理论读物。这些读物直面现实,轻松有趣,广大干部群众十分喜爱。之后,工程总结经验,每年出版一本《理论热点面对面》,该书连续多年名列"全国优秀通俗理论读物"榜首。工程还与相关单位合作制作《复兴之路》《旗帜》等多部既有深度又通俗易懂的电视理论专题片,深受干部群众欢迎。

面对社会舆论中各种质疑和怀疑马克思主义的"杂音",工程勇敢承担了正本清源、捍卫主流话语的使命,组织专家学者发表了一批重点文章,推出了《中国特色社会主义理论体系学习读本》《科学发展观学习读本》《社会主义核心价值体系学习读本》《六个"为什么"——对几个重大问题的回答》《划清"四个重大界限"学习读本》等系列理论学习读本,为民众答疑解惑,也有力地回击了社会上的种种声音。

工程在完成各项重要工作过程中,始终与培育人才相结合。一大批理论人才在承担工程的各项任务中得到了锻炼,逐渐成长为马克思主义研究与传播的"顶梁柱"。工程还在中央和地方举办哲学社会科学教学科研骨干研修班,培养出了数万名优秀的教学科研人才,将理论宣传的种子播向全国各地。工程放眼国内外,积极组织工程专家进行国情世情调研,在"请进来""走出去"中加深了工程专家对国情世情的认识,极大促进了理论研究和对外交流工作。

2. 经典编研添新颜

（1）经典编纂出新篇

2004年4月,《马克思恩格斯文集》《列宁专题文集》这两部文集作为马克思主义理论研究和建设工程的重点项目正式启动。在文集编译过程中,中央工程咨询委员会多次召开会议提出宝贵意见和建议。参与编译工作的专家们更是呕心沥血,夜以继日,历时5年多,让这两部选文精准、内容完整、体例新颖、结构严谨、译文权威准确的巨著得以面世。

可以说,这两部文集是新千年马克思主义发展史上的扛鼎之作。为什么这么说呢？先来看《马克思恩格斯文集》。这部巨著有以下特点:一是选文精准、内容完整,既全面反映经典作家的思想体系,又充分体现马克思主义与时俱进的理论品格,覆盖了马克思和恩格斯在各个时期的代表性著作和各领域的经典论述;二是体例新颖、结构严谨,既反映经典作家理论创造的历程,又突出重点著作的地位;三是精心修订译文、认真统一译名,既忠于原著又明白晓畅。考证严谨,内容翔实。此外,为了更加体现时代特点和理论深度,《马克思恩格斯文集》还重新编写了全部著作的题注,增加了对重点著作中译本的介绍,有助于广大读者更好地理解这些著作在中国的传播情况。

《列宁专题文集》也不遑多让。《列宁专题文集》的编纂首先兼顾了列宁的理论贡献和干部群众的实际需要,用全新的编辑思路和框架结构编纂全文。其次是将文献选编与重要论述摘编相结合,从60卷《列宁全集》中精挑细选出115篇最具代表性的著作,同时从未收的著作中摘选与本专题有关的重要论述,编成《重要论述摘编》。这种形式兼顾了列宁思想的系统完整和收文"少而精"的原则,成为《列宁专题文集》的重大优势。最后是丰富的资料和全新的题注,让读者更好地掌握文集各篇著作的主旨。

5年多的辛勤工作在2009年底终于有了成果,两部文集正式出版。《马克思恩格斯文集》正文约580万字,各种资料约190万字,总字数约

770 万字。《列宁专题文集》正文约 120 万字,各种资料约 30 万字,总字数约 150 万字。站在前人的肩膀上,这两部文集的编译具有鲜明的时代特色、实践品格和创新意识。两部文集的出版是马克思主义理论研究和建设工程的重大成果,为学习研究马克思、恩格斯、列宁的重要著作提供了更加准确、权威的译本。两部文集面世之后,屡获大奖,广受好评和肯定,发行量也很大。

在文集工作的基础上,中央编译局又编译出版《马克思恩格斯选集》第 3 版和《列宁选集》第 3 版修订版。两部选集在继承两部文集特点的基础上又进行了一定的充实和完善,于 2012 年 9 月正式出版。中央编译局还在最新编译成果的基础上出版了一套《马列主义经典作家文库》,内容涵盖马克思主义哲学、政治经济学和科学社会主义各个领域。

(2) 经典研究结硕果

中央理论工程在马克思主义经典著作基本观点研究上的丰硕成果也凝聚着研究人员的大量心血。为完成这项重点工作,中央编译局从全国抽调人才,成立了由 20 多位国内有影响力的专家学者组成的总课题组,共同负责对全部子课题的业务指导。"马克思主义经典著作基本观点研究"总课题下设 18 个子课题,分别由来自中央编译局、中国社科院、中央党校、《求是》杂志社、北京大学、中国人民大学、武汉大学、国防大学等单位的专家学者负责。随着研究工作的日益深入,更多马克思主义理论研究专家参与到工程中来,最后共计有来自全国 40 多个科研机构、高等院校、政府部门的 200 多名专家学者参与了这项课题研究。

依照不同的工作主题,马克思主义经典著作基本观点研究课题组的工作分为 3 个阶段。第一阶段从 2004 年 7 月到 2005 年底,18 个子课题组围绕"马克思主义经典作家的基本观点"展开研究;第二阶段从 2006 年初到 2007 年上半年,各子课题组围绕"中外学者关于马克思主义经典作家的基本观点的不同认识"展开研究;第三阶段从 2007 年下半年开始,在系统梳理"马克思主义经典作家的基本观点"和"中外学者关于马克思主义经典作家的基本观点的不同认识"的基础上,根据当代中国和世界的实际,提出课题组自己的观点,历经多次严格审核,形成最终成果。课题组还在2004年创办了"全国马克思主义论坛",2006年创办了"全国社会主义论坛"。两大论坛和各子课题组举办的各类国内外学术研讨会为充分调动和有效整合全社会的理论资源、促进国内外马克思主义理论研究的互动、推进马克思主义基本观点研究作出了巨大贡献。

功夫不负有心人,扎实的工作带来了累累硕果。2004年到2012年的8年间,课题组共出版论著200余部,在《人民日报》、《求是》杂志、《光明日报》、《学习时报》等报刊上发表文章200余篇,在《中国社会科学》《哲学研究》《马克思主义与现实》《马克思主义研究》等期刊上发表文章1500多篇。其中,许多研究成果被《新华文摘》《报刊文摘》《人大复印报刊资料》等转载。课题组还组织出版了11辑《马克思主义研究论丛》、8辑《全国马克思主义论坛丛书》、2辑《马克思主义经典著作基本观点研究参考丛书》。课题组还在国内外完成了多项调研工作,撰写了数十份调研报告,为中共中央、国务院的相关决策提供了有力的支撑。此外,课题组还在中央有关部门的邀请下就马克思主义基本理论、中国特色社会主义理论、科学发展观、国外马克思主义、社会主义民主政治等重大理论和现实问题进行多次专题演讲,并主动参与马克思主义经典著作普及工作和中国化马克思主义最新成果的宣传工作。

在开展学术研究的过程中,课题组坚持"育天下英才",培养了一支优秀的马克思主义研究的中青年队伍。课题组的200多名成员中,有一半以上是青年学者,涉及哲学、政治学、经济学、社会学、历史学、军事学等近10个学科领域。如今,这批青年学者已经逐渐成为各专业领域的学术骨干。

3. 高校马院大发展

(1)"05方案"初出炉

思想政治理论课是高校马克思主义理论教育的主渠道与主阵地,一直备受各方关注。在1985年至1987年间形成的马克思主义理论课和思想品德课即"两课"课程体系(简称"85方案")和1998年经党中央研究同意的新"两课"课程体系(简称"98方案")的基础上,2005年党中央批准建立高校思想政治理论课程体系。这一历史性方案为高校马院的发展翻开了新的一页。

"05方案"的出台经历了充分的酝酿和准备。进入新千年,党中央敏锐地意识到国际国内形势的深刻变化以及由此带来的大学生的理想信念、道德观念、心理状态和价值取向上的深刻变化,着手推动"两课"内容以及教学实践的改革。2004年8月26日,中共中央、国务院颁布了《关于进一步加强和改进大学生思想政治教育的意见》。2005年3月2日,中共中央宣传部、教育部联合下发了《〈关于进一步加强和改进高等学校思想政治理论课的意见〉实施方案》。于是,新一轮高校思想政治理论课改革和建设正式启动。

"05方案"把握时代脉搏,将"98方案"的7门思想政治课合并为"马克思主义基本原理概论""毛泽东思想和中国特色社会主义理论体系概论""中国近现代史纲要""思想道德修养与法律基础"4门课,另开设了"形势与政策"必修课和"当代世界经济与政治"选修课。这套高校思政课的逻辑体系更加合理,更加科学和系统化;内容更加精炼,课程内容之间的重复以及与中小学政治课内容的重复显著减少。同时,硕士、博士研究生的思政课改革也迅速跟上。2010年下发的中共中央宣传部、教育部《关于高等学校研究生思想政治理论课课程设置调整的意见》中规定,硕士研究生需必修"中国特色社会主义理论与实践研究"课,选修"自然辩证法概论"课或"马克思主义与社会科学方法论"课;博士研究生需必修"中国马克思主义与当代"课,可选修"马克思主义经典著作选读"课。这样,高校思想政治理论课的内容更加完善,更具有时代性。

(2) 教材师资齐开花

新课程的实施依赖于高质量的教材。在推进课程改革的同时,高等学校思想政治理论课教学大纲和教材编写作为重点项目被纳入马克思主义理论研究和建设工程。通过各方面的共同努力,"马克思主义基本原理概论""毛泽东思想和中国特色社会主义理论体系概论""中国近现代史纲要""思想道德修养与法律基础"4本教材的编写工作于2007年上半年全部完成,教材质量得到了广大师生的一致好评。

马克思主义理论一级学科的设立为高校思想政治教育工作开辟了新的天地。2005年12月23日,国务院学位委员会、教育部发出《关于调整增设马克思主义理论一级学科及所属二级学科的通知》,增设马克思主义理论一级学科及所属二级学科。在2008年增设"中国近现代史基本问题研究"二级学科之后,马克思主义理论一级学科及所属6个二级学科(包括马克思主义基本原理、马克思主义发展史、马克思主义中国化研究、国外马克思主义研究、思想政治教育、中国近现代史基本问题研究)正式确定下来。

马克思主义理论一级学科的设立让高校思想政治理论课教学与研究有了更大平台,高校思想政治教育队伍建设的相关工作迅速跟上。各高校在中宣部、教育部的指导下,纷纷成立马克思主义学院,并逐步培养了一大批优秀的高校思政课教育人才,充分保障大学生思想政治教育的教学和科研工作。

经过多年的艰苦努力,"05方案"终于开花结果,在学科建设、教材建设、队伍建设、教学方法创新等方面都有了突破性的进展。马克思主义理论一级学科博士点、一级学科硕士点,以及二级学科学位点都获得很好的发展,还有很多高校设置了博士后科研流动站。越来越多的思想政治理论课教师树立起马克思主义理论学科意识,在教学和科研工作中取得了长足的进步。全国高校思想政治理论课教育教学数据库得以建立,包含基本教材、配套教材、辅导教材和电子音像类教材的立体化教材体系基本建立,全面覆盖了师生多方面的教学需求。通过开展全员培训、骨干培训、继续教育与学历教育、社会实践等方式,高校思想政治理论课教师队伍无论在数量上还是在质量上都有了重大提升。在具体教学工作中,广大思政课教师集思广益,积极进行教学方法创新,教学的针对性、实效性和吸引力、感染力不断提升。整个高校思政课教学体系走上了良性发展的快车道。

4. 理论大众化更向前

中国共产党自创立以来就一直致力于推进马克思主义大众化工作。为了让广大干部群众能够理解、掌握马克思主义基本原理,学深悟透马克思主义中国化的最新理论成果,各地"八仙过海,各显神通",推动马克思主义理论大众化在 21 世纪迈上了一个新台阶。

各地大力开发已有的爱国主义教育场馆资源和红色旅游景点资源,设立马克思主义传播场馆并免费向公众开放。以中央编译局"马克思主义传播史展览馆"为代表的一批优秀的马克思主义大众化场馆涌现出来,吸引了众多国内外人士前来参观学习。

北京、山东、四川、云南、新疆、江苏、湖北等地纷纷开设了马克思主义大众化研究基地和培训中心,依托自身特色,组织编写出版一系列理论著作和通俗读物,培养了一批马克思主义大众化的骨干人才。各地的研究基地和培训中心还面向百姓展开广泛的宣讲工作,组织大学生进行以理论宣讲为主题的实践活动,让马克思主义理论不断深入广大干部群众的生活之中。

全国各地还积极探索各种形式的马克思主义大众化活动,其中具有代表性的有北京市的百姓宣讲活动、苏州市平江区的"百课下基层"活动以及北京高校的思想政治教育活动。以北京市的百姓宣讲活动为例,从 2009 年开始,北京市每年都开展不同主题的百姓宣讲活动,每年举办的宣讲次数从 2009 年的 200 多场到 2012 年的 3000 多场,受众达数百万人次。到 2012 年,北京市各行各业组建了 500 多支百姓宣讲团,有上万名百姓宣讲员,宣讲活动起到了良好的效果。通过这些丰富多彩的活动,马克思主义大众化工作取得累累硕果。

十五、新时代新思想

党的十八大以来,中国特色社会主义进入新时代,新时代孕育出新思想。习近平新时代中国特色社会主义思想创立、《习近平谈治国理政》出版等,标志着马克思主义在中国的传播和创新发展进入崭新阶段。同时,中央马克思主义理论研究和建设工程开始实施第二个十年计划,马克思主义经典著作编译研究出版工作不断推进,高校马克思主义学院及马克思主义理论学科建设稳步向前,党中央高度重视思政课教师队伍培养,着力推进思政课大中小学一体化,马克思主义大众化依托新兴媒体平台绽放出时代魅力,马克思主义在中国日益深入人心。

1. 新时代催生新理论

党的十八大以来,习近平总书记站在世界发展潮流和我国现代化建设长远发展的战略高度,多次强调马克思主义是我们立党立国的根本指导思想,并就如何加强和巩固马克思主义在我国意识形态领域的指导地位作出一系列重要指示,极大推进了新时代马克思主义在中国的传播和发展。

(1) 新时代中国共产党人的马克思主义观

党的十八大以来,习近平总书记围绕学习和运用马克思主义、推进马克思主义中国化时代化作出一系列重要论述,从各个方面阐明了新时代中国共产党人的马克思主义观。

2018 年 5 月 4 日,党中央在人民大会堂隆重举行纪念马克思诞辰

200 周年大会,习近平总书记在大会上作重要讲话,明确宣示了中国共产党人对马克思主义科学真理的坚定信念,集中阐述了中国共产党人 21 世纪的马克思主义观。

讲话回顾了自 1848 年《共产党宣言》发表以来 170 年马克思主义、世界社会主义、人类文明发展跌宕起伏而又波澜壮阔的历史画卷,高度评价了马克思的丰功伟绩,科学总结了马克思主义发展的历史经验,并面向未来,擘画了 21 世纪马克思主义发展的美好蓝图,同时向世界宣示了 21 世纪中国共产党人开辟崭新境界、推进历史前进的昂扬斗志、广阔胸怀和坚定信念。

讲话向世界宣示:马克思是可敬的,马克思主义是可信的;中国共产党人是马克思主义的忠诚信奉者和坚定实践者;当代中国共产党人不仅要为中国人民谋幸福,也要为世界人民谋福祉;对待科学的理论必须有科学态度,不能搞教条主义。

讲话集中回答了什么是马克思主义、在新的历史条件下为什么要坚持和发展马克思主义、怎样坚持和发展马克思主义等重大理论问题,在一系列问题上深化了对马克思主义的认识,回答了国内外在这些问题上的重大关切。

讲话强调,在新时代,要从 9 个方面学好和用好马克思主义基本理论。一是要学习和实践马克思主义关于人类社会发展规律的思想;二是要学习和实践马克思主义关于坚守人民立场的思想;三是要学习和实践马克思主义关于生产力和生产关系的思想;四是要学习和实践马克思主义关于人民民主的思想;五是要学习和实践马克思主义关于文化建设的思想;六是要学习和实践马克思主义关于社会建设的思想;七是要学习和实践马克思主义关于人与自然关系的思想;八是要学习和实践马克思主义关于世界历史的思想;九是要学习和实践马克思主义关于马克思主义政党建设的思想。

这 9 个方面有着内在联系,贯穿其中的一个核心思想方法就是"带着问题学、联系实际学",也就是以我们正在做的事情为中心来学习和运用马克思主义。这既给我们提出了学习马克思主义的任务,又为我们提供了运用马克思主义的方法。

（2）新实践产生新思想

党的十八大以来,以习近平同志为核心的党中央领导中国特色社会主义建设取得了全方位的、开创性的历史性成就,解决了许多长期想解决而没有解决的难题,办成了许多过去想办而没有办成的大事。

这一时期,党的全面领导得到充分体现,党在革命性锻造中更加坚强;我国的经济建设取得重大成就,稳居世界第二大经济体;脱贫攻坚工作取得重大胜利;我国的综合国力、国际影响力和人民的获得感、幸福感、安全感得到极大增强;全面深化改革取得重大突破,蹄疾步稳推进全面深化改革,大力拓展改革广度和深度;政治建设取得突出成就,全过程人民民主深入发展;民主法治建设迈出重大步伐,中国特色社会主义法治体系日益完善,全社会法治观念明显增强;思想文化建设取得重大进展,人民的文化自信明显增强;社会建设全方位提升,人民生活不断改善;生态文明建设成效显著;强军兴军开创新局面;国家安全得到全面加强;"一国两制"和推进祖国统一工作取得新进展;全方位外交布局深入展开;全面从严治党成效显著,党员干部的政治意识、大局意识、核心意识、看齐意识不断增强,党领导中国特色社会主义现代化建设的能力全面提高。

党的十九大明确指出,我国社会主要矛盾已经转化为人民日益增长的美好生活需要和不平衡不充分的发展之间的矛盾。经过 40 多年改革开放的充分发展,当前我国社会生产力总体显著提高,诸多方面迈入世界前列。人民生活水平不断提高,向往美好生活的愿望更加强烈,除物质生活上的更高要求外,在民主、法治、公平、正义、安全、环境等方面要求同步增长。当前影响人们满足美好生活需要的因素主要是发展不平衡不充分的问题。因此,必须解决好此问题,在继续发展的基础上大力提升发展质量与效益,更好满足人民美好生活的需要,推动人与社会的全面进步。

面对新时代新任务,以及广大人民群众的新期待,以习近平同志为主要代表的中国共产党人,坚持把马克思主义基本原理同中国具体实际相结合、同中华优秀传统文化相结合,坚持毛泽东思想、邓小平理论、"三个代表"重要思想、科学发展观,深刻总结并充分运用党成立以来的历史经验,对关系新时代党和国家事业发展的一系列重大理论和实践问题进行了深邃思考和科学判断,就新时代坚持和发展什么样的中国特色社会主义、怎样坚持和发展中国特色社会主义,建设什么样的社会主义现代化强国、怎样建设社会主义现代化强国,建设什么样的长期执政的马克思主义政党、怎样建设长期执政的马克思主义政党等重大时代课题,提出一系列原创性的治国理政新理念新思想新战略,创立了习近平新时代中国特色社会主义思想。这一崭新思想是当代中国马克思主义、21世纪马克思主义,是中华文化和中国精神的时代精华,实现了马克思主义中国化新的飞跃。

坚持和发展中国特色社会主义,是改革开放以来我们党全部理论和实践的鲜明主题,也是习近平新时代中国特色社会主义思想的核心要义。"十个明确"是习近平新时代中国特色社会主义思想最重要、最核心的内容。第一,明确中国特色社会主义最本质的特征是中国共产党领导,中国特色社会主义制度的最大优势是中国共产党领导,中国共产党是最高政治领导力量,全党必须增强"四个意识"、坚定"四个自信"、做到"两个维护";第二,明确坚持和发展中国特色社会主义,总任务是实现社会主义现代化和中华民族伟大复兴,在全面建成小康社会的基础上,分两步走在本世纪中叶建成富强民主文明和谐美丽的社会主义现代化强国,以中国式现代化推进中华民族伟大复兴;第三,明确新时代我国社会主要矛盾是人民日益增长的美好生活需要和不平衡不充分的发展之间的矛盾,必须坚持以人民为中心的发展思想,发展全过程人民民主,推进人的全面发展、全体人民共同富裕取得更为明显的实质性进展;第四,明确中国特色社会主义事业总体布局是经济建设、政治建设、文化建设、社会建设、生态文明建设五位一体,战略布局是全面建设社会主义现代化国家、全面深化改革、全面依法治国、全面从严治党四个全面;第五,明确全面深化改革总目标是完善和发展中国特色社会主义制度、推进国家治理体系和治理能力现代化;第六,明确全面推进依法治国总目标是建设中国特色社会主义法治体系、建设社会主义法治国家;第七,明确必须坚持和完善社会主义基本经济制度,使市场在资源配置中起决定性作用,更好发挥政府作用,把握新发展阶段,贯彻创新、协调、绿色、开放、共享的新发展理念,加快构建以国内大循环为主体、国内国际双循环相互促进的新发展格局,推动高质量发展,统筹发展和安全;第八,明确党在新时代的强军目标是建设一支听党指挥、能打胜仗、作风优良的人民军队,把人民军队建设成为世界一流军队;第九,明确中国特色大国外交要服务民族复兴、促进人类进步,推动建设新型国际关系,推动构建人类命运共同体;第十,明确全面从严治党的战略方针,提出新时代党的建设总要求,全面推进党的政治建设、思想建设、组织建设、作风建设、纪律建设,把制度建设贯穿其中,深入推进反腐败斗争,落实管党治党政治责任,以伟大自我革命引领伟大社会革命。这些战略思想和创新理念,是党对中国特色社会主义建设规律认识深化和理论创新的重大成果。

习近平新时代中国特色社会主义思想很好地回答了新时代怎样坚持和发展中国特色社会主义,由此形成了新时代中国特色社会主义建设的基本方略。对此,党的十九大概括为"十四个坚持":坚持党对一切工作的领导,坚持以人民为中心,坚持全面深化改革,坚持新发展理念,坚持人民当家作主,坚持全面依法治国,坚持社会主义核心价值体系,坚持在发展中保障和改善民生,坚持人与自然和谐共生,坚持总体国家安全观,坚持党对人民军队的绝对领导,坚持"一国两制"和推进祖国统一,坚持推动构建人类命运共同体,坚持全面从严治党。

习近平新时代中国特色社会主义思想,是新时代中国共产党的思想旗帜,是我们国家政治生活和社会生活的根本指针,是当代中国马克思主义、21世纪马克思主义,为实现中华民族伟大复兴提供了行动指南。党的十九大把习近平新时代中国特色社会主义思想确立为党必须长期坚持的指导思想并写入党章,十三届全国人大一次会议把这一重要思想载入宪法,实现了党和国家指导思想的与时俱进。

(3)《习近平谈治国理政》第一至四卷出版

习近平总书记是习近平新时代中国特色社会主义思想的主要创立

者。党的十八大以来,在领导全党全国人民推进党和国家事业的实践中,习近平总书记以马克思主义政治家、理论家的深刻洞察力、敏锐判断力和战略定力,提出了一系列原创性的新理念新思想新战略,为习近平新时代中国特色社会主义思想的创立发挥了决定性作用、作出了决定性贡献。习近平总书记作为我们党和国家的最高领导人,围绕治国理政发表了大量讲话,提出了许多新思想、新观点、新论断,深刻回答了新的历史条件下党和国家发展的重大理论和现实问题,集中展示了以习近平同志为核心的党中央的治国理念和执政方略。

国际社会越来越多地把目光投向中国、聚焦中国。当代中国将发生什么变化,发展的中国将给世界带来什么影响,越来越成为国际社会广泛关注的问题。

为推动全党全社会学习贯彻习近平新时代中国特色社会主义思想,也为回应国际社会关切,增进国际社会对中国发展理念、发展道路、内外政策的认识和理解,中央和国家有关部门陆续编辑出版了《习近平谈治国理政》4卷。

《习近平谈治国理政》第一卷于2014年10月出版发行。书中收入的是习近平总书记在2012年11月15日至2014年6月13日这段时间内的重要著作,共有讲话、谈话、演讲、答问、批示、贺信等79篇。该书出版后,受到国内外读者的广泛关注和好评。应广大读者需要,2018年1月对本卷进行再版。

此后的3年多时间里,习近平总书记发表一系列重要讲话,深刻回答了一系列方向性、根本性、全局性、战略性重大问题,使党的创新理论更加丰富、更加系统。经党中央批准,中共中央宣传部会同原中共中央文献研究室、中国外文局,编辑了《习近平谈治国理政》第二卷。该书于2017年11月出版,收入了习近平总书记在2014年8月18日至2017年9月29日期间的讲话、谈话、演讲、批示、贺电等99篇。第二卷生动记录了以习近平同志为核心的党中央团结带领全党全国各族人民在新时代坚持和发展中国特色社会主义的伟大实践,集中反映了习近平新时代中国特色社会主义思想的发展脉络和主要内容。

党的十九大以来,习近平总书记在领导推进新时代治国理政的实践中,又发表一系列重要论述,提出许多具有原创性、时代性、指导性的重大思想观点,进一步丰富和发展了党的理论创新成果。经党中央批准,中共中央宣传部(国务院新闻办公室)会同中央党史和文献研究院、中国外文局,编辑了《习近平谈治国理政》第三卷。该书于 2020 年 6 月出版,收入了习近平总书记在 2017 年 10 月 18 日至 2020 年 1 月 13 日期间的报告、讲话、谈话、演讲、指示、批示、贺信等 92 篇。第三卷生动记录了党的十九大以来以习近平同志为核心的党中央,着眼中华民族伟大复兴战略全局和世界百年未有之大变局,不忘初心、牢记使命,统揽伟大斗争、伟大工程、伟大事业、伟大梦想,团结带领全党全军全国各族人民推动党和国家各项事业取得新的重大进展的伟大实践,集中展示了马克思主义中国化的最新成果,充分体现了我们党为推动构建人类命运共同体贡献的智慧方案,是全面系统反映习近平新时代中国特色社会主义思想的权威著作。

《习近平谈治国理政》第一至三卷出版以来,在宣传党的创新理论、激扬人民奋斗实践、展示中国良好形象方面发挥了重要作用。两年多来,习近平总书记在领导党和人民应变局、开新局的伟大实践中,对关系党和国家事业发展的一系列重大理论和实践问题进行新的深邃思考和科学判断,提出一系列原创性的治国理政新理念新思想新战略,进一步科学回答了中国之问、世界之问、人民之问、时代之问。经党中央批准,中共中央宣传部(国务院新闻办公室)会同中共中央党史和文献研究院、中国外文出版发行事业局,编辑了《习近平谈治国理政》第四卷。该书于 2022 年 6 月出版,收入了习近平总书记在 2020 年 2 月 3 日至 2022 年 5 月 10 日期间的重要著作,共有讲话、谈话、演讲、致辞、指示、贺信等 109 篇。第四卷生动记录了以习近平同志为核心的党中央,面对百年变局和世纪疫情相互叠加的复杂局面,面对世所罕见、史所罕见的风险挑战,统筹国内国际两个大局,统筹疫情防控和经济社会发展,统筹发展和安全,团结带领全党全国各族人民在中华大地上全面建成小康社会、开启全面建设社会主义现代化国家新征程的伟大实践,集中展现了马克思主义中国化时代化的最新成果,充分体现了我们党对构建人类命运共同体、共建美好世界的最新贡献,是全面系统反映习近平新时代中国特色社会主义思想开辟新境界、实现新飞跃的权威著作。

《习近平谈治国理政》第一至四卷的出版发行,受到国际社会的高度关注和广泛好评。目前,这些著作已出版 42 个语种,发行覆盖全球 180 多个国家和地区。许多国家的知名出版机构纷纷与我国合作翻译出版当地语种版本。

(4)《习近平著作选读》第一、二卷出版

党的十八大以来,以习近平同志为主要代表的中国共产党人,坚持把马克思主义基本原理同中国具体实际相结合、同中华优秀传统文化相结合,科学回答了新时代坚持和发展什么样的中国特色社会主义、怎样坚持和发展中国特色社会主义等重大时代课题,创立了习近平新时代中国特色社会主义思想。习近平总书记作为党中央的核心、全党的核心,是习近平新时代中国特色社会主义思想的主要创立者。习近平新时代中国特色社会主义思想是当代中国马克思主义、21 世纪马克思主义,是中华文化和中国精神的时代精华,实现了马克思主义中国化时代化新的飞跃。2022 年 5 月,党中央作出编辑出版《习近平著作选读》的重大决定。2023 年 4 月,《习近平著作选读》第一、二卷由人民出版社出版发行,这是党和国家政治生活中的一件大事,具有重大而深远的意义。

《习近平著作选读》以习近平总书记在中国共产党第二十次全国代表大会上的报告《高举中国特色社会主义伟大旗帜,为全面建设社会主义现代化国家而团结奋斗》为开卷篇,其他著作按时间顺序编排。第一卷收入的是习近平总书记在 2012 年 11 月至 2017 年 10 月这段时间内的重要著作,共有讲话、演讲、指示、批示、训令等 71 篇。第二卷收入的是习近平总书记在 2017 年 10 月至 2022 年 10 月这段时间内的重要著作,共有报告、讲话、谈话、演讲、指示等 75 篇。部分著作是第一次公开发表。

《习近平著作选读》第一、二卷,生动记录了以习近平同志为核心的党中央团结带领全党全国各族人民进行伟大斗争、建设伟大工程、推进伟

大事业、实现伟大梦想,推动党和国家事业取得历史性成就、发生历史性变革,开创中国特色社会主义新时代的历史进程,科学总结了我们党领导人民如期全面建成小康社会,迈上全面建设社会主义现代化国家新征程,以中国式现代化推进中华民族伟大复兴的宝贵经验,集中反映了我们党坚持把马克思主义基本原理同中国具体实际相结合、同中华优秀传统文化相结合,推进马克思主义中国化时代化取得的重大理论创新成果,是全党全国各族人民深入学习贯彻习近平新时代中国特色社会主义思想的权威教材。

此外,中共中央党史和文献研究院等部门还编辑出版了习近平总书记的一系列重要论述摘编。其中包括《习近平关于实现中华民族伟大复兴的中国梦论述摘编》《习近平关于党的群众路线教育实践活动论述摘编》《习近平关于全面深化改革论述摘编》《习近平关于全面依法治国论述摘编》《习近平关于协调推进"四个全面"战略布局论述摘编》《习近平关于党风廉政建设和反腐败斗争论述摘编》《习近平关于严明党的纪律和规矩论述摘编》《习近平关于青少年和共青团工作论述摘编》《习近平关于科技创新论述摘编》《习近平关于全面建成小康社会论述摘编》《习近平关于社会主义经济建设论述摘编》《习近平关于社会主义政治建设论述摘编》《习近平关于社会主义文化建设论述摘编》《习近平关于社会主义社会建设论述摘编》《习近平关于社会主义生态文明建设论述摘编》《习近平关于中国特色大国外交论述摘编》《习近平扶贫论述摘编》《习近平关于总体国家安全观论述摘编》《习近平关于依规治党论述摘编》《习近平关于"不忘初心、牢记使命"论述摘编》《习近平关于防范风险挑战、应对突发事件论述摘编》《习近平关于网络强国论述摘编》《习近平关于尊重和保障人权论述摘编》《习近平关于全面从严治党论述摘编》等。其中,《习近平关于实现中华民族伟大复兴的中国梦论述摘编》《习近平关于统筹疫情防控和经济社会发展重要论述选编》《习近平关于尊重和保障人权论述摘编》等出版了英文版或多语种版本。所有这些文献文本都是马克思主义中国化的最新理论成果,需要认真学习研究和贯彻落实。

2. 经典编译新阶段

中央马克思主义理论研究和建设工程自 2014 年正式进入第二阶段。马克思主义经典著作的编译和出版工作仍然是中央工程的重要内容之一。

2004 年,中央马克思主义理论研究和建设工程启动之后,中央编译局作为国内编译马克思主义经典著作的权威且唯一的专门机构,在这方面发挥了无可替代的重要作用。面对新时代新任务,中央编译局提出了建构和完善种类齐全、形式多样的马克思主义经典著作版本体系,作为我国经典著作编译工作的一个基本目标。党的十八大之前,以 10 卷本的《马克思恩格斯文集》和 5 卷本的《列宁专题文集》为代表的一大批新版经典著作中译本陆续出版。

党的十八大之后,按照中央有关精神和进一步实施马克思主义理论研究和建设工程的具体部署,中央编译局对马克思主义经典著作的编译工作作出了新的安排,即继续抓紧进行《马克思恩格斯全集》中文第 2 版的编译和出版,及时推出《列宁全集》第 2 版增订版,同时组织开展《马克思主义经典作家文库》的编译工作。这些经典著作的编译出版旨在为深入学习和研究马克思列宁主义理论、推进中国特色社会主义事业提供更加完整、丰富、精准、翔实的基础文本。

(1)《马克思恩格斯全集》中文第 2 版

《马克思恩格斯全集》中文第 2 版以第 1 版为基础,依据《马克思恩格斯全集》历史考证版第 2 版(即 MEGA^2)以及德文、英文、俄文等版本重新进行编辑和译校。该版的编译工作开始于 1986 年,预计编译 70 卷,均由人民出版社出版。在党的十八大之前,已经编译出版 19 卷。党的十八大以来,继续在以每年 2 卷左右的速度出版,按出版时间先后来看其分别为第 35、14、26、36、49、42、43 卷等,至 2024 年底,总共出版 36 卷。总体上看,该版全集具有收录文献更全面、版本依据更可靠、译文质量更高、结构更合理、资料更充实等特点。

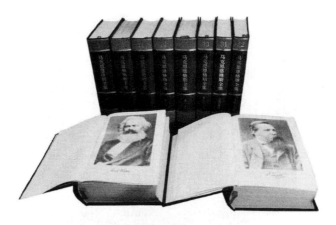

《马克思恩格斯全集》中文第 2 版

（2）《列宁全集》第 2 版增订版

从 2010 年开始，中央编译局对《列宁全集》中文第 2 版进行修订，由人民出版社出版《列宁全集》中文第 2 版增订版（简称"增订版"）。增订版是马克思主义理论研究和建设工程的重点项目。

至 2017 年 3 月，增订版 60 卷全部出齐。同年 9 月 26 日，在俄国十月革命胜利 100 周年前夕，"十月革命与中国特色社会主义"理论研讨会在京举行，研讨会举行了《列宁全集》中文第 2 版增订版首发式。时任中宣部部长刘奇葆在讲话中指出，在十月革命 100 周年前夕出版最新版的《列宁全集》，是对十月革命的隆重礼敬。这套全集为深刻理解把握马克思列宁主义提供了权威翔实的文本依据，也是指导我们研究认识十月革命最可靠的文献。

增订版除增补以往未曾收录的部分文稿外，还根据近年来的新成果对相关译文进行重新审核和修订。《列宁全集》第 2 版出版后，中央编译局又将新发现的列宁文献编为《列宁全集补遗》两卷。这次增订时，从《列宁全集补遗》辑录的文献中精选了 44 篇，按时间顺序分别编入《列宁全集》第 2 版的相应卷次，总计约 20 万字。经过增订，整部文集总字数达3300 多万字。此外，增订版全面校订了《列宁全集》第 2 版正文和注释中出现的马克思恩格斯著作引文，修订和勘正了第 2 版各卷译文中存在的

《列宁全集》中文第 2 版增订版

有关问题,修订和充实了中文第 2 版各卷所附资料。

为保持经典著作版本的延续性,方便读者学习使用,增订版沿用《列宁全集》第 2 版的编辑体例和技术规格,全部 60 卷分为三大部分:第 1—43 卷为著作卷,第 44—53 卷为书信卷,第 54—60 卷为笔记卷。各卷正文前面刊有编辑凡例和编者前言,正文后面附有注释、人名索引、文献索引和列宁生平大事年表。

(3)《马克思主义经典作家文库》编译出版

为了适应马克思主义中国化、时代化、大众化不断推进的形势,满足广大读者多层次的需求,中央编译局编译专家总结了历史经验,考察了国内外出版的有关读本,吸收了理论界提出的宝贵建议,精选马克思、恩格斯和列宁的重要著述,陆续编辑出版《马克思主义经典作家文库》。该《文库》是马克思、恩格斯、列宁著作普及读本,与国内外同类读本相比,具有如下特点:种类更加齐全、选材更加丰富、译文更加准确、编排更加新颖。辑录的文献分为三个系列:一是著作单行本,收录经典作家撰写的独立成书的重要著作;二是专题选编本,收录经典作家集中论述有关问题的短篇著作和论著节选;三是要论摘编本,辑录经典作家对有关专题的论述,按逻辑结构进行编排。

这些新编译成果的推出,进一步丰富和完善了我国的马克思主义经典著作版本体系,更好地适应了广大党员干部、青年学生和群众学习、研究和传播马克思主义理论的需要。

3. 课程思政大改观

我国普通高等院校肩负着学习、研究和宣传马克思主义,培养中国特色社会主义事业建设者和接班人的重大任务。高校马克思主义教育即思想政治教育工作,关系高校培养什么样的人、如何培养人以及为谁培养人这个根本问题。因此,抓好高校马克思主义教育,事关国家意识形态安全大局,事关中国特色社会主义伟大事业后继有人,事关中华民族伟大复兴中国梦的实现。

党的十八大以来,党中央及相关部门对高校马克思主义教育工作的重视进一步加强,出台一系列旨在加强这一工作的文件,多次召开相关重要会议,采取各种政策措施推进这一工作。高校马克思主义学院建设、马克思主义理论学科发展、马克思主义理论课师资队伍建设、思政课大中小学一体化建设、马克思主义相关研究基地及平台建设均取得较大进展。

(1) 高校马院大发展

建设高校马克思主义学院是新形势下深化马克思主义理论研究和宣传教育、加强党的思想理论工作的重要抓手。2015年1月,中共中央办公厅、国务院办公厅印发《关于进一步加强和改进新形势下高校宣传思想工作的意见》明确提出,要重点建设一批有示范意义的马克思主义学院。同年7月,中共中央宣传部、教育部联合印发的《普通高校思想政治理论课建设体系创新计划》进一步提出将"实施重点马克思主义学院建设工程,建设一批集马克思主义理论学习教育、研究宣传、人才培养于一体的高水平马克思主义学院,使之成为办好高校思想政治理论课的坚强战斗堡垒"的要求。这两份指导性文件的印发,为新时代高校重点马克思主义学院建设指明了方向。

截至目前,已公布3批全国重点马克思主义学院名单,所属大学共有37所。第一批:北京大学、清华大学、中国人民大学、南开大学、吉林大学、复旦大学、山东大学、武汉大学、兰州大学。第二批:北京师范大学、大连理工大学、东北师范大学、华东师范大学、南京大学、浙江大学、福建师范大学、郑州大学、中山大学、四川大学、西安交通大学、新疆师范大学。第三批:首都师范大学、天津师范大学、河北师范大学、辽宁大学、哈尔滨师范大学、同济大学、南京师范大学、安徽师范大学、江西师范大学、山东师范大学、华中师范大学、湖南大学、华南师范大学、广西师范大学、西南大学、贵州师范大学。

党和国家对全国各个大学马克思主义学院的建设以及马克思主义理论学科的发展给予了大力支持,一些省、区、市顺势吹响建设本地重点马克思主义学院的号角,有些省市陆续确定本省市重点马克思主义学院名单,或以省校共建等形式推动马克思主义学院的深入发展。

(2) 思政课再添新动力

2019年3月18日,党中央专门召开学校思想政治理论课教师座谈会,习近平总书记在座谈会上作了重要讲话,就办好思政课的重大意义、办好思政课中教师队伍的关键地位、推动思政课改革创新、加强党对思政课建设的领导4个议题,从我国发展的全局高度规划思政课建设,为思政课建设强基固本指明方向。我国各级各类学校的思政课程面貌为之一新。

办好思政课意义重大。中国共产党历来重视思政课建设,革命年代就在红军大学、苏维埃大学、抗日军政大学、陕北公学等高校乃至边区中学、解放区小学开设相关课程;新中国成立后,强调中高等学校政治理论课的任务是用马克思列宁主义、毛泽东思想武装青年,更凸显出党对思政课的重视程度;改革开放后,先后出台过十几个指导学校思想政治工作的文件,不断推动思政课建设发展。当前,世界正处于百年未有之大变局,要把我国建设成社会主义现代化强国,需要一代又一代优秀的接班人和建设者,所以,必须站在中华民族伟大复兴的高度看待思政课建设的重要性。要培养优秀的社会主义接班人,必须让青年接受优秀的社会主义教育,拥护社会主义制度和道路。因此,思政课的好坏就极大影响着党和国家的前途命运,其意义至关重大。

办好思想政治理论课的关键在教师。"经师易求,人师难得"。想要讲好思政课难度很高,特别需要调动思政课老师的积极性、主动性和创造性。思政课教师应具备以下基本素养:政治要强,思政课是解决理想信念问题的,对马克思主义有信仰的人来讲思政课,才能使信仰在学生心里开花结果;情怀要深,思政课要立德树人,只有打动学生,才能引导学生,真情才能感染人;思维要新,客观世界变化多端,要善于利用辩证唯物主义和历史唯物主义的思想武器解决困惑、正面引导;视野要广,不仅要有国际视野、跨学科视野,还要有历史视野,通过史实将道理讲清楚、讲明白;自律要严,思政课教师应严格自我要求,坚持正确的政治方向;人格要正,思政课教师要有堂堂正正的人格,用高尚的人格感染学生、赢得学生。

持续推动思想政治理论课改革创新。思政课的改革创新离不开其思想性、理论性和亲和力、针对性的考量标准,如果思政课没有讲好,那么学生的"到课率""抬头率"势必大打折扣。习近平总书记提出,思政课的改革创新要做到"八个统一"。政治性和学理性相统一,政治引导是思政课的基本功能,不能用学理性弱化政治性。价值性和知识性相统一,思政课重在塑造学生的价值观,要通过满足学生对知识的渴求加强价值观教育。建设性和批判性相统一,思政课的任务是传导主流意识形态,建设性是其根本;同时,彻底的批判精神是马克思主义的本质特征,要敢于同各种错误思潮不断斗争。理论性和实践性相统一,把思政小课堂同社会大课堂结合起来。统一性和多样性相统一,既把统一性要求落实好,又鼓励探索不同方法和路径。主导性和主体性相统一,坚持以学生为中心,发挥学生主体性作用。灌输性和启发性相统一,让学生接受马克思主义,离不开必要的灌输,但这不等于搞填鸭式的"硬灌输",

要注重启发式教育。显性教育和隐性教育相统一,思政课要做思想政治教育的显性课程,也要挖掘其他课程和教学方式中蕴含的思想政治教育资源。

清华大学思政课新形式——慕课

(3) 加强领导是保证

办好思政课,离不开党的坚强领导。习近平总书记要求,各级党委要重视思政课建设,形成党委统一领导、党政齐抓共管、有关部门各负其责、全社会协同配合的工作格局。建立起专职为主、专兼结合、数量充足、素质优良的思政课教师队伍,更离不开各级党委特别是学校的统一领导。统筹推进大中小学思政课一体化建设是当前党中央部署的重要工程。党的十八大以来,大中小学思政课一体化建设已经初显成效,但仍待深化发展。习近平总书记曾强调,在大中小学循序渐进、螺旋上升地开设思想政治理论课非常必要,是培养一代又一代社会主义建设者和接班人的重要保障。思政课向内涵式发展要成绩,势必问题导向和目标导向相结合、守正和创新相统一,坚持大中小学纵向主线贯穿、循序渐进,各类课程横向结构合理、功能互补的原则。

4. 理论魅力展新颜

马克思主义大众化是马克思主义在中国传播的必由之路。在实践中,马克思主义大众化既体现在党的政治立场和根本观点上,也体现在理论传播的形式和宣传手段上。党的十八大以来,马克思主义大众化扎实推进,展现出新时代的新气象。

(1) 理论普及更重要

党的十八大报告指出,要推进马克思主义中国化时代化大众化,坚持不懈用中国特色社会主义理论体系武装全党、教育人民。推进马克思主义大众化,就要将人民群众的所思所想、所需所急作为根本出发点和立足点,对人民群众关心的问题用马克思主义理论作出解释、给予指导,使马克思主义成为人民群众的思想武器。

党的十九大报告进一步强调,必须推进马克思主义中国化时代化大众化,建设具有强大凝聚力和引领力的社会主义意识形态,使全体人民在理想信念、价值理念、道德观念上紧紧团结在一起。要加强理论武装,推动习近平新时代中国特色社会主义思想深入人心。

这些重要论述为马克思主义大众化工作的组织领导提供了政治保障,为有关部门开展具体工作和加强队伍建设、将马克思主义大众化不断落到实处奠定了思想基础。与此同时,党中央在先后召开的全国宣传思想工作会议、文艺工作座谈会、新闻舆论工作座谈会、网络安全和信息化工作座谈会、哲学社会科学工作座谈会、高校思想政治工作会议等会议上,对推进马克思主义中国化时代化大众化的重要意义作出论述,对如何进一步推进提出了明确要求。

(2) 形式多样效果好

马克思主义大众化的核心任务就是将马克思主义理论普及开来,本质上是将马克思主义理论与人民群众的实践活动结合起来,一方面采取群众容易接受的形式深入浅出地宣传马克思主义深刻的道理,让受众如沐春风、倍感亲切,坚定科学理想信念,形成社会思想共识,使理论变成强大的思想武器;另一方面就是要及时将人民群众在实践中形成的感性认识升华为系统的理论,使党的理论切实反映民意,合乎群众需求。最关键的就是要让广大人民群众掌握马克思主义的基本立场、观点和方法,并学会用这些立场、观点和方法来分析问题、解决问题。要实现这些目标,最根本的就是要持续扎实地推进马克思主义理论在社会大众,尤其是普通党员、干部职工和青年人当中的普及,就是要坚持不懈地用通俗易懂、喜闻乐见、易于接受的方式宣传马克思的伟大人格、伟大思想和崇高追求,从而让更多的人敬仰马克思、追随马克思。为推动马克思主义理论普及工作进一步落实落细,近年来开展了多样化的理论普及活动,在举办主题展览和大型纪念活动、开办讲堂和论坛、面向大众编写通俗类图书、制作电视节目和影视剧、网络理论教育平台搭建等方面均取得新成绩。

策划主题活动与展览日益活跃。借助重大节日、纪念日或历史节点策划纪念活动、举办主题展览是推进马克思主义大众化的重要途径。党的十八大以来,对马克思主义大众化起到重要推动作用的纪念活动和主题展览主要有马克思诞辰 200 周年暨《共产党宣言》发表 170 周年、恩格斯诞辰 195 周年、抗日战争暨世界反法西斯战争胜利 70 周年、改革开放40 周年等。其中在北京举行的纪念活动和主题展览较有代表性。

开办讲座或举行宣讲活动形式多样。通过讲座或宣讲活动的方式,在群众当中传播马克思主义理论知识,宣传党的思想、路线、方针和政策,是以往推进马克思主义大众化的常规动作,也是实践证明行之有效的方式。每一次全国党代会召开之后,这样的活动在全国各地就会掀起一次新高潮,各有关部门都会参与其中,党的十八大、十九大召开后,全国掀起学习与宣讲热潮。特别是党的十九大召开后,从中央到各省市纷纷以宣讲团或集中授课、讲座等方式学习贯彻习近平新时代中国特色社会主义思想,党的指导思想和方针政策随着宣传普及不断向基层拓展。

通俗类图书出版丰富多彩。新时代以来,马克思主义基本原理大众化读物的代表性成果可以说是中宣部理论局组织马克思主义理论研究和建设工程专家编写的《马克思主义哲学十讲（党员干部读本）》和《世界社会主义五百年（党员干部读本）》。此外，还出版了具有时代特点的、深受青年读者喜爱的理论普及读物——《马克思靠谱》等。中国化马克思主义大众化通俗读物也不断问世，党的十八大、十九大召开后，为了帮助广大党员、干部、群众深入学习贯彻会议精神，中央有关方面组织人员迅速编写出版了《十八大报告辅导读本》《十八大报告辅导百问》《十九大报告辅导读本》《十九大报告辅导百问》等辅导读物，由党建读物出版社、学习出版社出版。同时，"理论热点面对面系列读本"继续每年出版一本，自出版以来已成为中国马克思主义大众化通俗理论读物市场的响亮品牌，发行量巨大。

广电影视作品不断涌现。由于影视作品传播范围广、可视性可接受性远超其他媒介形式，愈来愈受到重视，成为马克思主义理论大众化的重要载体。近些年来，在社会上产生良好效果的这类电视节目，主要有中宣部理论局、江苏省委宣传部、江苏省广播电视总台联合制作的通俗理论对话节目《马克思是对的》，内蒙古自治区党委宣传部策划、内蒙古广播电视台制作的电视读书节目《开卷有理》第一季《马克思靠谱》，中央电视台播出的大型政论专题片《法治中国》《大国外交》《将改革进行到底》《巡视利剑》《一抓到底正风纪》等，这些纪录片与影视剧播出后，在社会上产生了很大反响，好评如潮。

网络理论教育平台搭建成效显著。当前移动传播、分众传播的趋势不断增强，手机等移动端设备成为当下主要的媒介使用选择，网络延伸到何处，理论普及和理论教育就应该做到何处。借助新媒体的技术优势，不少新兴网络理论教育平台搭建起来，如微信公众号"学习小组""侠客岛"分析时政局势、解读大政方针，推送文章赢得群众好评。共青团中央进驻哔哩哔哩，主动向青年群体作正面宣传，弘扬网络正能量。"学习强国"平台，日均阅读量已达到 10 亿人次，成为时下最具影响力的网络理论教育移动应用平台。

党的十八大以来，马克思主义理论魅力在大宣传格局当中得以展现，全方位、多层次、宽领域地全面推进马克思主义在中国的传播走向纵深。实践是检验真理的唯一标准,新时代中国特色社会主义道路必将持续推动马克思主义中国化时代化大众化,在中华民族伟大复兴征程上不断焕发真理的光彩。

十六、军事理论经典百年

马克思主义中国传播史上，军事理论的研究和发展是重要组成部分，本章将对马克思主义军事理论在中国的传播作专题介绍。由于近代中国有着救亡图存的历史要求，马克思主义军事理论在中国得到了广泛传播。在此基础上，中国共产党人创造性转化、创新性发展了马克思列宁主义军事理论，赢得了新民主主义革命的胜利，并在不断续写中华民族伟大复兴的壮丽篇章。

1. 革命时期重点传播

近代中国屡遭列强侵略，军阀混战，民不聊生，无数仁人志士都在寻找救亡图存的道路，意图挽狂澜于既倒，扶大厦之将倾。因此，马克思主义军事理论亦被翻译引介进入中国，其中有早期民主革命者的开创之功，但真正具有代表性质的译介成果还是中国共产党人不懈努力的结果。

（1）早期传播奠基础

译介军事理论的先锋人物当属资产阶级民主革命者朱执信。1905年11月，朱执信在《民报》第2号上发表《德意志社会革命家小传》，集中介绍了马克思主义基本内容，包括《共产党宣言》的一些思想观点。暴力革命及阶级斗争学说作为马克思主义军事理论的核心内容被他高度赞扬。在他看来，马克思主张阶级斗争是社会主义运动所要求的，阶级斗争是社会主义运动的手段，根本目的在于为人类谋福利。但由于中国资产阶级的软弱性，包括孙中山、朱执信在内的有识之士并没有自觉用马克思主义军事理论来指导革命。

十月革命之后,特别是五四运动时期,以李大钊、陈独秀、瞿秋白等为代表的早期中国共产党人开始自觉运用马克思主义军事理论作为革命武器并主动予以传播。他们主要围绕着涉及军事理论的阶级斗争学说来探索适合中国革命的方式和道路。

李大钊对马克思列宁主义军事理论的研究始于中国共产党建立前,主要表现在《新青年》《每日评论》等刊发的系列文章上。其中《庶民的胜利》《布尔什维主义的胜利》两篇文章刊登在 1918 年 11 月 15 日的《新青年》第 5 卷第 5 号上;《阶级竞争与互助》刊登在 1919 年 7 月 6 日的《每周评论》第 29 号上;《我的马克思主义观》刊登在 1919 年 5 月、11 月的《新青年》第 6 卷第 5、6 号上。这些理论文章综合运用唯物史观,系统阐述阶级斗争学说,并且热情歌颂了列宁领导俄国十月革命的胜利,借以比照中国革命现实特点,将马克思列宁主义当中论述帝国主义战争、暴力革命以及军队建设等部分加以突出。

陈独秀同样关注阶级斗争学说。他的演讲稿《社会主义批评》被刊载于 1921 年 1 月 15 日的《广东群报》上。在演讲中陈独秀主要论述资本主义与军国主义的必然联系,以列宁《帝国主义论》作为理论支撑,阐明资本主义与共产主义主张的明确区别,提出“阶级战争的观念确是中国人应该发达的了”。而后,陈独秀利用其作主编的《新青年》杂志,在 1922 年 7 月 1 日第 9 卷第 6 号上发表了《马克思学说》一文,对马克思恩格斯经典著作《共产党宣言》《法兰西内战》《哥达纲领批判》加以介绍,并阐述“劳工专政”思想。

瞿秋白是中国共产党在马克思主义军事理论传播史上的重要人物。十月革命后他受国内报纸委托任旅俄特约通讯员,期间他热情洋溢地向国内介绍俄国革命以及列宁主义,并且深入研究暴力革命思想和列宁的军事实践。他于 1927 年 7 月和 12 月撰写的《俄国资产阶级革命与农民问题》《武装暴动的问题》等文章,点出中国革命需要武装革命和群众运动的结合,并且中国革命不同于苏俄革命,这些认识十分可贵。

不过,早期中国共产党人对于军事理论的了解和研究还处于起步阶段,没有能够真正探索出适合中国革命的武装斗争道路。最终完成这一历史任务,还是在中国共产党成立之后。

（2）大量传播显神威

中国共产党成立后,马克思主义军事理论的传播才真正有计划、大规模开展起来。1924 年,在中国共产党人的倡议下黄埔军校成立。列宁领导苏俄红军的政治工作制度在黄埔军校施行,周恩来任政治部主任。黄埔军校走出了一大批著名将领,如叶剑英、陈毅、聂荣臻、徐向前等都曾是黄埔军校的教职员工或者学员。第一次国内革命战争时期,中国共产党先后选派朱德、李立三、张闻天、刘少奇、王稼祥、邓小平、李富春、王若飞等人到苏联的东方劳动者共产主义大学和莫斯科中山大学学习。另派刘伯承、聂荣臻、左权、叶挺、叶剑英、萧劲光等军事领导人,进入莫斯科军事学院和伏龙芝军事学院,学习马克思主义军事理论。这些中国共产党人对马克思主义军事理论在中国的传播发挥了重要作用。

在第二次国内革命战争和抗日战争时期,马克思主义军事理论的传播取得了新的重大进展。在中央苏区革命根据地,党的报刊非常注意译载介绍马克思主义的军事著作。当时发行量达几万份的苏区中央局机关报《斗争》杂志,在 1933 年 12 月至 1934 年 1 月的第 40、41 期上发表了《列宁论游击战争》的文章,有力促进了马克思主义军事理论的传播与研究。1936 年,三大主力红军长征到达陕北以后,党中央和毛泽东高度重视马克思主义军事理论著作的学习和研究。1938 年,中央军委决定把学习和研究马克思主义军事理论作为高级军事干部的必修课目。1938 年 5 月 5 日,马列学院在延安成立,专门设立编译部,负责马列主义著作的编辑和翻译工作,其重要任务之一就是翻译马克思恩格斯列宁斯大林军事著作和编辑"抗日战争参考丛书"。

为更好地完成编译恩格斯等军事著作的任务,中央军委专门抽调了一些懂外文的同志,建立了由曾涌泉领导的军委编译处,这是我党历史上第一个专门翻译马列主义军事著作的机构。军委编译处最早译出的是由焦敏之翻译的恩格斯的《冲锋》和《军队论》(即《攻击》和《军队》),以及曹汀翻译、何思敬校对的恩格斯的《1870—1871 年普法战争》等。这些文献陆续由《八路军军政杂志》发表。从 1939 年至 1941 年，八路军军政杂志社还先后出版了《恩格斯军事论文选集》第 1 册、《列宁读〈战争论〉的笔记》以及《马克思列宁主义论战争与军队》等书。

在出版马列著作中译本方面，莫斯科外文出版局做了不少工作。抗战时期以及解放战争时期，莫斯科外文出版局出版了不少马列军事著作，特别是 1944 年出版了《马恩列斯论游击战争》等，对我军建设影响很大。

毛泽东在延安时期，十分重视结合中国革命战争的实际来研究马克思主义军事理论著作。他倡议并组织成立了军事研究委员会、抗战研究委员会、克劳塞维茨《战争论》研究会和新哲学研究会。这些研究机构的成立和研究活动的开展，有力地促进了马克思主义军事学说的传播和发展。

（3）毛泽东军事思想结硕果

毛泽东军事思想是马克思主义军事理论中国化的智慧结晶，更是结合中国国情发展马克思主义军事理论的典范。毛泽东军事思想肇始于井冈山革命斗争时期，发展于土地革命时期，成熟于抗日战争时期，完善于解放战争和新中国国防建设时期。

在领导革命斗争的艰苦环境中，毛泽东坚持对马克思主义基本理论的研究，并根据实际斗争情况不断发展适合中国革命的军事理论，探索在半殖民地半封建的落后农业大国的条件下中国革命战争的特殊规律。毛泽东军事思想包含了一系列重要论述，在军队纪律、军队作风、军队素质、指挥艺术、战略战术、备战备荒、军民关系、军队现代化等问题上有着奠基性贡献。在八七会议上，毛泽东作出"枪杆子里面出政权"的著名论断，并提出中国革命的任务必须以武装斗争的方式来解决。秋收起义失败后，经过文家市决策和三湾改编，毛泽东逐步地创造性地提出了农村包围城市、武装夺取政权的革命路线，并提出"我们的原则是党指挥枪""支部建在连上""政治工作是革命军队的生命线"，真正实现党从政治上、组织上对军队的绝对领导。他强调，我们党领导的军队是人民的军队，"没有一个人民的军队,便没有人民的一切","军民团结如一人,试看天下谁能敌",正是在毛泽东带领下,人民军队取得人类战争史上少有的军事连胜,从小到大、从弱到强,留下了彪炳史册的军事佳话和军事思想。就连我们的敌人都无不感叹:毛主席用兵真如神!

2. 建设时期系统传播

新中国成立后,国防建设迫切需要先进的军事理论作为指导。中共中央和中央军委特别重视马克思主义军事理论的研究和发展,因此建设时期军事理论被大量译介并系统研究。

(1)系统翻译军事经典

恩格斯是被公认的无产阶级军事家,新中国成立之初马克思主义军事著作中最重要的译本就是 1956 年曹汀根据苏联出版的《恩格斯军事论文选集》翻译的多卷本《恩格斯军事论文选集》,共 6 个分册,前后次序由译者曹汀根据论文性质排列。1951 年 6 月,人民出版社还曾根据八路军军政杂志社 1940 年 12 月延安版修订重印了恩格斯的《暴力在历史中的作用》一书。另外,由于马克思恩格斯曾为《纽约每日论坛报》撰写关于印度民族解放起义的文章,根据反复比对翻译出版《论印度民族解放起义:1857—1859 年》文集。

列宁与斯大林军事著作译介也取得一定成就。列宁特别关注克劳塞维茨著作当中的"特殊哲学思维方法",留下了大量阅读笔记,充分记录了列宁的军事思想探索轨迹。1949 年,三联书店出版了《战争论笔记》;1951 年 3 月,中国人民解放军总参谋部军训部翻印了由八路军军政杂志社出版、八路军抗日战争研究会编译处编的《列宁读〈战争论〉的笔记》;1960 年,军事科学院出版了《克劳塞维茨〈战争论〉一书摘录和批注》。十月革命胜利后,斯大林十分关注中国革命问题,形成了一系列军事理论成果,1949 年,新华书店出版了他的《论中国革命》。

20 世纪 50—60 年代,军事理论的学习研究和传播热潮到来,我军更

《马克思恩格斯军事文选》3 卷本

加重视用马克思主义军事理论武装头脑。刘伯承、叶剑英、许光达等众多将领先后多次强调马克思主义军事理论的思想价值。1959 年,应中央军委要求军队高级干部学习马克思恩格斯列宁斯大林军事著作的要求,军事科学院专门翻译编撰了《马克思恩格斯军事文选》(3 卷本,内收军事文章 306 篇,约 150 万字)和《列宁斯大林军事文选》(单卷本,内收军事文章 132 篇,约 53.6 万字)两部著作,成为我党我军学习马克思主义军事理论的重要教材。与此同时,《马克思恩格斯列宁斯大林军事著

作选读辅导材料》《马克思恩格斯列宁斯大林军事文摘》等辅导学习材料也相继问世。

20 世纪 60 年代后期到 70 年代,由于开展"文化大革命",军事理论的研究和传播受到极大干扰。即使如此,仍然有一定的突出成果涌现。例如,1972 年,为适应全军指战员系统学习马克思主义军事理论的需要,军事科学院编印《马克思恩格斯列宁斯大林军事文选》,约 30 万字,共收录了马克思恩格斯列宁斯大林有关军事方面的文章 58 篇,按照文章的写作或发表时间的先后顺序编排,大部分是全文,一部分是摘录。该文选直到 1976 年粉碎"四人帮"之后的 1977 年才由中国人民解放军战士出版社出版发行,1991 年 2 月再版。

(2)深入研究军事思想

除以上传播军事理论的专门著作外,建设时期相关研究的脚步也未曾停歇,成果丰硕。其中,较为突出的翻译成果有:《马克思论北美内战》(《文史哲》1952 年 3 月号),《马克思论 1857 年印度人民起义》(天津《大公报》1953 年 3 月 12 日),《马克思论第二次鸦片战争》(上下)(《文史哲》1953 年 5、6 月号),恩格斯的《1848 年 6 月起义》(《史学译丛》1956

年7月号）,马克思的《印度的起义》（《民族问题译丛》1958年第1期）,
列宁的《论战争与和平》（《前进》1960年第4、5期）,等等。

发表数量更为庞大的是关于马恩列斯军事著作的学习体会以及对于
其中若干观点的论述文章。这些文章大多围绕马克思恩格斯的《反杜林
论》《法德农民问题》《法兰西内战》《1848—1850年的法兰西阶级斗争》
《德国农民问题》《路易·波拿巴的雾月十八日》以及列宁的《国家与革
命》《帝国主义论》《无产阶级革命的军事纲领》《无产阶级革命和叛徒考
茨基》等著作展开研究。相关研究大多聚焦于帝国主义制度是现代战争
的根源、战争与和平、暴力革命论等观点。"文化大革命"时期,研究则转
而向无产阶级革命和无产阶级专政等主题靠拢,这是当时政治需要的
反映。

纵观建设时期军事理论的发展,可以看到其系统传播的主要特征:一
是政权初立,面对波谲云诡的国内外形势,国防建设迫切需要科学的军事
理论作为指导思想;二是军队建制化体系化后,逐渐组织起专门力量和专
业队伍负责马克思主义军事理论的译介传播任务;三是传播渠道已经畅
通,军事理论的传播能够以系统化的方式展开。最为重要的是,经过革命
斗争实践的检验,充分证明马克思主义及其中国化的军事理论是科学有
效的,是指导中国革命取得胜利的伟大思想武器。

3. 改革时期研究深化

进入改革时期,我国军事理论研究以前所未有的势头迎来了自身的
大发展,广度和深度远超从前。国防和军队现代化建设更是要求军事理
论研究全面、系统、深入,力求全方位发展。

（1）军事经典编译更加系统

中国军事科学院作为马克思主义军事理论的传播中心,在改革开放
后着力突破20世纪60年代编著《马克思恩格斯列宁斯大林军事文选》的
范畴。中央编译局给予军事科学院大力协助,使其在资料供给、翻译校对

等方面拥有了更为广阔的理论视野。1981—1982 年,军事科学院先后出版了《马克思恩格斯军事文集》(5 卷本)、《列宁军事文集》、《斯大林军事文集》,极大丰富了马克思主义军事理论在中国传播的著作宝库。《马克思恩格斯军事文集》(5 卷本)主要收录了马恩关于战争的产生与消灭、战争与经济的关系、战争与政治的关系、无产阶级在战争与革命问题上的理论策略、无产阶级和被压迫人民建立武装组织发动武装起义进行武装斗争的主要思想以及战略战术的基本原理等内容。其中的部分著作直接译自外文资料,具有突出的学术价值和时代意义。

《列宁军事文集》和《斯大林军事文集》除了收录列宁、斯大林关于战争、军队和军事学术等方面的基本论述外,特别注意与《列宁全集》(俄文第 5 版)以及《斯大林选集》等权威著作进行比照校正,发现未曾收录的散佚篇目则直接由外文转译,因此,从军事理论传播的角度来看,这些编译成果凝结着一代人的辛勤付出和不懈努力。由于以上 3 部著作体量较大,为便于读者迅速掌握马克思主义军事理论的精髓,1983 年出版了《马克思恩格斯列宁斯大林军事文摘》。以问题为导向,建构起较为完整的马克思主义军事理论体系,是这部军事文摘的典型特征。党的十六大以来,中央高度重视马克思主义经典著作的出版。中央马克思主义理论研究和建设工程中经典作家关于军事问题的基本观点研究,由国防大学和军事科学院联合承担研究任务。先后出版了《马克思恩格斯列宁斯大林军事问题基本观点论述摘编》《中外关于马克思恩格斯列宁斯大林军事理论研究》等。

(2)军事理论研究日益深入

20 世纪 80 年代之前,限于军事理论基本著作译介的不足,国内马克思主义军事理论系统研究还不够。最初以研究原著起步,用内部资料的方式加以刊发,原中国人民解放军军事学院训练部于 1980 年编写了《马克思恩格斯列宁斯大林十九篇军事著作简要介绍》《马克思恩格斯列宁斯大林军事著作学习参考资料——大事年表》《马克思恩格斯列宁斯大林十九篇军事著作附图》等。

其后,理论层面的探讨渐次深入,主要分为总体研究和专门研究两类。总体研究的标志性成果有《马克思恩格斯列宁斯大林军事思想简论》《马列主义军事理论研究》《马克思恩格斯军事理论研究》《马克思主义军事哲学史》等。专门研究的标志性成果有《列宁军事思想初探》《列宁斯大林军事思想》《恩格斯军事年谱》《论无产阶级军事科学的基石》《列宁军事思想简介》等。新世纪新形势下随着信息化战争的到来,马克思主义军事理论面临更多亟待回答的新问题,传统军事理论面临新考验。高科技力量成为决定战争成败的重要因素,如何进一步发掘军事理论的独特价值成为新课题。经过辛勤工作,《马克思主义军事理论著作选读》《马克思主义战争观与当代战争》《马克思主义军事理论的当代价值》《中国军事科学全书·马恩列斯军事理论(中文2版)》《马克思恩格斯军事思想新论》等一批代表著作完成,标志着国内马克思主义军事理论研究迈上新台阶。他山之石,可以攻玉。结合学习需要,当时也集中翻译了一批苏联社会主义国家马克思主义军事理论的研究成果,客观上拓展了人们对军事理论认知视野的宽度和广度。

(3) 军事思想与时俱进

1979年,邓小平访美期间坚定表态:中国永远站在被压迫被侵略的国家和民族一边,反对霸权主义的侵略和奴役。言出必行,在处理国际关系中,我们始终坚定捍卫国际和平与稳定。香港回归谈判期间,时任英国首相撒切尔夫人想就香港驻军问题同邓小平商议,邓小平斩钉截铁地说,中国政府有权在香港驻军,并且一定要在香港驻军。1984年4月,邓小平在审阅外交部《关于同英国外交大臣就香港问题会谈方案的请示》报告上批示:"在港驻军一条必须坚持,不能让步"。作为全军统帅,邓小平面向未来思考人民军队现代化建设问题,处理好军队建设和经济建设关系,由此开辟出中国特色精兵之路。邓小平深刻认识到未来战争条件下,数量规模型军队一定会被质量效能型军队所替代。在他的领导下,20世纪80年代中期,中国人民解放军迎来建军以来最大规模的百万大裁军,一举完成对军队的精简整编历史任务。所有这些,都极大丰富和发展了中国化的马克思主义军事理论,有力推动了中国军事实践的发展。

4. 新军事理论大发展

历史告诉人们,国家的和平发展离不开强大的军事实力作保障,强国梦就是强军梦。当前,世界正处于百年未有之大变局,新时代呼唤新军事理论。习近平强军思想正是在这样的背景下形成的。

(1) 学习经典不放松

党的十八大以来,习近平总书记多次强调,领导干部特别是高级干部要把系统掌握马克思主义基本理论作为看家本领。对于军队干部而言,当然也要学习马克思主义的军事理论。为适应时代要求,中国军事科学院等单位的专家在系统编辑马克思主义经典作家军事著作的同时,组织编写并出版了编排精当、质量上乘的马克思主义经典军事著作的选编本和选读本,如《马克思主义经典作家论军事》《马克思主义经典军事著作选读》等,为读者了解并掌握马克思主义军事理论提供了权威性、系统性、适读性皆备的文本材料。

同时,新时代军事理论的教学与研究同样取得长足进步。军事科学院、国防大学以及其他军事院校始终将马克思主义军事理论课作为学员培养和教师进修的必备课程。有些院校还成立了专门的研究机构并且组织专题研究班,着力推进理论创新。各种军事研究杂志纷纷展开讨论和笔谈,刊发聚焦理论探讨的文章。马克思主义军事理论当中的战争观、战争的经济与政治学说、战争与科技、战争与和平以及战略战术策略等成为学术研究的前沿方向。在研究内容上,既注重原著研读,又注重联系实际,致力于从整体上解决当前的军事问题;在研究方法上,力求突破以往较单一的方法路径,形成既依托原著又结合实践、既立足军事又打开视野、既考虑政治经济又注重文化科技的全方位、多层次、宽领域的研究态势。

（2）新时代强军理论谱新篇

党的十八大以来，以习近平同志为核心的党中央高度重视军事理论和实践的发展，结合新时代国内外形势的变化，提出了一系列加强人民军队建设的思想，形成了习近平强军思想。

习近平强军思想立足于新时代党治军强军的成就，是历史、理论与实践相统一的时代结晶。近代中国军事孱弱、被动挨打，唯有中国共产党团结带领全国各族人民，领导人民军队展开艰苦卓绝的斗争，取得一个又一个胜利，中华民族伟大复兴的历史进程才有了保障。当前经济全球化进中有缓，国际力量此消彼长、分化组合，呈现纷繁复杂的世界格局。随着中国跃居世界第二大经济体，日益走近国际舞台的中心，承担越来越多的大国责任，西方一些大国不愿看到中国的发展，同时，"台独"势力与西方反华势力沆瀣一气，对我国主权安全造成威胁。在此关键时期，夯实强大的国防军事实力是历史的必然。

习近平强军思想对马克思主义军事理论作出了独创性的历史贡献。在党的十九大报告中，习近平总书记明确提出国防和军队建设进入新时代，这就准确判断了我国军事发展的历史方位，为我们党谋划军事发展、制定军事政策锚定了实践基点和理论前提。由此，习近平强军思想科学回答了人民军队从何出发、去向何处的时代之问，强调指出，强国必须强军、军强才能国安，必须建设同我国国际地位相称、同国家安全和发展利益相适应的巩固国防和强大人民军队；明确提出了党在新时代的强军目标，这就是建设一支听党指挥、能打胜仗、作风优良的人民军队，到二○二七年实现建军一百年奋斗目标，到二○三五年基本实现国防和军队现代化，到本世纪中叶全面建成世界一流军队，实现国防和军队现代化。这就为人民军队的长远发展绘制了蓝图。习近平总书记还强调，坚持党对人民军队的绝对领导，并将这一条列入新时代中国特色社会主义十四项基本方略之中；在党的十九届四中全会上，又列入推进国家治理体系和治理能力现代化建设，进行一体谋划、通盘考量。

"不谋全局者不足谋一域，不谋万世者不足谋一时。"习近平强军思想为人民军队提出了一系列系统性、全局性、根本性的要求。党的十八大以来,习近平总书记强调把人民军队战斗力作为根本标准,由此,切中和平积弊的要害,集中清理了军队当中影响战斗力生成的障碍;主抓实战化演练、摔打历练部队;指挥领导体制、规模结构和力量编成、军事政策制度三大改革依次推进,重塑再造人民军队;依法从严治军,全面停止军队有偿服务,党中央坚持刀刃向内、自我革命,推动军队正风反腐、刮骨疗毒;果断提出"军民融合"战略,构建军民融合深度发展格局,让激发国防和军队创新动力和激活经济社会的增长活力有机地结合起来,走出一条正确处理军队建设和经济发展关系的新型强军道路。

习近平强军思想是习近平新时代中国特色社会主义思想的"军事篇",科学回答了在世情国情军情深刻变化的时代条件下"建设一支什么样的军队、如何建设人民军队"的时代课题,为全面推进国防和军队现代化、全面建成世界一流军队提供了行动指南,极大丰富和发展了马克思主义的军事理论。

艰难困苦,玉汝于成。马克思主义军事理论在中国的传播发展虽历经百年,仍风华正茂。矢志不渝推动马克思主义军事理论在中国的不断发展和广泛传播,是中国共产党人的政治担当和历史自觉,也是马克思主义军事理论自身科学性、先进性、实践性的生动体现。

十七、经典翻译之国际资源

前面讲述了马克思主义在中国的传播情况,那么要问,这些经典著作的蓝本是什么？这就涉及国际上马恩著作编辑出版史的问题。了解马克思恩格斯著作集在国际上的编辑出版史,可以为认识中文版《马克思恩格斯全集》的编辑出版提供一个广阔的国际背景。

1. 马恩全集国际版

谈及马克思恩格斯的著作集编辑问题,就得从 19 世纪马克思恩格斯在世时讲起。

（1） 恩格斯的合集之梦

19 世纪 50 年代,共产主义者同盟中央委员会成员海尔曼·贝克尔就准备将马克思于 40 年代撰写的一些著述汇集成册,分两卷十分册出版。不幸的是,由于贝克尔被捕,这一套文集刚刚发行了第一分册就流产了。① 直到马克思逝世后,马克思著作的出版事宜才重新提上日程。但是,面对社会各界提出的出版马克思全集的建议,恩格斯却主张暂时以单行本的形式出版马克思的短篇著作。考虑到当时德国当局严格的书报检查令,恩格斯不放心将出版《马克思恩格斯全集》的工作委托给他人,因

---

① 参见 Erich Kundel, Alexander Malysch, "Wissenschaftliche und Methodologische Probleme bei der Herausgabe der MEGA", in *Beiträge zur Marx-Engels-Forschung* 6, Institutfür Marxismus-Leninismus beim Zentralkomitee der SED, Berlin, 1980, S. 7。

而准备在完成《资本论》编辑工作后,亲自着手这项工作;另外,在 1883 年马克思去世后,恩格斯怀着对革命挚友的深切怀念,有意将马克思的著作同他自己的著作合起来出版。如今人们能看到马克思和恩格斯的名字在各版本的文集、选集、全集当中并排出现,都或多或少归功于恩格斯这一点小小的"私心"。

1895 年恩格斯去世后,马克思恩格斯的文献遗产交给了德国社会民主党的考茨基、伯恩施坦等恩格斯遗嘱执行人。根据当时的分工,考茨基负责编辑有关剩余价值理论的手稿,伯恩施坦和倍倍尔负责编辑马克思恩格斯的书信。由于弗兰茨·梅林曾协助恩格斯着手出版马克思和他本人在《莱茵报》上发表的文章,所以恩格斯逝世后,出版马克思恩格斯著作集的任务,便委托给梅林。1902 年,迪茨出版社出版了梅林编辑的著作,书名为《卡·马克思、弗·恩格斯和斐·拉萨尔的著作遗产》①,它是当时人们了解马克思恩格斯 1841 年至 1850 年这一时期原始资料的重要著作集。

值得一提的是,梅林出版这套马克思、恩格斯和拉萨尔的著作集同另一个人的名字连接起来,他就是来自俄国的梁赞诺夫。梁赞诺夫参与翻译出版了这套著作的俄文版,并从此开始了他毕生的事业:收集和编辑马克思恩格斯著作遗产。1907 年至 1917 年间,梁赞诺夫流亡欧洲,在德国社会民主党档案馆等地查阅马克思恩格斯手稿,较早对马克思恩格斯文献遗产作出了整理。自 1914 年起,梁赞诺夫就开始对马克思与恩格斯之间的通信进行照相复制,并取得了复制马克思恩格斯所有手稿和书信的许可及其发表权。截至 1923 年,他已经把这些信件都统统照了个遍。20 世纪 20 年代初,保存在德国社会民主党档案馆的那部分马克思恩格斯著作遗产已做好目录。

但事实上,一直到 20 世纪初,都还没有一套马克思恩格斯著作全集编辑出版。一方面,这是因为德国社会民主党在许多政治观念上同马克

---

① 参见 Aus dem literalischen Nachlaß von Karl Marx, *Friedrich Engels und Ferdinand Lassalle*, Bd. 1-4, Hg. von F. Mehring, Stuttgart, 1902。

思恩格斯有些分歧;另一方面,马克思恩格斯出于理论家的严谨,曾在书信中严厉训斥过一些社会民主党人士,而这些内容很可能被社会民主党人用来相互攻讦,不利于组织工作。但是,这种种顾虑很快就消失了,因为到1913年,马克思生前发表的所有著作的版权保护期均告截止。如果社会民主党再不着手编辑出版马克思恩格斯的著作,那么非社会民主党人就可以无限制地编辑出版马克思恩格斯的书信等,那时候将造成更大的政治压力。这样一来,反而有必要及时采取措施,保证马克思恩格斯的著作在社会民主党人手中编辑出来。

(2) 梁赞诺夫:鞠躬尽瘁,死而后已

1910年12月30日,梁赞诺夫等人在维也纳召开了一次"马克思主义者会议",会议出台了"维也纳出版计划"。它由梁赞诺夫执笔,向德国社会民主党执行委员会提出建议,编辑一套《马克思全集》,并在马克思逝世30周年之际出版,而且是按照恩格斯的想法,将马克思和恩格斯的著作合在一起编辑出版。但德国社会民主党执行委员会并没有对这一计划给予足够的重视,认为它对党而言是否有如此绝对的必要性仍有待商榷,而且这个工程"既耗时耗力又耗费大量资金",出版这样一套全集在当时并不是最为迫切的任务。① 因此,毫无意外地,"维也纳出版计划"搁浅了。

1917年俄国爆发了二月革命,梁赞诺夫返回俄国参加革命,并亲历了列宁所领导的十月革命的胜利。此后,梁赞诺夫继续负责他所熟悉的档案资料管理工作。正是在这个社会主义的新纪元,梁赞诺夫即将受命一项伟大的历史任务。1921年2月初,列宁致信梁赞诺夫问道:"我们有没有希望在莫斯科搜集到马克思和恩格斯发表过的全部材料",这恰恰和梁赞诺夫一直在做的马恩文献搜集整理工作不谋而合。在列宁和苏共中央的高度重视下,1921年,原马克思主义博物馆改组为马克思恩格斯

---

① 参见赵玉兰:《从 MEGA¹ 到 MEGA² 的历程——〈马克思恩格斯全集〉历史考证版的诞生与发展》,中国社会科学出版社2013年版,第31—32页。

研究院,梁赞诺夫任院长,开始大规模搜集、购买马克思恩格斯的著作、书信、手稿等一系列文献。正如梁赞诺夫在 MEGA[1](MEGA 是《马克思恩格斯全集》历史考证版的德文 Marx-Engels-Gesamtausgabe 的缩写)第 1 部分第 1 卷前言中讲到的那样:"苏联共产党意识到它的存在归功于马克思恩格斯的思想,因而它认为自己有义务给予这项事业以一切支持和促进。"[1]

梁赞诺夫

但好景不长,由于共产国际开始奉行极左政策,加剧反社会民主党宣传,德国社会民主党不再对梁赞诺夫搜集、复印马恩的手稿和书信文件开方便之门,也拒绝将马克思著作遗产卖给苏联马克思恩格斯研究院。梁赞诺夫只得另辟蹊径,以德国法兰克福大学社会研究所为中间机构,去谈购买马克思恩格斯书信的事情。说起法兰克福大学社会研究所,这是后来出过霍克海默、阿多诺、马尔库塞、哈贝马斯等重要西方马克思主义学者的一个传奇机构。它的第一任所长叫卡尔·格律恩贝尔格[2],他是梁赞诺夫的老师,这对师生早在 1923 年就达成协议,为筹备出版《马克思恩格斯全集》保持密切合作。1924 年 8 月 20 日,苏联马克思恩格斯研究院同法兰克福大学社会研究所正式签订合作协议,共同筹建马克思恩格斯文献出版有限公司。该出版公司的主要任务是以西方一家出版公司的名义替苏联马克思恩格斯研究院购买马克思恩格斯的文献,出版后者编辑的《马克思恩格斯全集》以及配套性

---

① D. Rjazanov,"Vorwort",in *Marx-Engels-Gesamtausgabe*,Verlagsgesellschaft M. B. H.,Frankfurt a. M.,1927,S.XXVII.

② 参见 Christoph Stamm,"Carl Grünberg" in *Bewahren-Verbreiten-Aufklären*,Hg. von Günter Beser und Michael Schneider,Bonn-Bad Godesberg,2009,SS.92-98。

的研究刊物《社会主义与工人运动史文库》。①

纳粹上台后,德国社会民主党中央陷入流亡境地。加上财政危机,德国社会民主党出于无奈,决定出售马克思恩格斯文献遗产,并同苏共就出售这笔遗产事宜进行会谈,但谈判无果而终。1938 年,这笔文献遗存被卖给了阿姆斯特丹国际社会史研究所,梁赞诺夫搜集马克思恩格斯著作遗产的事业终究未能画上一个完满的句号。

2. MEGA^1、MEGA^{2}之进展

(1) MEGA^{1}的丰功伟绩和遗憾

1924 年 5 月,俄共(布)第十三次代表大会作出决议,要求马恩研究院筹备出版《马克思恩格斯全集》,即后来的俄文第 1 版《马克思恩格斯全集》。但是在实际编辑工作中,梁赞诺夫发现马克思恩格斯的许多手稿、草稿字迹难以辨认,无法直接翻译。于是,1924 年 7 月 7 日,苏共中央决定委托梁赞诺夫进行原文版《马克思恩格斯全集》的编辑出版工作,这就是后来被称为 MEGA^{1}的历史工程。

所谓原文版,就是用马克思恩格斯在写作时使用的语言所编辑成的文献版本。由于马克思恩格斯经常用几种语言写作,所以其文献中有大约 60%是德文,30%多是英文,还有少量的法文等语言文献。用这样的原始文字编辑的著作集有助于后人了解马克思恩格斯写作时的原始情况,所以,这样的原文版又称历史考证版。但是因为梁赞诺夫编辑 MEGA 的工作最终未能顺利完成,后人又重新编辑一套 MEGA,因而前者被称为 MEGA^1,后者被称为 MEGA^2。

MEGA^{1}的内容十分丰富,不仅收录马克思恩格斯已经发表的著作和文章,而且收录他们以手稿形式遗留下来的未经发表的各种文献,甚至包

---

① 参见"Vereinbarung Zwischen der Gesellschaft für Sozialforschung e. V. Frankfurt/M und dem Marx-Engels Institut Moskau (1924)", in *Beiträge zur Marx-Engels-Forschung*, *Neue Folge*, *Sonderband* 1, *Argument Verlag*, Berlin, Hamburg, 1997, SS.46–49。

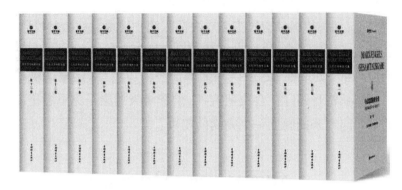

上海辞书出版社 2018 年出版的 MEGA¹

括他们为写作而收集的资料,写下的草稿、提纲、初稿和未完成稿。按照出版计划,MEGA¹分为 3 个部分,共计 40 卷,另加两卷索引卷。MEGA¹之所以分 3 个部分,是因为按照历史考证版全集的编排惯例,书信应当同著作分开编排,各自编排成一个部分。另外,《资本论》是耗费马克思毕生精力的著作,它的写作同其他著作的写作在时间上交织在一起。要突出《资本论》及其手稿自成一体的内容,就无法将它们同其他著作混合在一起按照时间顺序来编排,而必须将它们同其他著作彼此分开编排。因此,"《资本论》及其手稿"单独编排成一个部分。

1927 年,MEGA¹第 1 部分第 1 卷上册在梁赞诺夫等人的努力下终于面世。这部试编本收录了马克思 1844 年以前的著述和笔记,许多首次发表的珍贵文献让世界为之惊叹,一时间无数人把眼光投向了梁赞诺夫领导的马恩研究院。马克思恩格斯遗著中的许多原始文字都是在 MEGA¹中首次发表的,这些首次发表的文献引起了当时各国马克思主义研究学者的广泛讨论。例如,MEGA¹中发表的《德意志意识形态》摘录、马克思同维拉·查苏利奇关于俄国村社制度的通信以及梁赞诺夫为马克思论述中国和印度问题的文章而撰写的导言引发了对亚细亚生产方式的关注。再有,出版《资本论》时,编者同时发表了《资本论》1857 年至 1858 年以及 1861 年至 1863 年的手稿,以便读者能够直接使用原始材料研究马克思恩格斯的思想。另外,梁赞诺夫在编辑和研究马克思恩格斯著作时,特别注意将他们的著述活动同一系列政治事件和政党的发展联系起来,特别是同 19 世纪各国工人运动联系起来,帮助读者更加生动准确地理解马克思的思想内容,避免犯片面性错误。

当然,MEGA¹的编辑也留下了一些遗憾,其中之一是它将著作同笔记混合在一起编排,这样会造成很多误解,仿佛这些笔记是专门为该著作做准备的;事实上它们是许多著作共同的准备材料。这样,将某篇笔记放在某一著作卷中,就给读者留下一种印象,似乎该笔记是该著作卷收录的某部著作的准备工作,而同其他著作的写作联系便不甚密切了,这显然是由于编辑问题引发的误会。另外,MEGA¹在编排马克思恩格斯的著作时,没有严格地采用按时间顺序编排的原则,也没有仅仅按照学科和专题来编排,而是将这两个原则结合起来,以便突出思想发展史。这种想法虽然不错,但客观上使得整个版本缺乏统一的编排原则。

此外,MEGA¹的编辑出版工作是在苏共的直接支持下开展起来的,所以在苏联政局动荡的时候 MEGA¹不可避免地夭折了。随着斯大林开展肃反运动,1931 年,梁赞诺夫被开除党籍,撤销院长职务,在马克思恩格斯研究院工作的外国人员陆续遭到解职和逮捕。①随后,马克思恩格斯研究院与列宁研究院合并,成为马克思恩格斯列宁研究院。该院继续从事 MEGA¹的编辑和出版工作,并试图简化和加快 MEGA¹的工作进程。但事实上,1932—1935 年全力出版梁赞诺夫在任时就已经准备好的卷次之后,MRGA¹的出版活动就基本陷入了停滞。随着第二次世界大战爆发,MEGA¹工作彻底中断。最终 MEGA¹只为人们留下了 12 卷(13 册)的遗产,但它依然在马克思恩格斯经典文献传播史和出版史上写下了光辉的一页。

(2) MEGA²横空出世

第二次世界大战结束后,随着时局逐渐稳定,苏联和东德的学者又开

---

① 参见 Jakov Grigor'evic Rokitjanskij, "Die Säuberung–Übernahme des Rjanzanov Instituts durch Adoravskij", in *Beiträge zur Marx-Engels-Forschung*, *Neue Folge*, *Sonderband 3. Argument Verlag*, Berlin, Hamburg, 2001, SS.13–26。

始发出编辑出版《马克思恩格斯全集》历史考证版的呼声。经过多年的探讨、协商和准备,1964 年 1 月 18 日,德意志民主共和国统一社会党总书记瓦尔特·乌尔布里希致信赫鲁晓夫,准备在马克思逝世 80 周年、德意志民主共和国成立 15 周年之际,着手完整地编辑出版"德国人民最伟大的儿子"的著作遗产。这一提议得到赫鲁晓夫的积极回应。很快,两家马列研究院联合组成编辑委员会,MEGA 工程终于可以再度启动,云开见月。

1965 年 10 月 16 日,编委会在莫斯科召开首次会议。鉴于 MEGA¹的编辑未能尽善尽美,双方达成一致意见,要为新 MEGA 确立新的编辑准则。因为历史考证版既要求收文上的完整性,也要求收录文献上的原始性,所以新版的全集不能再像过去那样仅仅以学习马克思主义经典文献为目的,而要求完整、客观且准确地展示马克思恩格斯著作的整个形成过程,以备学术研究之用。这样,梁赞诺夫主编的 MEGA¹在正文编排和资料配备上积累的经验都已不够。有鉴于此,编委会放弃了继续出版MEGA¹的想法,准备出版全新的 MEGA 版本,即 MEGA²,这一版本预计会出 100 卷左右,①最后确定出版 114 卷。

MEGA²部分图书

---

① 参见 Rolf Dlubek,"Die Entstehung der Zweiten Marx-Engels-Gesamtausgabe im Spannungsfeld von Legistimatorischem Auftrag und Editorischer Sorgfalt", in *MEGA-Studien* 1994/1, Dietz-Verlag,Berlin,1994,SS.67-68。

　　这一版的编辑原则相较于过去版本有了新的要求,值得注意的有这样几点:一是要彻底贯彻当代历史考证版编辑的完整性原则,避免过去主观筛选马克思恩格斯著作的做法,完整地收录马克思恩格斯的所有著作遗产;二是将《全集》分为 4 个部分,除去著作、书信和《资本论》及其手稿以外,还要将笔记、摘录和旁注当作单独的第 4 部分予以编辑和出版;三是最重要的一点,即 MEGA^2 版本非常注重展示文本形成过程,要求整理文本的写作大纲、草稿、手稿、经授权的初次出版物、经授权的后来出版物,完整地再现各个文本形成阶段。这样,MEGA^2 不再执着于编辑一个尽量接近所谓作者原意的最终文本,而是要展示一个从初稿到定稿的文本形成过程,这样,各文本就具有了同样重要的文献意义。

《资本论》德文第 1 版　　　　　　　《资本论》法文第 1 版

　　1975 年秋,MEGA^2 第 1 部分第 1 卷在柏林狄茨出版社正式出版,同时问世的还有第 3 部分第 1 卷。1976 年,第 2 部分第 1 卷和第 4 部分第 1 卷出版发行。[1] 由于最初的卷次编辑起来较为困难,所以截至 20 世纪 80

---

① 参见 Rolf Dlubek,"Die Entstehung der Zweiten Marx-Engels-Gesamtausgabe im Spannungsfeld von Legistimatorischem Auftrag und Editorischer Sorgfalt",in *MEGA-Studien* 1994/1,Dietz-Verlag,Berlin 1994,S.98。

年代初,每年很少能编辑出两卷以上。从 1987 年开始,每年可编辑 3 卷,从 20 世纪 80 年代末开始,每年可编辑 4 卷。截至 1990 年,MEGA² 共出版了 43 卷册。根据这个速度,编委会设想,可于 2010 年完成第 1 部分和第 2 部分,于 2020 年完成第 3 部分和第 4 部分。① 在 MEGA² 的编辑出版工作进展顺利、前景乐观的形势下,苏东剧变突然间打断了 MEGA² 的编辑出版进程。MEGA² 能否浴火重生、再启航程成为一个国际性的问题。

3. 国际马恩基金会

(1) MEGA² 的浴火重生

苏东剧变之后,马克思主义面临着十分严峻的意识形态危机,加上组织机构解散和财政危机,MEGA² 工作不得不中断。但令人意外的是,诸多西方学者并没有因为苏联解体后的舆论否定此项工作的意义,反而更为关心 MEGA² 的工作能否坚持下去。其实这种现象是与西方学术界的一个特殊背景分不开的:实际上,西方人对于如何理解马克思思想同现实社会主义国家的关系,一直有不同意见。一种理解是把苏东剧变视作马克思主义理论破产的表现;另一种理解则在一定程度上将马克思思想同现实社会主义国家的实际情况彼此分开,甚至认为现实社会主义国家背离了马克思主义。在后一种舆论观点的强力影响下,越来越多的人认为马克思思想作为人类思想遗产的一个组成部分,有必要进行保护发掘。国际上要求继续出版 MEGA² 的呼声也日益高涨,日本甚至出现 1521 名学者联名为之请愿的情况。在此背景下,MEGA² 工作又可以进行了,与先前不同的是,要祛除原先带有的意识形态因素,转变成一个所谓"纯学术性"的工程,这也正是西方学者希望看到的局面。

许多国际马克思主义研究机构也在这个过程中扮演了重要角色。

---

① 参见 Rolf Dlubek,"Die Entstehung der Zweiten Marx-Engels-Gesamtausgabe im Spannungsfeld von Legistimatorischem Auftrag und Editorischer Sorgfalt",in *MEGA-Studien* 1994/1,Dietz-Verlag,Berlin,1994,S.99。

1989年底,德国特利尔马克思故居同荷兰阿姆斯特丹国际社会史研究所一道倡议,在改变组织形式这一条件下,将MEGA²的编辑出版工作继续进行下去。两家学术机构就下述两项原则达成了共识:MEGA²的编辑出版工作必须放弃任何政治倾向,通过国际合作的方式来推进。这样,国际化和学术化成为MEGA²之后的工作原则。①

特利尔马克思故居

（2）国际马恩基金会的不懈努力

1990年5月22日至23日,阿姆斯特丹国际社会史研究所、特利尔马克思故居、莫斯科社会主义理论和历史研究院(由原苏共中央马列研究院改造而成)、柏林—勃兰登堡科学院(由原民主德国柏林科学院改造而成)的负责人在阿姆斯特丹国际社会史研究所举行首次会议,决定成立"国际马克思恩格斯基金会",推动MEGA²的编辑出版工作,并拟订了基

---

① 参见 Jürgen Rojahn,"Und sie bewegt sich doch! Die Fortsetzung der Arbeit an der MEGA unter dem Schirm der IMES", in *MEGA-Studien* 1994/1, Dietz Verlag, Berlin 1994, S.13。

金会的章程。基金会会址设在阿姆斯特丹国际社会史研究所。1990年10月2日,基金会在阿姆斯特丹登记注册,正式宣布成立,成为MEGA^{2}的法定出版者。

1991年1月,MEGA^{2}工程引起德国学术委员会的关注,经过与基金会两年的友好协商,MEGA^{2}被列为柏林—勃兰登堡科学院的一项长期工作项目。[1] 同时,为保证MEGA^{2}编辑和出版工作的延续性,基金会还致力于将原苏共中央马列研究院历史考证版编辑人员、柏林《马克思恩格斯全集》出版促进委员会和德国高校中的MEGA^{2}编辑小组整合起来,让其参与并继续执行MEGA^{2}原订工作计划,给予他们财政支持。

在国际马恩基金会和各国编辑人员的通力合作之下,MEGA^{2}的编辑出版工作一路通畅,有条不紊地推进。截至2023年底,MEGA^{2}已经公开出版74卷。但仍有40卷待出版,世界各国的MEGA^{2}工作小组依然任重道远。尤其值得一提的是,在亚洲,我国学者和日本学者也参与了MEGA^{2}工作。中央编译局的马克思主义经典著作翻译家周亮勋、韦建桦、柴方国等先后参与了MEGA^{2}的有关编辑和文献考证工作。中央编译局还常年聘请德国、俄国等MEGA^{2}编委会的专家来华工作,一同研究有关问题。中央编译局以及我国部分高校、研究机构与国际马恩基金会、MEGA^{2}编委会等相关机构有着密切联系与合作。日本学者也加入了MEGA^{2}工作,分别同俄罗斯近代史资料保存与研究中心合作,编辑MEGA^{2}第2部分第11卷后半卷至第13卷;同柏林—勃兰登堡科学院合作,编辑第4部分第17至19卷。这些工作体现了亚洲学者对MEGA^{2}工作的担当精神,代表了亚洲学者的马克思主义经典文献研究和编辑的水平。

经过多方努力,MEGA^{2}的编辑出版工作汇集了全世界优秀的马克思主义研究学者,并得到了有关组织机构提供的财政支持,将有望于20世纪30—40年代完成编辑出版任务。

---

[1] 参见 Jürgen Rojahn,"Und sie bewegt sich doch! Die Fortsetzung der Arbeit an der MEGA unter dem Schirm der IMES", in *MEGA-Studien* 1994/1, Dietz Verlag, Berlin, 1994, SS.18–19.

从梁赞诺夫编辑出版 MEGA¹ 时算起，到今天 MEGA² 工作的逐步推进，国际《马克思恩格斯全集》历史考证版的工作已经持续 100 多年，并且还要持续很多年，这是人类历史上所罕见的理论工程、国际工程、世纪工程。这从一个侧面反映了马克思主义传播对人类历史走向所产生的深刻影响。

4. 国际版对中国之影响

《马克思恩格斯全集》历史考证版深刻影响着马克思主义在世界上的传播。《马克思恩格斯全集》俄文版、德文版、英文版、日文版等都与之有密切联系。其中很多文献都是以《马克思恩格斯全集》历史考证版的相关文献为蓝本的。而当今世界上流传的马克思主义经典文献的数百种语言文本，大多都源于《马克思恩格斯全集》历史考证版的文献。

《马克思恩格斯全集》历史考证版对中国思想界的影响更加巨大。特别是 MEGA² 的引进，对中国人翻译、学习和出版马克思恩格斯著作发挥了不可替代的作用。

首先，MEGA² 直接关系到中文版《马克思恩格斯全集》以及《马克思恩格斯选集》的重新编译。《马克思恩格斯全集》和《马克思恩格斯选集》一直以来都是中国马克思主义翻译工作的重中之重，也是中国人学习和研究马克思主义理论的主要文本。长期以来，这两套文集一直是以俄文版为主要文本依据进行翻译的。尽管俄文版在过去相当长一段时间里都具有毋庸置疑的权威性，在当时的历史条件下也不愧为优秀的学术成果，但随着 MEGA² 的引进，以及历史环境的变化，特别是改革开放以后中国人思想意识的解放和自主意识的增强，再依靠俄文中介来编译和理解马克思恩格斯的著作就不够了。于是从 1986 年开始，中央编译局陆续重新编译《马克思恩格斯全集》新译本（即中文第 2 版），中文第 2 版拟编 70 卷，依据的蓝本主要是 MEGA²，同时参考德文版等其他文本。目前，《马克思恩格斯全集》中文第 2 版已经出版 30 余卷，这项工作仍在有条不紊进行。为弥补《马克思恩格斯全集》中文第 2 版编译困难、出版周期过长的不足,中央编译局从 2004 年开始,主要依靠 MEGA^2 重点编译马克思恩格斯的主要著作,由此编译出一套 10 卷本的《马克思恩格斯文集》。这套文集于 2009 年由人民出版社出版,基本满足了广大读者学习、研究马克思主义经典文献的需要。这套文集既坚持按年代编排,又保证了重要专著单独成卷;弥补了《选集》的单薄,又避免了《全集》的庞大篇幅和出版过慢,对于想要深入学习研究马克思主义基本理论的教师学生、干部群众来说,是一套权威的学习读本。

其次,MEGA^2 的引进使人们能够直面马克思恩格斯原始文献,这对于深入研究和理解马克思主义理论有重要意义。改革开放以前,国内很少有人对马克思恩格斯著作的中文译本提出文献依据的质疑,但随着 MEGA^2 陆续出版并进入中国,中国学者对马克思恩格斯的思想有了不少新的认识,不再满足于像 20 世纪上半期那样,跟在日本人和苏联人提供的有关经典文本后面亦步亦趋,而是要直接接触马恩的原始文本,从中把握马克思主义理论的真谛。这不仅极大推动了我国的马克思主义经典著作翻译工作,而且极大推动了对马克思主义理论的研究工作,使得马克思主义文本、文献、传播史、话语史等方面的研究成果如雨后春笋般地涌现出来。由此,马克思主义理论研究的学术体系、学科体系、话语体系逐步形成,一大批既懂外语又懂理论的马克思主义学者成长起来,使马克思主义理论研究展现出勃勃生机。

最后,马克思恩格斯著作国际版的传入还激发了中国人收藏马恩原始手稿的热情。事实上,马克思恩格斯手稿的归属地是比较固定的:大概 2/3 在荷兰阿姆斯特丹的国际社会史研究所,1/3 在俄罗斯,就是原先的苏共中央马克思列宁主义研究院,现在叫俄罗斯国家社会政治史档案馆。但是出于对马恩手稿淳朴的尊重和热情,国内一些馆藏机构一直努力寻找机会购藏马克思恩格斯的书信或文献手稿。在这项工作中,原中央编译局、现中央党史和文献研究院做了很多工作。2011 年 6 月,中央编译局购藏了两份马克思手稿原件:其中一份是 1876 年 10 月 16 日马克思写给友人托马斯·奥尔索普的信和马克思的夫人燕妮写给奥尔索普的信;另一份是 1878 年 6 月 25 日马克思写给英国周刊《自由新闻》主编与发行人科勒特·多布森·科勒特的信。2021年2月,中央党史和文献研究院又收藏了马克思写给《资本论》法文版出版人的6封书信原件。这些手稿不仅具备理论研究的价值,对于马克思恩格斯著作文集的国际版和中文版编辑出版具有重要意义,而且对于中国学者寄托对马克思恩格斯这两位无产阶级思想家的深厚感情,增强中国人对马克思主义经典作家的了解,培养人们的共产主义理想信念,都具有重要意义。

纵观百年历史可见,马克思恩格斯经典文献的编辑史和传播史为人们展现出一幅波澜壮阔的历史画卷。在一个又一个历史关键时刻,马克思恩格斯经典文献的出场既惊心动魄,又耐人寻味。通过国际上一代又一代马克思恩格斯文献编纂者的不懈努力,马克思恩格斯的全部文献遗存最终将展示在世人面前,以最具学术权威性的形式为马克思主义研究奠定坚实的文献基础。

十八、中国化马克思主义走向世界

讲述马克思恩格斯著作国际版向中国的译介和传播,就不能不提中国马克思主义理论文献的对外翻译传播活动。不仅立足马恩原始文本的国际成果在影响中国,中国化马克思主义理论成果也在丰富国际马克思主义理论宝库,这两个过程是相互交融、共同推进的。

1. 中央文献翻译机构源流

(1) 毛泽东著作翻译室

中央文献翻译,是指我们党和国家主要领导人重要著作、全国党代会主要文件、全国人民代表大会和中国人民政治协商会议全国委员会会议主要文件、党和国家其他重要政治文献的对外翻译。

一般来说,大规模的中央文献翻译工作都需要专门的中央文献翻译机构,但是由于新中国成立以前特殊的革命背景,这种对外翻译出版活动总的来说是零散、碎片化的。所以一直到新中国成立,都没有成立专门的中央文献外翻出版工作机构。1950 年 5 月,中共中央宣传部为了翻译《毛泽东选集》(一至三卷)英文版,成立了一个《毛泽东选集》英译委员会,这是第一个中央授权的临时外译组织。

1960 年,《毛泽东选集》第四卷问世,中央决定将其翻译成多种外文出版,毛泽东著作对外翻译的大幕由此正式拉开。为此,很多参与工作的翻译家和高级领导干部都认为,为了掌握中央重要文献翻译的主动权,向全世界提供具有较高权威性、准确性的译文,更好地为对外宣传服务,有必要设立一个专门的常设翻译机构。经过一番酝酿筹措,邓小平很快作出批示,同意设立负责中央重要文献中译外的常设机构。鉴于该机构当时主要承担翻译《毛泽东选集》的任务,因而将其定名为毛泽东著作翻译室,隶属中共中央马恩列斯著作编译局。毛泽东著作翻译室成立以后,除了完成《毛泽东选集》的翻译、修订工作外,各语文组还完成了《毛泽东军事文选》、《毛主席语录》、《毛泽东著作选读》(甲种本)、《毛主席关于三个世界的划分》等翻译任务。

(2) 中央文献翻译部

改革开放后,中央文献翻译工作的组织日臻成熟,工作内容逐步稳定。除了党和国家主要领导人著作之外,还正式承担全国党代会、全国两会文件以及中央其他重要文件的对外翻译。随着工作内容的不断丰富,1982 年,毛泽东著作翻译室经中央同意更名为中央文献翻译室,1995 年机构改革时,又更名为中央文献翻译部。这个中央文献翻译室后来主持翻译了历届中国共产党全国代表大会、全国人民代表大会的重要文件;自1995 年起,还同时承担了历次全国政协会议主要文件的翻译工作。除此之外,自 1979 年起,中央文献翻译(室)部根据中央的安排开始翻译党和国家其他领导人的著作,先后将《周恩来选集》(上下卷)、《刘少奇选集》(上下卷)、《朱德选集》、《邓小平文选》(一至三卷)、《陈云文选》(一至三卷)、《江泽民文选》(一至三卷)等翻译成英、俄、法、西、日 5 种文字。总之,这一时期中央文献翻译部的工作为外国驻华使团、境外主要媒体在第一时间准确了解我国的大政方针提供了便利,同时也为我国外交部、新华社、广电总局、人民网、中国网等一线外事外宣单位的工作提供了支持。

党的十八大以来,为应对全球化和网络化的时代变化,弥补过去党和国家政治文献对外翻译以历史文献为主的不足,在有关部门的支持协调组织下,中央文献翻译部积极寻求与文献起草编辑部门密切合作,紧紧围绕对外宣介习近平新时代中国特色社会主义思想这个中心工作,创新工作方式,改进翻译流程,努力缩短中文编写与外文翻译之间的时间差,尽可能地以最快的速度为国际社会理解中国的最新发展提供规范权威的翻译文本。2018 年,原中共中央编译局与原中共中央文献研究室、原中共中央党史研究室合并组建了中共中央党史和文献研究院,中央编译局牌子仍然保留。原来承担中央文献对外翻译职责的中共中央编译局中央文献翻译部成建制转为中共中央党史和文献研究院第六研究部。第六研究部的职责被明确为负责中国共产党历史和理论对外翻译宣介。翻译习近平著作以及其他党和国家主要领导人著作,翻译党和国家重要文献,翻译宣介中国共产党历史,开展对外话语体系研究,审定重要术语译文等。中央文献翻译围绕党和国家工作大局,以习近平重要著述对外翻译为引领,以为国际社会提供高质量规范译文为目的,有组织有计划地开展各项工作。

党的中央文献对外翻译事业从无到有,从小到大,已走过 70 多年的光辉历程。在这条道路上,老中青几代中央文献翻译工作者不计回报,始终兢兢业业地忘我奉献。如果把中央文献翻译比喻成外宣事业这个百花园中的一朵奇葩,那么用心血和汗水浇灌它的既有开创中央文献翻译先河的老一代翻译家,也有继往开来、勇于创新的中青年翻译工作者。中央文献翻译是中国对外宣传事业的一部分,它所取得的成就是中央各级领导亲切关怀和大力支持的成果,是各部门协同作战、团结合作的结果,是翻译工作者集体智慧的结晶。

2. 中国领导人著作对外翻译

(1)《毛泽东选集》的对外翻译历程

中国化马克思主义在世界的广泛传播可以说是从翻译《毛泽东选集》开始的。早在 1927 年,共产国际执委会机关刊物《共产国际》就刊登过毛泽东的《湖南农民运动考察报告》俄文版和英文版。20 世纪 30 年代中后期,随着形势发展的需要,为加强国际宣传,中共中央南方局开始着手组织毛泽东等党的领导人著作的翻译。1945 年,董必武代表中共参加中国代表团出席联合国成立大会时,携带了一批毛泽东著作,交给当时在美国工作的徐永煐等人并嘱组织翻译。此外,1945 年抗战结束后,日本友好人士八木宽先生在东北翻译了毛泽东的《在延安文艺座谈会上的讲话》,由民主新闻社出版。可见,在中国共产党夺取全国政权之前,就有部分毛泽东著作的俄文、英文和日文版本流传于世了。

1949 年底至 1950 年 2 月毛泽东访问苏联期间,斯大林主动提出要翻译毛泽东著作。毛泽东访苏回国后,中央即委派毛泽东的俄文翻译师哲(后出任中共中央编译局第一任局长)与苏联驻华使馆翻译费德林合作,着手翻译毛泽东著作。最先定稿的是《矛盾论》和《实践论》。斯大林读后非常推崇,批示在苏共中央理论刊物《布尔什维克》杂志上发表;继该刊于 1950 年 12 月(总 23 期)发表之后,同年 12 月 23 日,《真理报》又全文转载。根据中苏两党协议,莫斯科外文文献出版社于 1952 年、1953 年出版了《毛泽东选集》(一至三卷)的俄译本。

新中国成立后,党中央考虑到世界各国对我们党革命经验的广泛关注,开始组织系统地翻译毛泽东著作。1950 年 5 月,中共中央宣传部成立《毛泽东选集》英译委员会,包括金岳霖、钱钟书在内的诸多名流学者都参与了《毛泽东选集》(一至三卷)的英译工作。日本从 1952 年起陆续出版了几种语言版本的《毛泽东选集》(一至三卷),其中《实践论》《矛盾论》的单行本印数多达 30 万册。

1960 年《毛泽东选集》第四卷问世,中央决定将其翻译成多种外文出版。同年 5 月,中央开始从外交部、中联部、中央编译局、新华社、外文局、国际广播电台、北京外国语学院等外事、外宣单位和外语院校调集优秀外语干部组建临时翻译班子,先后成立了英文、俄文、法文、西班牙文和日文等多个翻译组开展翻译工作。

实际上,毛泽东著作的对外翻译和传播不仅包含了中国人自己的辛勤和努力,也凝结着其他国家翻译工作者的汗水,从 20 世纪 50 年代开始,世界各国都积极热情地翻译介绍毛泽东著作。据不完全统计,除中国外,全世界有 54 个国家与地区翻译出版了毛泽东著作,有 39 个国家与地区在报刊上发表毛泽东著作和毛泽东诗词;有 20 个国家以 20 种文字翻译出版《毛泽东语录》,共有 35 种版本。20 世纪 60—70 年代,民族解放运动和发达国家社会运动空前高涨,以毛泽东著作为主的对外思想传播满足了各国人民的实际斗争和精神需求,从而出现了中国近代以来前所未有的中国思想对外传播的高峰。毛泽东思想在国际上产生了巨大影响,中国对世界的思想影响力达到了近代以来空前的程度。

(2)改革开放后中国领导人著作的对外翻译

改革开放以后,我国开始把党和国家其他领导人的著作也翻译成外文出版。《周恩来选集》(上下卷)、《刘少奇选集》(上下卷)、《朱德选集》、《邓小平文选》(一至三卷)、《陈云文选》(一至三卷)相继被翻译成英、俄、法、西、日5种文字出版。根据中央不同时期对外宣传的需要,还翻译出版了邓小平《建设有中国特色的社会主义》、邓小平《我们对香港问题的基本立场》、《邓小平论香港问题》、江泽民《中国能源问题研究》、江泽民《论中国信息技术产业发展》、《江泽民文选》(一至三卷)等。除主要的领导人著作外,还翻译了一些具有重要意义的党和国家文献,如《中共中央关于建国以来党的若干历史问题的决议》、江泽民《在庆祝中国共产党成立七十周年大会上的讲话》、江泽民《在庆祝中国共产党成立八十周年大会上的讲话》(即"七一讲话")、胡锦涛《在中国人民抗日战争暨世界反法西斯战争胜利六十周年大会上的讲话》、《中共中央关于构建社会主义和谐社会若干重大问题的决议》等。

党的十八大以来,《习近平关于实现中华民族伟大复兴的中国梦论述摘编》《习近平关于全面深化改革论述摘编》《论坚持推动构建人类命运共同体》等重要文献也相继翻译出版。特别值得一提的是,2014年9月28日外文出版社以中、英、法、俄、阿、西、葡、德、日等9个语种及相应版本向全球翻译出版并发行了《习近平谈治国理政》,该著作一经面世就在全世界范围内引起广泛关注和热烈反响,成为国际社会了解当代中国、了解中国共产党的重要窗口。如今,《习近平谈治国理政》以超过千万的发行量风靡全球100多个国家和地区,成为改革开放以来在海外最具影响力的中国领导人著作。

除了系统翻译出版我们党和国家领导人著作之外,中央文献翻译部门还积极配合国家重大政治活动和领导人重要外事活动组织相关文献翻译工作,增强国际传播效果。例如,2015 年是中国人民抗日战争暨世界反法西斯战争胜利 70 周年,中央马克思主义理论研究和建设工程办公室委托中央编译局承担《中国抗日战争史简明读本》的英文翻译工作。该书出版后,引起了国内各大主要媒体的关注,并被中宣部、国新办作为抗日战争胜利纪念活动的礼品书赠送给相关人士,取得了良好传播效果。2015 年9 月,习近平主席访美前,中央全面深化改革领导小组经济体制和生态文明体制改革专项小组委托中央编译局将《生态文明体制改革总体方案》翻译成英文,英文版公布后,在国际社会产生了良好反响,有力地配合了习近平主席的访美活动。2019 年 4 月,中共中央党史和文献研究院翻译的习近平《论坚持推动构建人类命运共同体》一书英文版由中央文献出版社出版。该书收入了习近平总书记有关重要文献 85 篇,为适应国外读者阅读习惯,英文版在中文版基础上增加了注释、索引、缩略语等内容。此后,该书又陆续出版法文、日文、俄文、阿文、德文等多语种版本。这对于国外读者深入了解构建人类命运共同体理念,深刻理解习近平外交思想的丰富内涵和我国的外交方针政策,发挥了重要作用。此外,习近平总书记《在庆祝中国共产党成立 100 周年大会上的讲话》等重要文献也翻译出版了多语种单行本,对于世界人民更好地了解我们党和国家的历史、现状和未来具有重要意义。

党和国家领导人的著作是中国化马克思主义理论最重要的组成部分,它们的对外翻译和传播在对外宣传中国化马克思主义和中国社会主义建设最新成果以及介绍中国共产党的基本思想、执政理念和具体方针政策等方面,都具有不可估量的价值。

3. 中央文献对外翻译

（1） 中央重要会议文件对外翻译

最早的中央会议文件翻译工作开始于中国共产党第八次全国代表大

会期间。1956年9月15日至27日举行的这次代表大会,是新中国成立后的首次党代会,具有深远的历史意义。为了向全世界展示中国共产党作为执政党的新形象及其路线、方针、政策,宣传中国社会主义革命和建设取得的伟大成就,中央决定将会议的所有文件翻译成多种外文。为此,中央组织部从全国紧急抽调400多名政治上可靠、外文水平高、业务能力强的优秀干部,还邀请了很多外国专家参与工作。仅俄文组就有18名苏联语言专家参与翻译改稿,翻译阵容之庞大可见一斑。这是我国首次在中央文献翻译中采用从各部门调集优秀人才进行大规模集中翻译的方式,为后来的领导人著作以及党代会和两会文献翻译积累了宝贵经验。

中共中央会议文件的大规模对外翻译工作是从改革开放之后开始的。中国共产党全国代表大会和全国人民代表大会文件的翻译正式由中央文献翻译部承担,分别始于1977年召开的党的十一大和1978年召开的全国人大五届一次会议。

自1977年党的十一大起,中央文献翻译部主持翻译了历届全国党代会的主要文件,提供英、俄、法、西、日、德、阿7种外文译本。党代会翻译的文件包括大会报告、《中国共产党章程》修改草案、大会重要决议等,有时根据需要还翻译大会开幕词、闭幕词、重要讲话、记者招待会稿件,以及当选的中央委员会总书记、中央政治局常委、中央政治局委员、中央政治局候补委员、书记处书记和中央军委组成人员的简历等文件。中国共产党在历届党代会上确立的治党治国指导思想和基本路线、方针、政策等,均被及时准确地译成外文,第一时间向全世界公布。

自1978年全国人大五届一次会议起,中央文献翻译部主持翻译了历次全国人代会的主要文件。自1995年起,还同时承担了历次全国政协会议主要文件的翻译工作。被译成外文的两会重要文件包括国务院总理的《政府工作报告》、国家计划委员会(后为国家发展和改革委员会)的《国民经济和社会发展计划报告》、财政部的《预算报告》、全国人大的《常委会工作报告》《关于修改宪法的报告》和相应的《中华人民共和国宪法》(修改草案)以及一些重要法律草案、全国政协的《常委会工作报告》等。中央文献翻译部每年都将全国人代会主要文件译成英、俄、法、西、日、德

6种外文,把全国政协主要文件译成英文,除了及时提供给我们党主要的外宣喉舌——新华社、中央电视台国际频道、中国国际广播电台、中国网和人民网等向全世界播出外,还在第一时间提供给参加两会旁听的各国驻华使节和报道两会的境外媒体记者,保证他们及时得到准确、权威的信息,以便向全世界传播。

（2）新时代创新中央文献翻译工作方式

党的十八大以来,我国高度重视国际话语权建设,党和国家重要政治文献对外翻译事业进入了新时代,取得了重大成就。按照"服务党和国家大局"的要求,中央文献翻译队伍筑牢政治意识、大局意识、核心意识和看齐意识,坚定道路自信、理论自信、制度自信和文化自信,坚决做到"两个维护",从构建中国国际话语权、加强对外传播能力的高度来推进中央重要政治文献的对外翻译工作,取得了一系列新的成果,为国际社会客观、全面了解当代中国的发展变革提供了规范准确的文献资料。党和国家重要政治文献对外翻译工作不断完善,进一步明确职责分工、制订长远规划、完善人才队伍培养体系、提升对外传播的精准度和持续性、强化基础性建设,在国际话语权建设中发挥了基础性作用。

长期以来,党和国家政治文献的对外翻译常常以历史文献为主,有时外文翻译要在中文文献编写之后一段时间才能进行,造成中文著作与外文著作之间的时滞现象。在全球化和网络化的今天,这样的工作方式会限制文献的传播效果。为解决这个问题,近些年来,在有关部门的支持协调组织下,中央文献翻译部门积极寻求与文献起草编辑部门密切合作,紧紧围绕对外宣介习近平新时代中国特色社会主义思想这个中心工作,创新工作方式,改进翻译流程,努力缩短中文编写与外文翻译之间的时间差,尽可能地以最快的速度为国际社会理解中国的最新发展提供规范权威的翻译文本。

中央编译局还积极探索将党的中央全会文件对外翻译常规化,完成了中共十八届四中、五中、六中全会文件的对外翻译工作。中央编译局还承担了《求是》杂志英文版翻译工作,将习近平总书记的一些最新讲话文章及时翻译出来。此外,受中央纪委委托,中央编译局先后将《中国共产党廉洁自律准则》《中国共产党纪律处分条例》《中华人民共和国监察法》等新制定的党和国家法律法规翻译成英文;受国家发展和改革委员会的委托,将《中华人民共和国国民经济和社会发展第十三个五年规划纲要》翻译成英文等。

党的十九大文件对外翻译树立了会议文件翻译的新标杆,重要政治文献对外翻译与对外传播实现了更高水平的融合,翻译人才队伍建设取得新进展。这主要体现为语种的逐年增加和外国专家的参与。为了扩大国际传播范围,党的十八大重要文件翻译由之前的英、俄、法、西、日、德、阿7个语种,扩大到9个,新加入越南语和老挝语;党的十九大进一步扩大语种范围,新增葡萄牙语,对外翻译语言达到10个,是改革开放以来党代会文件翻译语种最多的一次。不仅如此,党的十九大还吸收了外籍专家参与到大会报告的润色修改工作中,开创了改革开放以来外籍专家参加党的全国代表大会文件翻译工作的先例,在译文润色、改进重要概念译法、提升译文受众影响力等方面取得良好效果。此外,通过安排外籍专家访谈,也拓展了党的十九大精神的国际传播渠道,更加生动地讲述了中国故事,传播了中国理论。

4. 中国理论外译之国际影响

自1927年毛泽东《湖南农民运动考察报告》的英文本和俄文本出版开始算起,中国马克思主义理论成果的对外翻译工作已接近百年。无论是我们党和国家领导人的著作文献,还是新中国成立和改革开放以后的重要会议文件,抑或是新时代以来党和国家领导人重要著作和文献汇编,这些理论成果的根基都是马克思主义中国化的百年实践。因此,中国化马克思主义理论外译同样也是中国化马克思主义实践经验的对外传播,而这些理论和实践经验必定会引起世界各国关注,不断释放国际影响力。

首先,中国化马克思主义理论成果的对外翻译在历史上极大地鼓舞了殖民地半殖民地国家人民的民族解放运动和发达国家的社会运动。一方面,20 世纪 50 年代后,世界很多国家和地区都爆发了规模空前的民族解放运动,当时《毛泽东选集》和相关的一些著作单行本已经被翻译成20 多种语言文字在世界各地传播,这些国家和地区的民族解放运动的政治领袖很多都把毛泽东思想当作行动指南,怀着强烈的革命激情学习和研究毛泽东的著作。这里面就包括"游击战大师"埃尔内斯托·切·格瓦拉、古巴革命运动领袖菲德尔·卡斯特罗、巴西前总统路易斯·

《毛泽东选集》英文版

伊纳西奥·卢拉·达席尔瓦、南非著名的黑人总统曼德拉等。另一方面,许多发达国家的社会运动也受到毛泽东思想的鼓舞和影响,例如对法国影响巨大。《毛泽东选集》法文版的集中翻译出版始于 1961 年,1968 年很多左翼人士在法国的"五月风暴"中就曾高举毛泽东思想这面旗帜,福柯、阿尔都塞、萨特等耳熟能详的国际知名思想家都对毛泽东思想推崇备至,至今仍有许多法国学者自称为"毛主义"者。可以说,毛泽东思想影响了法国一代人,为"法国社会现代化"作出了不可磨灭的贡献。

其次,中国化马克思主义理论的对外翻译还为世界各国人民认识和理解中国共产党提供了一扇窗口。新中国成立前《毛泽东选集》的对外翻译首先选择了俄文版和英文版,主要目的是让外界了解中国革命的实际情况,以获取国际力量特别是共产国际和苏联的关注和支持。新中国成立后,在美苏争霸的冷战局势下,中国共产党坚持独立自主、自力更生,全面建设社会主义的方针。这一阶段,毛泽东的《论十大关系》《关于正确处理人民内部矛盾的问题》等著作随着《毛泽东选集》第五卷的对外翻译也传播到国际上,让世界各国人民了解了中国共产党领导的社会主义建设运动。改革开放后,周恩来、刘少奇、朱德、邓小平、陈云等老一辈国家领导人的著作文集相继被翻译成英、俄、法、西、日等多种文字出版,特别是《邓小平文选》,成为全世界人民了解中国共产党实行改革开放这一基本国策的重要渠道。党的十八大以来,中共中央指导翻译出版的《习近平谈治国理政》(一至四卷)、《习近平关于实现中华民族伟大复兴的中国梦论述摘编》、《习近平关于全面深化改革论述摘编》、《习近平关于全面依法治国论述摘编》、《习近平关于党风廉政建设和反腐败斗争论述摘编》、《论坚持推动构建人类命运共同体》等著作汇编,中国共产党代表大会、全国人民代表大会、全国政协会议等重要文件翻译,以及国家重大政治活动和领导人重要外事活动的文献翻译,都向世界展示了中国共产党的时代风貌和执政能力。

《邓小平文选》英文版　　　　　　　《江泽民文选》英文版

再次,中国化马克思主义理论外译还为海外中国学的研究和中国文化走向世界创造了条件。一方面,自《毛泽东选集》在国外传播开始,世界各国许多专家学者就对包括毛泽东思想在内的中国问题展开了深入的研究,写作出版了《毛泽东传》《剑桥中国史》《中国通史》等一系列优秀作品。许多国家的学者在政府帮助下还创办了一批研究中国的学术机构,例如美国哈佛大学的费正清研究中心、斯坦福大学胡佛研究所的中国资料收藏部、英国伦敦大学东方和非洲学院的现代中国研究中心等,专门研究中国问题。另一方面,中国化马克思主义的丰富理论成果都深深浸透着丰富的中华优秀传统文化内容,毛泽东思想、邓小平理论、"三个代表"重要思想、科学发展观、习近平新时代中国特色社会主义思想不仅是中国化马克思主义理论和实践经验的凝结,也是中华优秀传统文化的结晶,这些理论成果的对外翻译极大促进了中国文化走向世界。

最后,党的十八大以来的中央文献翻译特别是习近平新时代中国特色社会主义思想理论成果的对外翻译,为推动世界繁荣发展、创造以合作共赢为核心的新型国际关系、共商解决全球性问题提供了中国智慧和中国方案。《习近平谈治国理政》(一至四卷)收录了习近平总书记关于"携手共建人类命运共同体"专题多篇论述文章,深刻回答了"建设什么样的命运共同体""怎样建设命运共同体"的问题。习近平总书记的人类命运共同体思想超越了狭隘的民族、国家观念,将整个人类视作一个有机的整体,在此基础上思考人类社会进步与发展的时代课题,为解决国与国之间矛盾冲突、团结合作面对全球性危机、保障人类和平延续和幸福生活提供了创新性思路。这一理论成果的对外翻译和传播有力地推动了世界各国深化合作、凝聚共识、共同增进人类福祉的伟大事业。这是 21 世纪中国共产党和中国人民对世界的重大贡献。

《习近平谈治国理政》各种外文版

20 世纪 50 年代开始的中国化马克思主义在世界范围的广泛传播，是中国近代以来规模最大的对外思想传播，它不仅对 20 世纪世界历史进程产生了重要影响，也标志着中国思想文化历经百年巨变之后正在逐步迈向世界舞台中央，展示出中华民族伟大复兴的光辉未来。

结语　马克思主义在中国百年传播的深远意义

习近平总书记指出:"我们党的历史,就是一部不断推进马克思主义中国化的历史,就是一部不断推进理论创新、进行理论创造的历史。"①历史告诉我们,中国共产党的 100 多年,就是马克思主义中国化的 100 多年,也就是马克思主义在中国传播、运用和创新发展的 100 多年。100 多年来,在中国共产党领导下,马克思主义在中国大地由小到大,由弱到强,逐步生根、发芽、开花、结果,成长为参天大树,为推进中国革命、建设和改革事业作出了巨大贡献,积累了宝贵经验,产生了深远影响。

一、马克思主义在中国传播的辉煌历程和巨大贡献

鸦片战争以后,在国外帝国主义和国内封建主义的双重压迫下,中国逐渐成为半殖民地半封建社会,中国人民生活在水深火热之中。为救亡图存,无数仁人志士向西方寻求真理。马克思主义就是在这一历史潮流中传入中国的。毛泽东说:"十月革命一声炮响,给我们送来了马克思列宁主义。"②正是在马克思主义指导下,中国共产党应运而生。由此,中国革命的面貌焕然一新,中国人民开始从精神上由被动转为主动,中华民族开始艰难地但不可逆转地走向伟大复兴。

---

① 习近平:《在党史学习教育动员大会上的讲话》,人民出版社 2021 年版,第 12 页。
② 《毛泽东选集》第四卷,人民出版社 1991 年版,第 1471 页。

100多年来,马克思主义在中国的传播历程与我国近现代政治史、革命史、思想史一致,大体可以分为5个时期。

一是马克思主义在中国的早期传播,即从1899年2月马克思的名字传入中国到1921年7月中国共产党成立。其中又分为两个阶段,即十月革命前和十月革命后。前者属于旧民主主义革命范畴,后者开始向新民主主义革命转变。前一阶段只是把马克思主义作为一种西方学术思潮而并未当作革命的指导思想来传播,因此是一种自发的传播,而且是片段的、旧文体的传播。十月革命后,马克思主义在中国的翻译、研究和传播则进入一个崭新阶段,这就是以李大钊、陈独秀等为代表的先进知识分子把马克思主义作为一种重新观察中国与世界命运的思想武器来传播,因此由自发翻译介绍转变为自觉翻译研究,并从片段翻译进入完整著作的翻译,从文言文翻译转变为白话文翻译,为马克思主义传播和新文化的发展指明了方向;同时,开始自觉把马克思主义理论运用于中国革命实践,制定《中国共产党宣言》这一思想纲领,成立马克思主义研究组织和共产主义小组等,自觉培养党的干部,为中国共产党的成立作了思想上和组织上的准备。

二是在新民主主义革命时期的传播,即从1921年中国共产党成立到1949年中华人民共和国成立。其中又可大致分为3个小的时期,即建党初期、土地革命时期以及延安时期。后两个时期又分为两条战线,即革命根据地内部和外部的传播。根据地内部马克思主义传播的一个显著特点是中国共产党成为传播的主要推动者。在党的领导下,成立了马克思主义翻译研究和出版机构,培养了一大批马克思主义理论家和政治家,有组织、有计划地翻译出版了大量马克思主义著作。同时,党积极推动根据地以外的马克思主义传播,团结了国民党统治区和日伪占领区一批进步出版机构和以左联成员为代表的一大批进步的翻译家、思想家、理论家,使马克思主义得以在中国更广大的地区传播。这一时期,马克思主义传播的重要理论成果是实现了马克思主义中国化的第一次飞跃,形成了毛泽东思想,并通过延安整风和马克思主义教育普及,出现了马克思主义大众化的第一次高潮,这就为新民主主义革命的胜利和新中国的建立奠定了坚实的思想理论基础。

三是在社会主义革命和建设时期的传播,即从 1949 年新中国成立到 1978 年实行改革开放。这一时期马克思主义传播的一个显著特点是中国共产党成为全国的执政党,马克思主义成为党和国家的指导思想,这就为马克思主义的广泛传播奠定了坚实的政治、经济和文化基础。在党的领导下,以中央编译局为代表的马列著作翻译研究机构和以人民出版社为代表的出版发行机构建立起来,同时培养了几代马克思主义翻译家、理论家、出版家和教育家,有计划有系统地翻译出版了“三大全集”即《马克思恩格斯全集》《列宁全集》《斯大林全集》中文第 1 版,编辑出版了“三大选集”即《马克思恩格斯选集》《列宁选集》《斯大林选集》,并编辑出版了一系列马列著作的单行本,还翻译出版了我国 5 个少数民族语言文本和若干经典著作的盲文本。与此同时,大学马列著作、毛泽东著作成为时代风尚。马克思主义教育成为我国各级学校和党校教育的重要内容。我国哲学社会科学、社会思想文化、大众文化、制度文化发展等均以马克思主义为核心。这就为彻底扫除旧社会遗留下来的旧思想、旧文化、旧风俗、旧习惯,建设社会主义革命文化和新型文明提供了可靠的思想理论保证。

四是在改革开放和社会主义现代化建设新时期的传播,即从 1978 年党的十一届三中全会到 2012 年党的十八大召开。这一时期马克思主义传播的一个显著特点是围绕中国特色社会主义建设,特别是围绕党在新时期的基本路线“一个中心、两个基本点”来推进。一方面,坚持精益求精的科学精神,继续编译马列经典著作。从 1982 年开始,中央编译局以及有关单位的学者一道用近 10 年时间完成了《列宁全集》中文第 2 版的编译,由原来第 1 版的 39 卷扩充为 60 卷。从 1986 年开始,中央编译局陆续编译《马克思恩格斯全集》中文第 2 版,计划出版 70 卷,到党的十八大召开前出版 19 卷。同时,修订出版了《马克思恩格斯选集》《列宁选集》以及《马克思主义经典作家文库》等。另一方面,紧紧围绕党的中心工作,选编了大量经典著作的专题文集。例如,改革开放初期,编译出版了《列宁论苏维埃俄国的经济建设》《马克思恩格斯列宁斯大林论科学技术》《马克思恩格斯列宁斯大林毛泽东关于农业若干问题的部分论述》《马克思恩格斯列宁斯大林论合作社》以及《马克思恩格斯列宁毛泽东论无神论》等专题文集。进入新世纪后，编辑出版了《马克思主义是发展的理论》等一系列党员干部读本。2004年中央实施马克思主义理论研究和建设工程以来，编译出版了10卷本的《马克思恩格斯文集》和5卷本的《列宁专题文集》，围绕马克思主义基本理论和基本观点进行了深入研究。这一时期还出版了《马克思恩格斯选集》第3版和《列宁选集》第3版修订版。我国学术界还在此基础上编写了一系列高校马克思主义理论课新教材，充分反映了我国改革开放以来马克思主义中国化的最新成果。这些都为新时期我国改革开放的顺利发展，为深入研究贯彻中国特色社会主义理论提供了学理支撑。

五是在中国特色社会主义新时代的传播，即从2012年党的十八大至今。进入新时代以来，以习近平同志为核心的党中央高度重视马克思主义理论的学习、研究和建设工作，要求党的各级领导干部特别是高级干部，要原原本本学习和研读经典著作，努力把马克思主义哲学作为自己的看家本领。2018年3月，党中央为构建理论研究综合体系，将原中共中央编译局与原中共中央党史研究室和原中共中央文献研究室整合，组建中共中央党史和文献研究院，对外保留中央编译局牌子。党中央对马克思主义经典著作的翻译、研究工作十分重视，将其作为党史和文献研究院的重要工作来安排。新时代以来，《马克思恩格斯全集》中文第2版继续推进，目前总共编译出版30多卷；《列宁全集》中文第2版增订版于2017年完成编译出版，该版成为当今世界上卷数最多、收录文献最多的列宁著作集。此外，高校马克思主义教育工作进一步加强，特别是高校马克思主义学院建设取得空前成就，其中包括马克思主义理论学科建设、教材建设、师资队伍建设、思政课大中小学一体化建设、理论研究基地建设等，思想理论教育成效显著。同时，大力推进马克思主义中国化时代化，大力弘扬和践行社会主义核心价值观，建设具有强大凝聚力和引领力的社会主义意识形态，使全体人民在理想信念、价值理念、道德观念上紧紧团结在一起。近年来，党中央还召开了纪念马克思诞辰200周年大会、纪念五四运动

100周年大会、党史学习教育动员大会、庆祝中国共产党成立100周年大会等,在全党全社会号召学习、研究和运用马克思主义理论,不断推进理论创新,大力推动习近平新时代中国特色社会主义思想深入人心。所有这些,都为推动新时代党和国家事业的发展注入了强大的精神动力。

习近平总书记指出:"思想就是力量。一个民族要走在时代前列,就一刻不能没有理论思维,一刻不能没有思想指引。在近代中国最危急的时刻,中国共产党人找到了马克思列宁主义,并坚持把马克思列宁主义同中国实际相结合,用马克思主义真理的力量激活了中华民族历经几千年创造的伟大文明,使中华文明再次迸发出强大精神力量。"①历史和实践告诉我们,马克思主义不仅深刻改变了世界,也深刻改变了中国。在新时代新征程上,我们应当带着感恩的心情自觉学习、运用马克思主义,不断推进中国特色社会主义事业和人类文明进步事业。

二、马克思主义百年传播的丰富经验弥足珍贵

100多年来,我国翻译并出版了马克思主义经典作家的全集、选集以及大量经典著作的单行本和专题文集,形成了浩如烟海、蔚为壮观的马克思主义典藏体系,从而使我国成为全世界马克思主义经典著作翻译和研究大国。随着我国革命、建设和改革的不断发展,还形成了与经典作家思想既一脉相承又与时俱进的中国化马克思主义,全民族的科学理论水平不断提高。正是在马克思主义指导下,中国社会发生了近代以来乃至数千年文明史上最巨大的变化。在马克思主义著作翻译、传播、运用和发展的伟大历程中,积累了丰富经验。

100多年前,严复在其翻译的赫胥黎《天演论》"译例言"中提出了翻译的基本精神和方法,即所谓"译事三难:信、达、雅"。我国马克思主义经典著作的翻译研究者们既继承了前人,又超越了前人,形成了一整套比较科学的翻译传播的基本精神、基本理念和基本方法。如在延安马

---

① 习近平:《在党史学习教育动员大会上的讲话》,人民出版社2021年版,第11页。

列学院时期已经形成了"追求理想，传播真理，严谨治学，无私奉献"的精神和方法。这些经验在后来长期的翻译传播实践中得到了丰富和发展。

一是追求真理的崇高风范。这是马克思主义翻译传播事业发展的根本动力。100多年来，一代又一代马克思主义翻译家、理论家、出版家、教育家之所以能够矢志不移，皓首穷经，不畏艰难，甚至献出宝贵生命，就是为了寻求救国救民的真理，始终把追求中华民族的独立解放和繁荣富强作为自己的历史使命。郭沫若1924年从日本回国，计划翻译《资本论》，有人劝他放弃，原因是这项工作会耗尽心血。他说，如果为翻译《资本论》而死，那就死得光荣，死得其所。潘冬舟为从事翻译《资本论》等革命工作，被叛徒出卖而牺牲。中央编译局的著名翻译家周亮勋为翻译马列著作倒在工作岗位上，在昏迷中还在喊"开会""稿子"，在他的心中，只有工作。像这样动人的故事不胜枚举，充分展现了我国马克思主义理论工作者的崇高品格。

二是严谨治学的科学态度。翻译马克思主义经典著作，既是一项政治性很强的工作，又是一项严肃的科学工作。必须保证译文的准确性和权威性。要做到这一点，绝非易事。这些经典著作犹如百科全书，涉及各个学科的知识，要准确翻译，需要付出加倍努力。著名翻译家张钟朴曾举过一个例子，为翻译《资本论》中关于我国武夷山茶叶的文字，他们求教了许多人，最后到福建调研，才从当地的方言中了解到有关词语和地名的确切含义。因为这些词语在翻译为英文等过程中发生了变音。在这些经典著作的出版、研究、教学等领域，很多老一代马克思主义理论工作者，也都是这样兢兢业业、一丝不苟地工作，由此马克思主义真理才能在中国大地日益广泛地传播开来。这种严谨治学的精神永远值得人们学习。

三是集体攻关的合作精神。古今中外翻译工作很多，但像我国马克思主义经典著作翻译这样集体合作，而且规模之大，时间之长，前所未有。新中国成立前，我们的经典著作翻译工作已经具有集体性，但真正大规模地集体合作是在新中国成立后。1949年新中国成立前夕，党中央决定先后成立斯大林全集翻译室和中央俄文编译局,1953 年又将这两个机构合并正式成立中央编译局。由此,经典著作编译工作开始了大规模的集体攻关,即以编译局同志为主,同时请北京大学、中国人民大学、军事科学院等单位同志参加,还邀请了苏联、德国等外国专家参与。从事编译研究工作的专家既分工负责,又通力合作,大家充分发扬学术民主,发挥集体智慧作用,借鉴前人成果和经验,打造出一卷又一卷经得起历史检验的学术精品。每一卷著作的问世都经过几十道工序,饱含着许许多多理论工作者的心血和汗水,很难说清这是谁的作品。因此,这些书上多半没有留下这些专家的名字。在研究和教育领域也是这样,例如在经典著作基本观点研究、马克思主义理论学科建设和教材建设以及思政课教学中,开展集体研讨、集体备课等已经成为常态。这种不求名利、无私奉献、精诚合作的精神永远在历史的空间熠熠生辉!

四是学以致用的实践品格。经典著作的翻译研究不同于一般的学术著作翻译研究,其目的在于武装人民,指导中国社会发展进步。因此,翻译研究工作者充分考虑了语言的科学性,包括规范性、典雅性、通俗性、民族性。中文版经典著作所用的语言是白话文,不同于五四运动之前的文言文;所用的语法是日常表达语法,并吸收了西方现代语法的合理成分;所用术语吸收了大众术语,同时吸取了中国传统文化中的词语,还借鉴了日语中的一些汉字词汇。这样,就形成了更加科学的现代学术语言,更易于人们学习研究经典著作。在翻译研究经典著作的基础上,还撰写了大量的马克思主义理论学习材料,使科学理论与中国实际很好地结合起来,与中华文化很好地融合起来,为马克思主义中国化作出了重要贡献。

五是翻译出版的有力配合。马克思主义经典著作的传播是一个系统工程。其中,翻译研究和出版发行又是紧密联系在一起的几个重要环节。1920 年 8 月,我国第一部中文版马克思主义经典著作《共产党宣言》问世就是翻译研究和出版发行紧密联系的典范。中国共产党成立后,更加自觉地把这些环节结合起来,先后成立了人民出版社、上海书店、华兴书局、延安解放社等。新中国成立前,国民党统治区的进步书店也出版了不少马克思主义著作,特别是三联书店在这方面贡献很大。新中国成立后,重新正式成立人民出版社,专门负责马克思主义经典著作的出版工作。通过出版发行机构的配合,马克思主义经典著作的翻译研究成果和大众普及读物不断问世,极大地提高了全民族的思想理论水平。

六是教学体系的积极推动。马克思主义著作要走向大众,需要有相应的体制机制,于是,马克思主义教学体系以及相关的学科体系、教材体系应运而生。新中国成立前,我们党成立的很多学校就开设了马克思主义课程,特别是在延安时期,成立了马列学院、中央党校等,并设置课程,编写教材,培养师资,形成了初步的马克思主义教育教学体系。新中国成立后,我们进一步借鉴苏联经验,在高校建立了比较完整的马克思主义教育教学体系。2004年中央实施马克思主义理论研究和建设工程以来,特别是党的十八大以来,马克思主义学院、研究院纷纷成立,组织编写了一系列反映时代特点的新的马克思主义教材,形成了新的教学、科研体系和师资队伍。在各级党校和干部学校,开设马克思主义理论课程。同时,大力推进面向社会大众的马克思主义教育,特别是中国化马克思主义教育。这就实现了马克思主义教育教学的与时俱进。

除上述几点基本经验外,加强党对马克思主义传播工作的领导是最根本的一条经验。马克思主义在中国的传播促进了中国共产党的诞生,而中国共产党的成立又反过来促进了马克思主义传播和发展。我们党从创立的时候起,就把马克思主义作为自己的指导思想,为此,十分注重自觉地组织领导经典著作的翻译、研究、学习和运用。在党的创立时期,李大钊就在北京大学成立了马克思学说研究会,开始组织翻译和学习研究马克思主义经典著作。党成立后,在十分艰难的北伐战争、土地革命战争、抗日战争和解放战争时期,始终不忘组织翻译和学习研究马克思主义著作。新中国成立后,马克思主义不仅是我们党的指导思想,也成为我们国家的指导思想。由此,马克思主义经典著作的翻译、研究和大众化工作成为党和国家事业的重要组成部分,成为中国现代文化建设的核心任务。在党的领导下,我们发挥社会主义可以集中力量办大事的优越性,投入大量人力、物力和财力,建立了马克思主义著作翻译、研究、出版、教育等机构和相应的制度体系,取得了大量的翻译、研究、学习和实践成果,使我国成为名副其实的马克思主义翻译大国、研究大国、实践大国,使我们党成为真正的学习型政党,并带动整个社会逐步成为学习型社会,为中华民族伟大复兴提供了坚实的理论基础。

一个多世纪以来,马克思主义在中国的传播历经风雨,取得了辉煌成就,积累了丰富经验。这些都是我们中华民族的重要精神财富,应当永远记取并不断发扬光大。

三、马克思主义百年传播对中国
社会发展的深远影响

习近平总书记在庆祝中国共产党成立 100 周年大会上指出:"中国共产党为什么能,中国特色社会主义为什么好,归根到底是因为马克思主义行!"①这是对马克思主义伟大真理力量的高度肯定,是对中国共产党百年历史总结所得出的科学结论。

100 多年来,马克思主义在中国的传播对中国现代社会的影响极其深远。

其一,马克思主义对中华民族百年命运的深刻影响,集中体现在 20世纪中华民族的三大伟人孙中山、毛泽东、邓小平身上。

马克思主义对以孙中山为代表的中国旧民主主义革命者产生了重要影响。孙中山在流亡欧洲以及后来在欧洲考察社会党国际时,就曾学习、研究过马克思的学说以及社会主义思想。这对他形成三民主义思想,特别是形成关于避免走欧洲资本主义老路的"节制资本"思想,产生了重要影响。当然,由于历史的局限性,孙中山没有也不可能自觉地把马克思主义作为自己改造中国社会的指导思想,也就没有能够领导中华民族完成

---

① 习近平:《在庆祝中国共产党成立 100 周年大会上的讲话》,人民出版社 2021 年版,第13 页。

反帝反封建的历史任务。

马克思主义对中国共产党人的成长发挥了重要作用。毛泽东在延安与斯诺谈话时曾回忆说:1920年到北京时读了许多关于俄国情况和共产主义的书,其中有3本书特别铭刻在他的心中,使他树立起马克思主义信仰,其中之一就是《共产党宣言》,这是用中文出版的第一本马克思主义的书。周恩来、刘少奇、朱德等老一辈革命家也都是通过读《共产党宣言》等马克思主义著作走上革命道路的。1919年,周恩来在日本留学时,就通过日本的河上肇创办的《社会问题研究》知道了《共产党宣言》一书;1920年11月,他赴法留学,和当时先行留法的蔡和森等人一起继续学习《宣言》等,最终成为共产主义者。

作为我们党第一代中央领导集体重要成员、第二代中央领导核心的邓小平在1992年南方谈话中深情地说:"我的入门老师是《共产党宣言》……马克思主义是打不倒的。打不倒,并不是因为大本子多,而是因为马克思主义的真理颠扑不破。"①江泽民、胡锦涛都十分重视对《共产党宣言》等马克思主义著作的学习。1996年,江泽民在中央党校的一次讲话中说到,他在上海交大读书时,晚上曾打着手电筒读《共产党宣言》,并强调党的干部要认真学习马克思主义的经典著作。

习近平总书记说:"党的各级领导干部特别是高级干部,要原原本本学习和研读经典著作,努力把马克思主义哲学作为自己的看家本领,坚定理想信念,坚持正确政治方向,提高战略思维能力、综合决策能力、驾驭全局能力,团结带领人民不断书写改革开放历史新篇章。"②"共产党人要把读马克思主义经典、悟马克思主义原理当作一种生活习惯、当作一种精神追求,用经典涵养正气、淬炼思想、升华境界、指导实践。"③

其二,马克思主义传播对中国社会发展进步发挥了重要作用。

100多年前,以孙中山为代表的资产阶级革命派虽然领导人民推翻了封建帝制,但没有完成反帝反封建的任务。中国共产党成立后,用马克

---

① 《邓小平文选》第三卷,人民出版社1993年版,第382页。
② 《习近平关于全面建成小康社会论述摘编》,中央文献出版社2016年版,第192页。
③ 习近平:《在纪念马克思诞辰200周年大会上的讲话》,人民出版社2018年版,第26页。

思主义作指导,带领中国人民浴血奋战、开拓创新,不仅完成了民主主义革命的任务,而且进一步完成了社会主义革命的任务,走出了一条中国特色社会主义道路,迎来中华民族伟大复兴的曙光。这一切都跟马克思主义指导有着必然的联系。

我们在新民主主义社会建设中实行的土地改革、多种经济并存制度,在社会主义社会建设初期实行的合作经济制度、人民代表大会制度、8 小时工作制度、义务教育制度等,改革开放以来实行的多种经济制度、累进税制度、新型的社会保障制度等,都与《共产党宣言》等所蕴含的科学社会主义思想联系在一起。今天我们讲"以人民为中心"的发展,加强党的政治建设,建设社会主义物质文明、政治文明、精神文明、社会文明、生态文明等,也都是对马克思主义基本理论的运用和发展。

其三,马克思主义不仅对中国政治、经济的发展发挥了重要作用,而且对中国现代文化的建设发挥了重要作用。

马克思主义决定了中国现代文化发展的方向。中国现代文化建设的探索始于五四时期的新文化运动。以陈独秀为代表的有识之士当时所推行的新文化运动,尽管总的方向是正确的,就是要破除传统封建文化,创造符合世界潮流的"新文化",培养科学、民主精神,塑造中华民族的时代"新人"。但在自觉接受马克思主义之前,这种文化改造的具体方向、任务、道路等,还很抽象,很不明确,所以常常流于空谈。而一旦李大钊、陈独秀等自觉接受了马克思主义,情况就完全不同了,他们逐渐确立了经济改造、政治改造和文化改造同时进行的思想,而且认为改造中国社会的目标不是资本主义,而是社会主义和共产主义。这就为中国社会发展包括中国现代文化发展确立了唯一正确的历史航向。中国共产党的成立又为中国现代文化的建设提供了坚强的组织保证。不论是毛泽东关于新民主主义文化建设的理论、社会主义文化建设的思想,还是改革开放以来我们党提出的中国特色社会主义文化建设理论,都是对马克思主义文化观的继承和发展。

马克思主义在中国的传播至少在 7 个层面推动着中国现代文化的发展。

一是深刻改变了中国文化的典藏体系。文化体系的文献基础是典藏体系。五四运动之前，中国文化主要是传统文化形态，其文献基础是传统的儒、释、道等各家的典藏体系。五四运动之后，这种情况开始改变，马克思主义经典文献开始翻译引进，百年之后的今天已形成了崭新的马克思主义文化典藏体系，其中包括马克思、恩格斯、列宁等马克思主义经典作家的著作和文献，也包括从毛泽东到习近平等中国马克思主义者的著作以及相关的文本文献。正是这套崭新的典藏体系成为中国现代文化的核心和基础，它与中国传统文化典藏以及其他文化典籍一起构成了中国现代文化的文献基础。

二是彻底改变了中国传统的话语体系。我们现在的话语体系，是以马克思主义的一系列概念为核心的体系，包括经济、政治、文化、生产力、生产关系等。这些概念是五四运动以前所没有的。没有这些基本概念，就谈不上中国现代文化。这套话语体系是怎样建立起来的呢？主要是由共产党人以及我国广大的进步知识分子通过翻译马列著作并运用马克思主义逐步建立起来的。

三是彻底改变了中国人的哲学思维方式。马克思主义传进来之后，我们才知道了许多现代哲学知识，例如知道了自然、社会、思维发展的规律，特别是突破了历史循环论，知道了社会历史的内在结构，社会发展的趋势、道路，包括经济社会的发展形态、发展阶段、发展目标等。可以说，由于马克思主义的传入，我们心目中的整个世界图景都发生了变化，这个世界图景在五四运动以前是没有的。

四是促成了中国现代哲学社会科学的形成。现在我们有哲学、政治经济学、科学社会主义，以及很多具体学科，包括政治学、历史学、社会学等，这些社会科学门类以及它们所组成的学科体系是怎么建立起来的呢？也主要是在马克思主义基础之上建立起来的，没有马克思主义在中国的传播，没有很多理论界的翻译家、理论家、教育家等的工作，这个学科体系是建立不起来的。

五是促进了中国现代社会思想文化的大发展大繁荣。我们今天的教育、科学、文学、艺术、新闻、出版、广播、电影、电视以及电脑网络等，也都与马克思主义中国化紧密联系在一起。例如,学校的课程设置、大学学科体系的建立、研究机构的建立、杂志报纸的编辑出版等均是如此。

六是促进了中国大众文化的大发展大繁荣。大众文化是人们日常生活中的文化。我们今天日常生活中使用的很多概念都与马克思主义有关,如少先队员、党员、干部、人民、同志等,都是马克思主义传入中国之后才逐渐形成的。我们的许多节日如"三八"国际妇女节、"五一"国际劳动节、"六一"国际儿童节、"七一"党的生日、"八一"建军节、"十一"国庆节等,都是与马克思主义指导的国际共产主义运动以及中国共产党领导的民主革命联系在一起的。在五四运动之前,我们只有传统的节日,没有这些节日。如果没有马克思主义,我们现在的生活完全是另一种景象。没有这些新文化要素,我们的语言、生活也不会像今天这样具有时代性和现代性。

七是培养了一代又一代时代新人。100 多年来,在马克思主义传播和创新发展中,不仅产生了一大批无产阶级革命家、政治家,如毛泽东、周恩来、刘少奇、朱德、邓小平等,而且产生了一大批马克思主义经典著作翻译家、理论家、出版家、教育家等。在我国现代文化史上,很多思想文化名家都直接或间接地从事过翻译传播马克思主义的工作,如陈独秀、李大钊、陈望道、瞿秋白、鲁迅、郭沫若、邹韬奋、华岗等,可谓群星灿烂,光照千秋。我们党培养的党员、干部、知识分子等更是数以万计。我们通过学校教育、社会教育等培养了一代又一代社会主义新人。一句话,经过百年奋斗,五四运动时期的革命先驱们所期盼的培养社会"新人"目标,在中国共产党的领导下实现了。

仔细想一想,可以更深切地感受到,马克思主义离我们并不远,就在我们的生活当中。它已经成为中华文化体系的一个非常重要的部分,是整个中国现代文化的核心,是中华民族的现代精神支柱。

习近平总书记指出:"马克思主义是我们立党立国、兴党兴国的根本指导思想。实践告诉我们,中国共产党为什么能,中国特色社会主义为什么好,归根到底是马克思主义行,是中国化时代化的马克思主义行。拥有马克思主义科学理论指导是我们党坚定信仰信念、把握历史主动的根本所在。"①100多年来,马克思主义指引着中国人民站起来、富起来并向强起来迈进;我们坚信,在新征程上,马克思主义将继续指引中国人民奋勇前进,去迎接中华民族伟大复兴的壮丽前景。

---

① 习近平:《高举中国特色社会主义伟大旗帜　为全面建设社会主义现代化国家而团结奋斗——在中国共产党第二十次全国代表大会上的报告》,人民出版社2022年版,第16页。

后　记

在庆祝中国共产党百年华诞的喜庆日子里,《百年真理路——马克思主义中国传播史话》完成初稿,这是一件十分令人高兴的事情。

1921—2021 年的 100 年,是中国共产党领导中国人民改天换地的 100 年,是马克思主义真理在中国不断传播并创新发展的 100 年,是中华民族发展史、世界社会主义发展史和人类文明发展史上的壮丽篇章,必将永载史册。

本书力图通过梳理 100 多年来马克思主义经典文献在中国的翻译、出版以及研究、学习、运用等历程,用史话的叙述方式,以比较扎实的文献史料、大量的人物故事,再现一个多世纪来马克思主义在中国传播的历史画卷,反映一批又一批中国仁人志士追求马克思主义真理的时代潮流,展示中国共产党人在传播和运用马克思主义方面始终走在时代前列的精神风貌,总结马克思主义传播的历史经验以及对中国革命、建设和改革所产生的深远影响。

毛泽东曾经说过:"十月革命一声炮响,给我们送来了马克思列宁主义。"①正是在俄国十月革命的影响下,以李大钊为代表的中国先进分子最早接受并自觉传播马克思主义。随着五四运动的爆发,大批知识分子抛弃了对西方资本主义的幻想,选择了马克思主义及其所指明的科学社会主义道路,成立了中国共产党,从此,中国革命的面貌焕然一新。

习近平总书记在纪念马克思诞辰 200 周年大会上动情地说道:"实践

---

① 《毛泽东选集》第四卷,人民出版社 1991 年版,第 1471 页。

证明,马克思主义的命运早已同中国共产党的命运、中国人民的命运、中华民族的命运紧紧连在一起"①。实践还证明,"历史和人民选择马克思主义是完全正确的,中国共产党把马克思主义写在自己的旗帜上是完全正确的,坚持马克思主义基本原理同中国具体实际相结合、不断推进马克思主义中国化时代化是完全正确的!"②

在撰写过程中,我们感慨良多。2018 年是马克思诞辰 200 周年,2019 年是中国大批先进分子选择马克思主义 100 周年,2020 年是《共产党宣言》第一个完整中文译本出版 100 周年,2021 年是中国共产党成立 100 周年。这一个个光辉的历史节点背后,蕴含着这样一条真理:中华民族百年巨变与马克思主义在中国的百年传播有着必然联系。所以,我们是怀着对马克思、恩格斯、列宁等革命导师以及对中国共产党、对马克思主义真理的感恩之情来撰写马克思主义中国传播史的。

马克思主义来到中国,并在中国大地生根、发芽、开花、结果,绝不是偶然的,而是中国历史和世界历史发展的必然;绝不是少数人一时内心激动的产物,而是一批又一批中华民族的优秀儿女前赴后继、英勇奋斗才逐步完成的伟业。其中,既有伟大的政治家,如毛泽东、周恩来、刘少奇、朱德、邓小平等;也有伟大的革命家、思想家、文学家,如陈独秀、李大钊、鲁迅、郭沫若、瞿秋白、华岗等;还有著名的翻译家、理论家、出版家、教育家,如陈望道、李达、吴亮平、邹韬奋、张仲实、侯外庐、郭大力、王亚南、成仿吾等。他们是中华民族的脊梁。正是这一批批灿若繁星的优秀中华儿女把马克思主义真理传入中国,并使之与中国革命实践相结合、与中华优秀文化相融合,才逐步实现了马克思主义中国化,为中华民族伟大复兴谱写了壮丽篇章。所以,我们是怀着对革命先辈们深深的感恩之情来撰写本书的。

马克思主义在中国的传播,不仅从根本上改变了中国的经济、政治和社会面貌,也深刻影响了中国文化,使中国传统文化一跃而成为中国现代

---

① 习近平:《在纪念马克思诞辰 200 周年大会上的讲话》,人民出版社 2018 年版,第 14 页。

② 习近平:《在纪念马克思诞辰 200 周年大会上的讲话》,人民出版社 2018 年版,第 14—15 页。

文化。我们常常说五四运动是新文化运动,那么它"新"在何处? 从根本上说,"新"在有了马克思主义启蒙,而绝不是仅仅"新"在实行白话文,或引进西方资产阶级新思想。正是通过对马克思主义经典文献的大量翻译、研究、传播、接受和运用,才使中国人从根本上逐步扫清了数千年形成的传统封建思想文化和近代以来形成的半殖民地思想文化,使马克思主义逐步成为中国现代文化的核心。正是因为有了马克思主义,中国传统文化形态才逐步转化为现代文化形态。我们应当深化对百年来中国现代思想革命和社会革命的认识,深化对马克思主义中国化之文化意义的认识。

　　本书是集体研究的成果,每一位课题组成员都作出了贡献。具体分工如下:序言、结语、后记,杨金海执笔;第一部分,万资姿、周金霖执笔;第二部分,杨金海、周金霖执笔;第三部分,杨金海、刘昱贤执笔;第四部分,姚颖、刘昱贤执笔;第五部分,姚颖、张倩执笔;第六部分,李永杰、张倩执笔;第七部分,刘长军、杨佳明执笔;第八部分,杨金海、王健、杨佳明执笔;第九部分,张治银、王新宇执笔;第十部分,高晓惠、王新宇执笔;第十一部分,杨金海、张治银、刘建湘执笔;第十二部分,陈聪、刘建湘执笔;第十三部分,张治银、周围光执笔;第十四部分,杨金海、周文华、周围光执笔;第十五部分,杨须爱、楚航执笔;第十六部分,张树德、楚航执笔;第十七部分,鲁路、辛海风执笔;第十八部分,李铁军、辛海风执笔。杨金海作为课题负责人,负责全书的总体设计和统稿。

　　在撰写和出版过程中,我们得到了各方面的大力支持。北京市习近平新时代中国特色社会主义思想研究中心将该课题研究列入 2019 年重大资助项目,原中共中央编译局对这项工作给予大力支持,清华大学马克思主义学院"马克思主义传播史研究中心"将这项工作作为重要任务并给予鼎力支持。在撰写过程中,我们广泛吸收了国内外学者的研究成果。我国马克思主义理论界德高望重的朱佳木研究员、顾海良教授、王东教授等参加了该课题论证会议并对本书的撰写工作给予热情指导;清华大学马克思主义学院艾四林院长及其他同事自始至终支持该项目的研究;中共中央党史和文献研究院的蒋仁祥译审、张文成研究员审读了书稿并提出了很好的意见和建议；人民出版社的同仁特别是刘海静同志，为该书的编辑出版付出了巨大努力和辛勤劳动。参加本书文稿早期讨论和部分内容撰写工作的专家还有中央编译局的冯雷、张文红、李百玲、张忠耀、张远航等同志。

在此谨向大家一并致以诚挚的谢意！

杨金海

2024 年 12 月 10 日于清华大学善斋

责任编辑：刘海静
封面设计：林芝玉

图书在版编目（CIP）数据

百年真理路 ：马克思主义中国传播史话 ／ 杨金海等著.
北京 ： 人民出版社，2025. 5. -- ISBN 978 - 7 - 01 - 027136 - 1

Ⅰ．D61

中国国家版本馆 CIP 数据核字第 20254AQ792 号

百年真理路

BAINIAN ZHENLI LU

——马克思主义中国传播史话

杨金海 等 著

人民出版社 出版发行
（100706　北京市东城区隆福寺街 99 号）

北京新华印刷有限公司印刷　新华书店经销

2025 年 5 月第 1 版　2025 年 5 月北京第 1 次印刷
开本：710 毫米×1000 毫米 1/16　印张：17
字数：269 千字

ISBN 978 - 7 - 01 - 027136 - 1　定价：100. 00 元

邮购地址 100706　北京市东城区隆福寺街 99 号
人民东方图书销售中心　电话（010）65250042　65289539